◉都市叢書

開発主義神戸の思想と経営

都市計画とテクノクラシー

広原盛明●編著

日本経済評論社

はしがき

本書は、日本型開発主義国家の地方自治体版であり、「開発主義モデル」ともいうべき神戸市の都市計画と都市経営に関する共同研究である。本書は、神戸型開発主義を対象として、①成立基盤と歴史的背景、②内容と特徴、③阪神・淡路大震災における展開と破綻、④二一世紀における変革の可能性と必然性を検証し、神戸市政の新たな展望を見いだそうとする。

本書の執筆者は、民間研究組織である「兵庫県震災復興研究センター」の構成員であり、阪神・淡路大震災の復興支援に対して理論的・実践的活動を担ってきた研究者グループ四人から構成される。広原・安藤・塩崎は工学系出身で住宅・都市計画が専攻、池田は経済学出身で都市経済・都市財政が専攻である。

本書は、六章から構成される。

第一章「神戸型開発主義と都市計画」（広原）は、本書の全体フレームにかかわる開発主義神戸に関する序論である。神戸型開発主義は、①戦前からの伝統である「大神戸市構想」のもとに行政区域と行政人口の規模拡大を一貫して追求する都市拡張主義、②戦後に成立した国庫補助金・起債の積極的活用により、市自らが公共デベロッパーとして各種開発事業を大々的に推進する公共デベロッパー主義、③高度経済成長期以降に本格化した地価上昇による開発利益取得と第三セクター関連施設運営により開発事業の収益化を図る都市経営主義、④都市計画・都市経営を主軸とする官僚主導行政を推進するテクノクラート主義、⑤市職員労働組合をはじめ各種の市政協力住民団体を幅広く包摂する神戸市共同体主義など、わが国都市自治体の中でも際立った開発主義的体質を有している。

本章では、原口・宮崎市長が主導した神戸都市計画を分析する基本概念として「開発主義」と「テクノクラシー」（テクノクラート）に注目し、「神戸型開発主義」の分析を通して、開発主義が生み出されてきた歴史的背景と日本における近現代の展開過程、及び都市計画との関係について考察する。

第二章「開発主義とテクノクラシー」（広原）は、開発主義を担う近代官僚とりわけテクノクラートの思想と行動様式に関する分析である。本章では、テクノクラートの源流として二〇世紀初頭の技術者運動及び戦後の現代テクノクラートを取り上げ、わが国における都市計画テクノクラシーの成立要件を探り、神戸市におけるテクノクラートの展開すなわち「神戸型テクノクラート」の実態分析を行う。

第三章「神戸型都市経営の源流と経営システムの検証」（池田）は、戦後の神戸市政を特徴づける「都市経営」についての歴史的・総括的分析である。原口・宮崎市政は都市経営を都市の行政・財政・空間を束ねる戦略概念として位置づけ、その統括主体として都市官僚を配置した。神戸市政の際立った牧民官的体質は、戦前からの伝統的官治主義の域にとどまらず、戦後の近代経営イデオロギーによって強化され、高度経済成長期以降はテクノクラート主導の企業的都市経営として定着する。

本章では、神戸型都市経営の思想的源流を近代都市思想、植民地型都市計画に遡って検証し、戦後の公共デベロッパー方式の展開過程と併せて歴史的に分析する。また、神戸市財政がすでに震災前から危機的状況に陥り、神戸型都市計画・都市経営が完全な行き詰まり状態にあったことを検証する。

第四章「神戸市都市計画における参加と協働」（塩崎）は、テクノクラート主導の神戸都市計画の中で「住民参加・市民参加」はいかに位置づけられてきたか、また最近打ち出されてきた神戸市政の最高理念とされる「協働」概念はいかなる背景の下に形成され、どのような構造と機能をもつかについて実態的に解明する。

本章では、神戸市の都市計画や市街地再開発事業等における各種の参加システムの系譜を振り返りながら、震災復興都市計画事業における「参加」の実態と問題点を横断的に分析する。また、テクノクラートの対抗勢力としての市民組織・運動が飛躍的に発展しつつある状況を分析し、都市計画のイニシャチブが近代都市計画の担い手である計画官僚から現代都市計画の担い手としての住民・市民へ歴史的に移行しつつあることを論証する。

第五章「震災後の神戸市都市計画・まちづくり事業」（安藤）は、阪神・淡路大震災における震災復興都市計画事業の役割と効果、とりわけ復興都市計画事業の主柱である土地区画整理事業、市街地再開発事業、密集市街地整備事業などに関する実態評価である。

本章では、住民主体のまちづくりの視点から、被災者・被災地の生活復旧を第一義としない現行事業の基本的制約によって、またその制度的限界を被災者とともに運動的に打破しようとしないテクノクラート行政の限界によって、被災者の生活再建、被災地の市街地再生が著しく立ち遅れた神戸市都市計画事業の問題点を解明する。

第六章「神戸市財政の検証」（池田）は、震災前後の神戸市財政の比較分析及び政令指定都市間の比較分析による神戸型都市経営の解明である。

本章では、神戸市財政が各種の大型開発事業とりわけ震災復興事業を都市経営危機の突破口として利用しようとした結果、都市財政のさらなる拡大と破綻を招くにいたった経緯を分析し、現在及び将来の財政破局状態を克服する道が開発型財政運営の転換以外にないことを論証する。

目次

第1章
神戸型開発主義と都市計画

はじめに—開発主義の終焉

明治以降の日本の近代化過程の中で、工業化・都市化を機軸とするわが国の「開発主義」は、一世紀有余にわたって国民統合の主柱を担ってきた支配的イデオロギーであった。地域経済と地域社会の発展すなわち農業・農村社会から工業・都市社会への移行のためには、地域開発が不可欠だとする開発イデオロギーの下で、「開発メニュー」としての開発計画、「開発ツール」としての公共土木事業、そして「開発マシーン」としての計画官僚・テクノクラート組織が、国民の期待と幻想を組織する「開発三点セット」として長年にわたり機能し続けてきた。

しかし、二一世紀初頭の現在、わが国が世界第二位の経済規模を誇る先進国でありながら福祉国家への本格的な展開もないままに、一世紀有余にわたって日本の国土・地域を席巻してきた開発主義がいまようやく歴史的終焉の時代を迎えようとしている。開発事業にともなう環境破壊が限界に達し、巨額の公共事業が国家・地方自治体の財政破綻を招き、政財官にわたる構造的な利権スキャンダルが横行するに及んで、さしもの開発主義にも国民の強い疑問と批判が投げかけられるようになったのである。

二〇世紀末から二一世紀初頭にかけて、開発計画反対や公共事業見直しを掲げた全国の住民運動・市民運動は、一九七〇年代の日本列島を覆い尽くした公害反対運動にも比すべき勢いと広がりをもって展開している。吉野川第十洗堰のダム化阻止、島根県中海干拓事業の中止、諫早湾干拓事業水門工事の中断、熊本県川辺ダムの事実上の凍結、そして静岡空港建設の是非を問う住民投票条例の直接請求運動の前進など、数々の成果を上げた運動の展開がそれである。

一方、都市に目を転ずれば、かつては都市開発・都市成長の起爆剤として推進されてきた大型開発プロジェクトが、一九九〇年代初頭のバブル経済の崩壊とともに軒並み破綻している。東京都の臨海副都心開発計画の挫折と凍結、関西国際空港関連の臨空都市開発事業の破綻、国内・国際の厳しい開発批判世論に包囲された愛知万博計画の縮小、そしてオリンピック開催を旗印にして巨大な埋立開発事業を強行しようとした大阪市の惨めな敗退など、全国各地での開発計画の縮小や見直し、開発事業の中止や凍結は枚挙の暇もない。

その背後には、戦後の地域開発・都市成長を支えてきた右肩上がり経済の基礎要件が九〇年代に入って瓦解し、開発主義の歴史的前提がその根底から揺さぶられるようになった時代的・構造的変化が横たわっている。すなわち経済成長の鈍化と失速、開発事業に対する環境条件の制約増大、人口の少子高齢化に基づく都市化の減速と終焉、住宅・宅地需要の減退と地価の下落、財政逼迫に基づく公共事業予算の縮小と削減などがそれである。また、地域社会における住民主体のまちづくりの進展が、計画官僚・テクノクラート主導の開発イデオロギーに対する有力な対抗勢力として急速に成長しつつあることも見逃せない。

だが、このように開発主義が都市・地方を問わず全国的な後退を余儀なくされていく中で、ひとり異彩を放っているのが震災後の復興都市計画においても依然として開発主義に固執し、あまつさえ神戸空港建設に象徴されるような超大型開発事業を強行しようとしている神戸市政である。なぜかくも神戸市政は圧倒的な市民世論に反してまで開発主義に固執するのか。なぜそこから脱却することができないのか。その根本的原因は、長年にわたり神戸市の行政原理として体質化している「神戸型開発主義」にある。

一　開発主義神戸の思想と現実

1　神戸型開発主義とは

戦後日本の開発主義国家体制は、その「ミニクローン」ともいうべき多数の開発主義自治体を生み出してきた。その典型が「株式会社神戸市」と異名をとり、「企業的都市経営」で知られる神戸市政・神戸型開発主義である。

神戸型開発主義とは、戦前からの「大神戸市構想」に基づき、戦後の原口・宮崎市長時代（四〇年間）において確立され、笹山市長時代（一二年間）を通して継承されてきた、神戸市において典型的にみられる開発主義自治体の思想・行政理念であり、行動様式・行政手法である。後述する開発主義の定義に照らしていえば、開発主義自治体は、①開発単位と開発目標の重点が都市発展に置かれ、市民生活の向上は、開発による都市の経済力の上昇の結果として得られるものと考える、②都市開発のためには市民の消費生活や福祉、個人の政治的自由が制限されることもしばしば起こりうる、あるいは制限されても止むを得ないと考える、③自治体は市場の失敗や不完全性を補うための補助的機関ではなく、都市発展の目標を遂行する主体として経済や社会の運営に広範に介入する、あるいはすべきだと考える、④開発主義の普及と持続にとって不可欠な経済成長イデオロギーが行政機構や地域社会に浸透し、企業主義的地域統合が定着している、との特徴を有している。

神戸型開発主義の本質は、阪神・淡路大震災後の神戸市の震災復興計画において赤裸々な姿を現した。①生活復興のために公的援助を訴える被災者の声に耳を傾けて被災市街地の当面の復旧を第一義に考えるのではなく、「復旧よりも復興」とのスローガンのもとに、「二一世紀を先導する国際都市・神戸市の再生と復興」を震災復興の基本目標として設定した（開発目標の重点を市民生活の再建よりも都市発展に設定）、②地方自治法に基づき神戸空港建設の是非を問う住民投票条例の制定を求める三〇万人余の直接請求署名を、ただ一度だけの市議会全会一致決議を理由に「問答無用」の強行採決によって葬り去った（都市開発のために市民の政治的自由の制限と否定）、③震災後僅か二カ月という極度の混乱状態の中で、市街地再開発事業や土地区画整理事業の都市計画決定を住民の反対を押し切って強行した（公共デベロッパー神戸市の住民まちづくりへの全面的介入と強要）、④神戸市職労の「復興への第二次提言」（一九九七年八月一八日）及び「公正・民主の革新市政の発展をめざして―神戸市長選挙にあたって」（一九九七年九月八日）の政策提言・政策大綱に典型的にみられるように、労働組合が市民の政治的自由と権利を否定する笹山市政を「公正・民主の革新市政」とみなし、神戸空港建設をはじめとする開発行政を容認している（開発イデオロギーの行政機構への浸透と開発主義への包摂）、などがそれである。[1][2][3][4]

2　神戸型開発主義の特徴

神戸は、近代日本の国際貿易港として誕生したという歴史的経緯から、すでに戦前から日本の産業経済の成長の軌跡を最も忠実に反映する（せざるを得ない）都市であった。神戸という都市自治体は、誕生の瞬間から開発成長主義の母斑を刻印されて出生してきた都市なのであり、近代日本の発展と足並みを揃えて成長してきた近代的大都市なのである。

このような歴史貫通的な成長志向に裏打ちされた神戸型開発主義は、①戦前からの伝統である

「大神戸市構想」のもとに行政区域と行政人口の規模拡大を一貫して追求する都市拡張主義、②戦後に成立した国庫補助金・起債の積極的活用により市自らが公共デベロッパーとして各種開発事業を大々的に推進する公共デベロッパー主義、③高度経済成長期以降に本格化した地価上昇による開発利益取得と第三セクター関連施設運営により開発事業の収益化を図る都市経営主義、④都市計画・都市経営を主軸とする官僚主導行政を推進するテクノクラート主義など、わが国都市自治体の中でも際立った開発主義的体質を有している。

しかもそれは同時に、市職員労働組合をはじめ各種の市政協力住民団体を幅広く包摂した「神戸市一家」「神戸市共同体」ともいうべき強固なコーポラティズム体制に裏打ちされている点でも特徴的である。特定企業が地域全般にわたって政治・経済・社会を包括的に支配する状況を「企業城下町」というが、その意味で、神戸市は神戸型開発主義への「同意調達」を市職員を中心に市民各層から幅広く集約することによって、神戸市を文字通り市役所の「行政城下町」として統合することに「成功」してきたといえよう。

二　神戸型開発主義の歴史的ルーツ

戦前戦後を通して、神戸型開発主義の生成と展開には幾つかの歴史的契機がある。言い換えれば、神戸型開発主義の歴史的な「ルーツ」の存在を確認できる。以下、その代表的なルーツを三つばかり挙げてみたい。

1　外国人居留地

第一は、兵庫港開港にともなう「外国人居留地」の建設である。外国人居留地は、日本政府と諸外国の外交代表の間で結ばれた「兵庫港並びに大坂に於て外国人居留地を定むる取極」に基づき、上海の居留地を担当したイギリス人土木技師ハートによって設計され、一八六七年（慶応三）から建設が始められた。居留地は面積約二五《ヘクタール》、下水道・ガス灯・歩車道を設けた広幅員道路で整然と区画され、海岸通りにはグリーンベルト（緑地帯）とプロムナード（遊歩道）までが設けられているという近代的市街地であった。また、居留地には外国人建築家の手による洋館建築群が続々と建てられ、日本の近世都市とは隔絶した「西欧的都市空間」「西欧的都市景観」がそこに突如出現したのである。[5]

建築史家の坂本勝比古（以下、文中敬称略）は、「一八六八年一月一日に始まる兵庫開港は、神戸という今日の百万を超える大都市を生む直接の要因となった。その神戸の都市形成の中核をなしたのは、外国人居留地であった。外国人居留地は、あたかも一夜にして出現した西欧風の都市であった。（略）一九世紀の時代では、海運こそが唯一海外との交流を深める手段であった。したがって当時の港町とくに海外との門戸となった条約開港場は、まさに時代の先端を行く都市であったといえる」と述べている(6)。

当時、日本人の居住する下町がどのような状況だったかというと、神戸の英字新聞ジャパンクロニクルによれば、「むかつき症の胃弱の人は、日本人が住む海岸べりにあるドモニイ商会から日本人居住区のメインストリート（元町通）へ通ずる狭い露地裏を一度でも通ってみるがよい。きっとリバプールやロンドンの最低のスラム街でも、ここに比べると芳香を放つラベンダーの花園のように思えるだろうし、清国の悪臭を放つ裏町を歩いてももう二度とむかつくことはないだろう(7)」という酷いものであった。そんな日本人の下町からすれば、居留地は文字通り憧れの「別天地」だったのである。

神戸の市街地は居留地を核として周辺に広がっていくが、都市の「歴史核」ともいうべきこの居留地の存在が、その後の神戸都市計画の展開に与えた有形無形の影響については計り知れないものがある。他都市に比して神戸都市計画が見せる際立った「西欧志向」「近代志向」「ハイカラ志向」の原点がここにあるといってもよく、居留地の誕生はその後の異人街の形成とならんで、いわば神戸型開発主義の「歴史文化ルーツ」となっていくのである。

2　国際貿易港・神戸港

第二は、いうまでもなく神戸市の「開発成長エンジン」としての国際貿易港・神戸港の存在である。輸出入貿易の窓口としての国際港は、船舶が停泊するための埠頭（バース）、荷揚ヤード、クレーン、倉庫、防波堤、後背道路など一連の大規模なインフラ整備を必要とし、かつ船舶の大型化や寄港船数の増加に対応するため絶えざる拡張と機能アップのための追加投資を必要とする。もともと選択自由度の高い寄港船舶の奪い合いは、港湾都市間の激しい競争を不可避とする事情にあるが、とりわけ神戸港の場合は、同じ湾内にあってかつ後背経済圏を同じくする大阪港との激しい競合関係の下に置かれていた。このことから、神戸港には常に機能拡充への外圧が働き、戦前から一貫して港湾拡張への動きを強いられてきたのである。

と同時に、港湾拡張競争はまた一方で激しい「港湾経営競争」を生み出さずにはおかない。荷主や船舶を安定的に確保するためには、集荷や荷揚げをはじめ各種運輸サービスに関する精緻な情報提供と高度な経営ノウハウの蓄積を必要とする。戦前には国営だった神戸港が、戦後の港湾法の改訂によって港湾管理権が国から自治体へ移管されるにともない、神戸市の独自方針に基づく港湾経営の可能性が新しく生まれた。神戸市の港湾経営競争に一層の拍車がかかったのは、港湾管理移管以後のことである。

戦後の宮崎市政において本格展開される「都市経営」は、明らかに戦前から神戸市に蓄積されてきた「港湾経営」の都市行政への応用・発展であって、宮崎市長の個人的独創力によってある日突然生み出されたものだとはいえない。居留地時代からの様々な外国貿易を通して蓄積されてきた商取引上のノウハウが港湾経営に反映され、ひいては都市経営に適用されていったと考えるのが自然である。

とはいえ、港湾間の競争原理がどれだけ激しくても、それに打ち勝つだけの条件がなくては神戸型開発主義は生まれもしないし、また継続もしない。この点、大阪港が淀川の河口に位置して絶えず堆積土砂の浚渫に迫られ、大型船が停泊できる深度の確保が容易でなかったのに対して、神戸港は大河川の河口に面していないので船舶の停泊に必要な深度を労せずして確保できるという「天然の良港」としての自然条件に恵まれていた。

一九〇六年（明治三九）、港湾の築造・計画に関する内務大臣の諮問機関として復活した「港湾調査会」は、日清戦争後の日本資本主義の発展にともなう急速な産業構造の転換、貿易構造の変化や取扱貨物量の増大等に対応し、既存港湾機能の見直しと新しい港湾政策を導入するため、「重要港湾の選定及び施設の方針に関する件」を決定した。その結果一四港が「国家的重要港湾」と定められ、うち横浜、神戸、敦賀及び門司・下関関門海峡の三港一海峡が国が経営し一部地元が負担する「第一種重要港湾」、東京、大阪の他八港が地方が経営し国が場合によっては補助する「第二種重要港湾」に指定された。(8)(9)

開港以来の全国港湾に占める神戸港の外国貿易（輸出入額）の比重は、開港第一年の一八六八年（明治元年）の四%からスタートし、三年目（一八七〇年）に一〇%台、一一年目（一八七九年）に二〇%台、二一年目（一八八八年）に三〇%台、二七年目（一八九四年）に四〇%台と驚異的なスピードで急成長を遂げている。ピークは日清戦争時の一八九四年（明治二七）の四六・四％である。神戸港外国貿易の全国比率は、平均すると、明治期四〇・一％（四四年間）、大正期三七・五％（一四年間）、昭和戦前期三二・六％（一九年間）であり、わが国第一位の貿易港として揺るぎない地位を確立している。[10]

しかし、神戸港にもひとつ大きな泣きどころがあった。それは、神戸港の拡張が自然的・物理的に厳しく制約されていたことである。神戸の地勢学的特徴は、前が海、後が山というもので、その間に挟まれる帯状の市街地がきわめて狭いという地形的制約の下にあった。この「自然バリアー」ともいうべき制約条件を克服して港湾を拡張するには、後背市街地に拡張用地がない以上前面の海面を埋立てる他はない。そのことが海面埋立事業の引き金となり、その後神戸港が貿易港から工業港へと発展し、港湾機能がバージョンアップするにつれて、戦前の「築港事業」が戦後の「海面埋立造成事業」へと発展していった直接的原因である。

ちなみに戦前の主要埋立事業は、民間一九事業・一〇一ヘクタール・一事業当たり五・三ヘクタール、公共九事業・一一一ヘクタール・一事業当たり一二・三ヘクタール、計二八事業・二一二ヘクタール・一事業当たり七・六ヘクタールであるのに対して、戦後の埋立事業はすべて公共事業であり、五事業・一四〇六ヘクタール・一事業当たり二八一ヘクタールと飛躍的に大規模化している。戦後の一事業規模が戦前の全事業を上回る規模に拡大しているのである。[11]

このように海面埋立造成事業が当初の港湾機能の拡充目的から、それと結合した「臨海工業地域造成事業」そして「海上都市造成事業」へと発展（変質）してくると、埋立面積は飛躍的に拡大し、埋立用土砂の採掘量も桁違いに増加するようになる。大規模な土砂採掘場の確保と跡地利用の計画的必要性が「後背丘陵地・山間地開発」の呼び水となり、やがては「山、海へ行く」という大規模な神戸型開発システムの成立を導くに至るのである。神戸港を「経済核」とし、海面埋立事業を「事業核」とする港湾都市神戸の形成には、競争原理を旨とする神戸型開発主義の「経営ルーツ」が奥深く埋め込まれていたのである。

3　港湾関連産業

第三は、神戸の産業構造が貿易業・海運業・鉄鋼業・造船業など景気変動の激しい「港湾関連産業」を「産業核」として形成されたことである。神戸の急激な経済成長・都市成長は、相次ぐ戦争による軍需産業・貿易産業への戦争特需景気と切り離しては到底考えられない。西南戦役（一八七七年）、日清戦争（一八九四年）、日露戦争（一九〇四―〇五年）、第一次世界大戦（一九一四―一八年）、日中戦争・第二次世界大戦（一九三七―四五年）と間断なく勃発した戦争は、その都度、神戸港を基地とする軍需産業や貿易産業あるいは関連下請産業の事業所・工場立地の急膨張を引き起こし、日雇い・荷役・職工などの不安定就労・低賃金労働者を急増させた。例えば、初期の貿易産業の中心である製茶業・マッチ工業・港湾荷役業などの労働者は、各地から集まってきた浮浪者が主力であり、それに古くから兵庫などに居住していた日雇い層や近在の貧農子女が加わって構成されていた。当時の神戸の主要産業はいずれも貧民の労働力に大きく依存しており、その供給源が市内各所に形成された貧民部落であった[12]。そしてこれら周辺農村部及び西日本一帯から流入した人口は、市内の各所に非衛生的な長屋裏屋地区を集積させ、市街地周辺農地では低質狭隘な借家建設ブームを引き起こし、スプロール開発を拡大した。またそれとは逆に、戦争が終わり戦争特需が消えて不況が拡大すると、失業者が大量に溢れて人口の伸びは一転して停滞した。

一九二〇年（大正九）の第一回国勢調査によれば、神戸市人口六〇万八六四四人の出生地別内訳は、市内一八万五〇〇〇人（三〇・五％）、兵庫県内一三万八〇〇〇人（二二・八％）と地元出身者が辛うじて過半数を占めるものの、残り半分は、二万人台が広島・岡山・大阪・徳島の四府県、一万人台が香川・愛媛・京都・和歌山・三重の五府県、一万人未満はその他全国道府県に分散しており、新興港湾都市神戸には中四国・近畿地方をはじめ広く全国から人口が流入していることがわかる[13]。

戦争による神戸の経済・社会変動がどれほど激しかったかというと、未曾有の好景気をもたらした第一次世界大戦の前後では、戦前（一九一三年）から戦後（一九一八年）の僅か五年間で人口は四四万一〇〇〇人から五九万一〇〇〇人へ一・三倍、工業生産額は九〇〇〇万円から三億二〇〇〇万円へ三・六倍、貿易額は五億二〇〇〇万円から一三億二〇〇〇万円へ二・五倍と各々急膨張している[14]。しかしその反面、大戦間の商品投機による物価上昇もまた凄まじく、開戦時からの四年間で二・三倍に値上がりするなどその後の生計費高騰や労働争議の増加などにつながる社会不安の根源となった[15]。とりわけ一九一八年（大正七）から始まった米騒動においては、神戸ではスラム居住者をはじめとして万を超える住民が参加し、鈴木商店の焼き討ちなど全国的にも最も激しい騒動となった。その背景には「貧民窟」や「細民街」として知られるスラム居住者の急激な増加があったのであり、例えば貧民窟の代名詞である新川地区では、一九〇一年（明治三四）から一九一三年[16]（大正二）の一二年間に世帯数が四六五戸から一九四四戸へ四・二倍、人口が一六〇〇人から七五一〇人へ四・七倍と急増している。新川地区がある葺合区全体の同期間における戸数増が一・七倍、人口増が二・二倍であるから、新川地区の人口増加と過密居住の進行がいかに凄まじいものであったかがわかる[15]。神戸における経済成長と都市成長は、その一方で下層住民とスラムの成長でもあったのである。

一般的にいって、都市化がゆるやかな自治体では開発行政の必要性が薄く、開発主義の影響も少ない。しかし、世界の景気変動に左右されやすい貿易業や海運業が大きな比重を占め、造船業・鉄鋼業など軍需産業の動向が地域の経済社会の変動に深くコミットしている神戸では、戦争を契機とする急激な都市成長と停滞あるいは衰退の繰り返しが都市形成に大きな影響を与えた。市街地の急速な拡大やスクラップ・アンド・ビルドが戦争を契機として幾度も繰り返されたことから、激しい都市化や都市変動に対する開発行政・都市計画行政が都市行政全体の中で次第に大きな比重を占めるようになったのである。戦前からの神戸市の不安定な（言い換えれば、開発機会の多い）都市変動が神戸型開発主義の「都市社会ルーツ」となり、「戦争を奇貨（バネ）」とする神戸型開発主義を継続・拡大させてきたのである。

三　神戸都市計画の展開と特徴

1　都市計画・基本計画の流れ

神戸型開発主義は具体的には神戸都市計画となってあらわれる。神戸市はこれまで実質的には六回（戦前一回、戦後五回）の都市計画・復興基本計画・総合基本計画を策定している。第一回は一九二二年（大正一一）四月、内閣総理大臣高橋是清の名によって告示された「神戸都市計画」。第二回は終戦の翌年一九四六年（昭和二一）三月、戦災復興計画として緊急に策定された「神戸市復興基本計画要綱」。第三回は一九六五年（昭和四〇）一一月、原口市長の「マスタープランとは一つの哲学である」との計画理念に基づき打ち出された「神戸市総合基本計画　一九六五」。第四回は一九七六年（昭和五一）一〇月、宮崎市長のもとで「人間都市神戸をめざして」策定された「新・神戸市総合基本計画」。第五回は一九八六年（昭和六一）一一月、同じく宮崎市長のもとで「フレッシュ神戸～二一世紀都市の創造」を掲げた「第三次神戸市総合基本計画」（第二次計画の改訂）。そして第六回は一九九五年（平成七）一〇月、笹山市長が阪神・淡路大震災後の大混乱状況の中でまとめた「第四次神戸市基本計画」である。

わが国の地方自治体における開発主義型都市計画は、一九一九年旧都市計画法・一九六八年新都市計画法に規定されて、以下のような基本的性格と限界を持ちつづけてきた。①都市計画を「資本主義のもとで自然成長的に進行する都市発展を目的意識的・計画的に秩序づけようとする公的・社会的営為」及び「上記の目的を達するための地域空間のあり方に関する合意形成システム」といった本質的理解に立脚して把握するのではなく、「交通、衛生、保安、経済等ニ関シ、永久ニ公共ノ安寧ヲ維持シ又ハ増進スル為ノ重要施設ノ計画」(旧都市計画法第一条)とする観点から、道路など都市インフラ施設の整備すなわち物的都市計画事業を都市計画と考える限定的な事業主義・施設主義、②都市計画を地方自治・住民自治に基づく地方自治体の固有事務とはみなさず、「都市計画は国家の事務であり、国の権限に属する」との国家高権論に基づき、都市計画事業を国の行政庁としての地方公共団体に執行させる機関委任事務体制、③都市計画を「都市・農村計画」として把握し、自然環境との調和を保ちながら都市発展を制御しようとするのではなく、都市化・都市開発の推進がすなわち地域の発展と考える都市拡張主義がそれである。(17)

神戸市の六回にわたる都市計画・基本計画の中でも、神戸都市計画の基本方向を決定づけ、神戸型開発主義の体質を最も色濃く反映しているのは、大正期の神戸都市計画と第二次大戦直後の神戸市復興基本計画、そして戦後初めての本格的な基本計画となった原口市長の神戸市総合基本計画一九六五(第一次基本計画)であろう。以下、それらを中心にその概要と特徴をみよう。

表 1-1　神戸市基本計画の基本指標の推移

	第 1 次計画	第 2 次計画	第 3 次計画(改訂)	第 4 次計画
市長	原口市長	宮崎市長	宮崎市長	笹山市長
策定年	1964 年	1976 年	1986 年	1995 年
目標年次	1995 年	2001 年	2001 年	2010 年
計画期間	30 年	25 年*	15 年	15 年
計画区域	神戸市域	神戸市域	神戸市域	神戸市域
計画関連区域	6 市 2 町及び淡路島	8 市 3 町及び淡路島	記載なし	記載なし
計画人口	180～200 万人	180 万人	160 万人(最大 180 万人)	170 万人
既成市街地	120～140 万人	120 万人	110 万人	記載なし
西神地区	30～40 万人	30 万人	25 万人	記載なし
北神地区	25 万人	30 万人	25 万人	記載なし

注：*印は計画書では 30 年と記載されている.
資料：各基本計画書から作成.

なお、これを受け継いだ宮崎・笹山市長のもとでの計三回にわたる基本計画は、構成や表現は若干異なるものの、開発主義的な「計画コンセプト」は大筋で変わらない。例えば、戦後の第一次計画から第四次計画に至る計画基本指標をみると、表1-1のようになる。

2　大正期の都市計画

神戸市最初の都市計画は、一九一九年（大正八）の都市計画法及び市街地建築物法の公布に基づき、一九二二年（大正一一）四月内閣総理大臣高橋是清の名によって告示された。その趣旨は、「神戸市ハ兵庫港開港以来、外国貿易港トシテ横浜市ト対立シ且日本ノ経済的中心地タル大阪市ヲ控ヘ居ルガ為メ異数ノ発展ヲ遂ゲ、明治四十四年ニハ人口四十一万、同四十五年ニハ既ニ四十三万ニ達セリ。此ノ間、急激タル人口増加ニ応スル施設ニ汲々タリシモ、地勢上充分ナル地籍ヲ有セザルヲ以テ之ニ適応スル根本的計画ヲ樹立シ、土地利用ノ策ヲ講ズル為メ」である。[18]

神戸市では、それ以前の一九一二年（大正元年）「臨時市区改正調査委員会規定」（東京市区改正条例を神戸市に準用するための調査委員会の設置に関する規定）が議会に上程されるなど、都市計画策定への動きがすでに始まっていた。そして「都市計画前史」ともいうべきこの時期に、早くも有力な海運業者から「大神戸市構想」が相次いで打ち出されている点が注目される。

日本海員協会理事長であり市議選出の市区改正調査委員であった斎藤千次郎は、一九一七年（大正六）に発表した「神戸市ノ将来」の意見書において、神戸市にとっては実質的な都市地域を行政区域と一致させるために「市区改正」（既成市街地の改造・整備）よりも「市域拡張」（町村合併）が重要であり、大ニューヨーク運動や大バーミンガム運動のように「大神戸建設運動」が必要だと強調している。具体的には、現在人口の五〇万人から将来人口一〇〇－一五〇万人への伸びを想定し、市域は「(イ)東ハ住吉川以西、(ロ)西ハ須磨以東若クハ播摂国境線以東、(ハ)北ハ山麓適当ノ線」と考え、これらの地域を速やかに市区に編入しなければならないと主張したのである。[19] また、市会の海運派リーダーであった勝田銀次郎（後の第八代神戸市長）も一九二〇年（大正九）一月二日付の『神戸又新日報』において、「大神戸市に抱擁せらるべき地域は、すくなくとも東は神崎川以西、西は明石以東ならざるべからず」と現在の尼崎市から明石市に至るまでの「大神戸市構想」を打ち上げている。[20] これらはいずれも都市膨張の結果を追認した従来型の消極的な市域拡張論とは異なり、都市の発展方向を展望して将来像を描きながら、その達成手段として市域拡張を積極的に活用しようとする「開発主義型都市計画」の登場であった。時あたかも神戸は空前の大戦景気に湧き、神戸市周辺の急速な市街化の進展はもとより、一九〇六年（明治三九）に着手された神戸港第一期築港工事も完工（一九二二年）を目前に控えているなど、神戸港が世界に誇る近代的貿易港としてデビューしようとするときであった。また第二期事業の神戸港東部拡張計画を実現するためには、神戸港の港域が御影町及び住吉村まで拡張されることから、これら町村を合併して市域を拡張しなければならないという切羽詰まった事情もあった。

しかし、旧都市計画法の趣旨は「都市計画は国家の事務であり、国の権限に属する」との国家高権論に基づくものであり、都市自治体の権限は皆無に近かった。より具体的にいうと、「交通、衛生、保安、経済等ニ関シ、永久ニ公共ノ安寧ヲ維持シ又ハ増進スル為ノ重要施設ノ計画」である「都市計画」は、勅令で指定する「市ノ区域内ニ於テ又ハ域外ニ亘リ」執行されるものであるが、「其ノ市ノ都市計画区域」は、関係市町村及び都市計画委員会の意見を聞いたうえで内務大臣が決定し、内閣の認可を受ける。そして、都市計画、都市計画事業、及び毎年執行すべき事業の決定も、都市計画委員会の議決を経て内務大臣が決定し、内閣の認可を受けるというものである。

この重要な役割を担う都市計画委員会の組織と権限は勅令で定められ、内務大臣を長として内務省に置かれる都市計画中央委員会と、各道府県に置かれる都市計画地方委員会とが設置された。東京地方委員会の長は内務次官、東京以外の地方委員会の長は「知事＝地方長官」であり、委員会構成は市長・市会議員・道府県会議員など地方自治側の代表も「三分の一程度」は含まれるが、残りの委員は、道府県の内務部長を筆頭とする行政機関代表者と学識経験者からなっていた。しかも地方委員会は内務大臣の監督に服し、議案の提案権も内務大臣に属した。したがって議案もまた、内務省の官吏であり地方委員会事務局の技術官僚を含む専門家・テクノクラートによって作成された。

神戸都市計画の場合も、内務省が兵庫県の調査書類と関係市町村の意見聴取に基づき原案を作成し、都市計画神戸地方委員会に対して諮問を行った上で決定し告示している。都市計画区域の決定にあたっては、神戸市都市計画部は「神戸市都市計画区域決定ニ関スル調査」を都市計画神戸地方委員会に提出し、三〇年後の人口を一五〇万人と想定すると包容面積は二〇〇〇万坪（六六〇〇〇ヘクタル）以上となり、須磨から武庫川までの西宮町を含む計画区域が必要であるが、当面の二〇年間は須磨から芦屋川までの平地面積一七七〇万坪（五八四〇ヘクタル）を都市計画区域として設定したいとその基本的な考え方を述べている。すなわち「三十年都市計画区域ハ西ハ須磨、東ハ武庫川迄ヲ最小限ノ区域トシテ決定」したいが、「経済上並ニ行政上ヨリ考察シテ、西ハ須磨、東ハ芦屋川ノ地域ニ止メ、武庫川迄ノ地域ハ他日適当ノ時機ニ於テ之ヲ拡張セント欲ス」というものである。

しかし、これに対する都市計画神戸地方委員会の考え方は、周辺町村の強い編入反対の意向を反映して、むしろ「大神戸市」の方向を抑制し、隣接の「中間都市」を育成しようとするものであった。その意見は「西ノ宮町ハ近時著シキ発展を得ツツアレバ、近キ将来ニ尼崎市ト共ニ自己ノ都市計画ヲ実現スルノ機運ニ逢着スベク、以テ神戸大阪ノ両大都市ヲ連繫スベキ枢要ノ中間集団タルベキニヨリ之ヲ除外シ、其西方芦屋側付近ヲ以テ先ツ其境界ト定ム」というものであり、それを受け

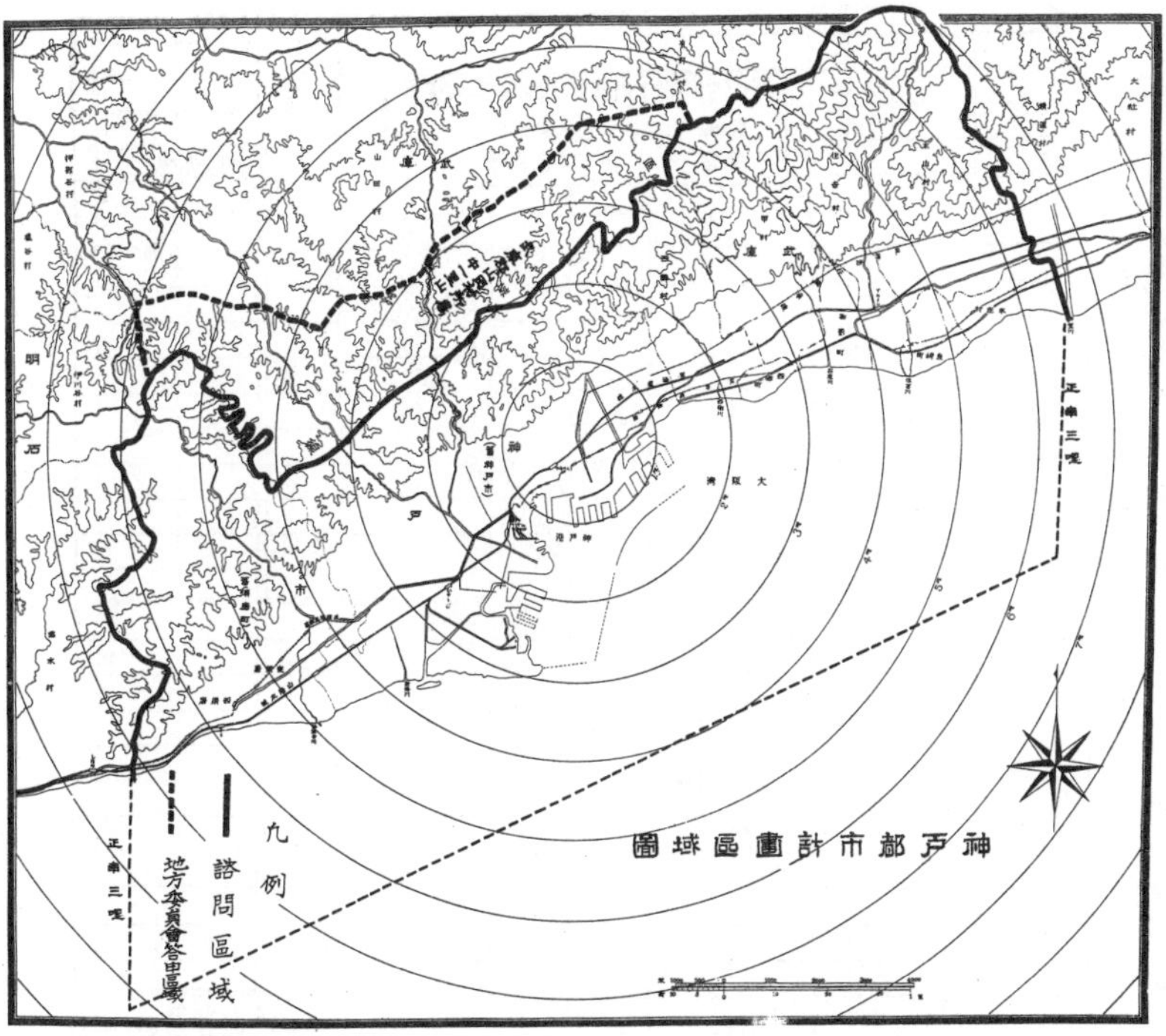

資料：内務大臣官房都市計画課『都市計画要鑑』第2巻，1922年，166ページ．

図1-1　神戸都市計画区域図

て西宮町は一九二五年（大正一四）に市制を施行し、一九二七年（昭和二）に芦屋川～武庫川の都市計画区域を決定した[22]。旧都市計画法によれば、都市計画区域に他町村を含めることはできても市は含めることはできないとされていたので、西宮町が市制を敷くことは同時に神戸都市計画区域への編入拒否を意味したのである。

　その結果、神戸都市計画区域に編入される市町村は、神戸市（旧須磨町を含む）、西灘村、西郷町、六甲村、御影町、住吉村、魚崎町、本山村、

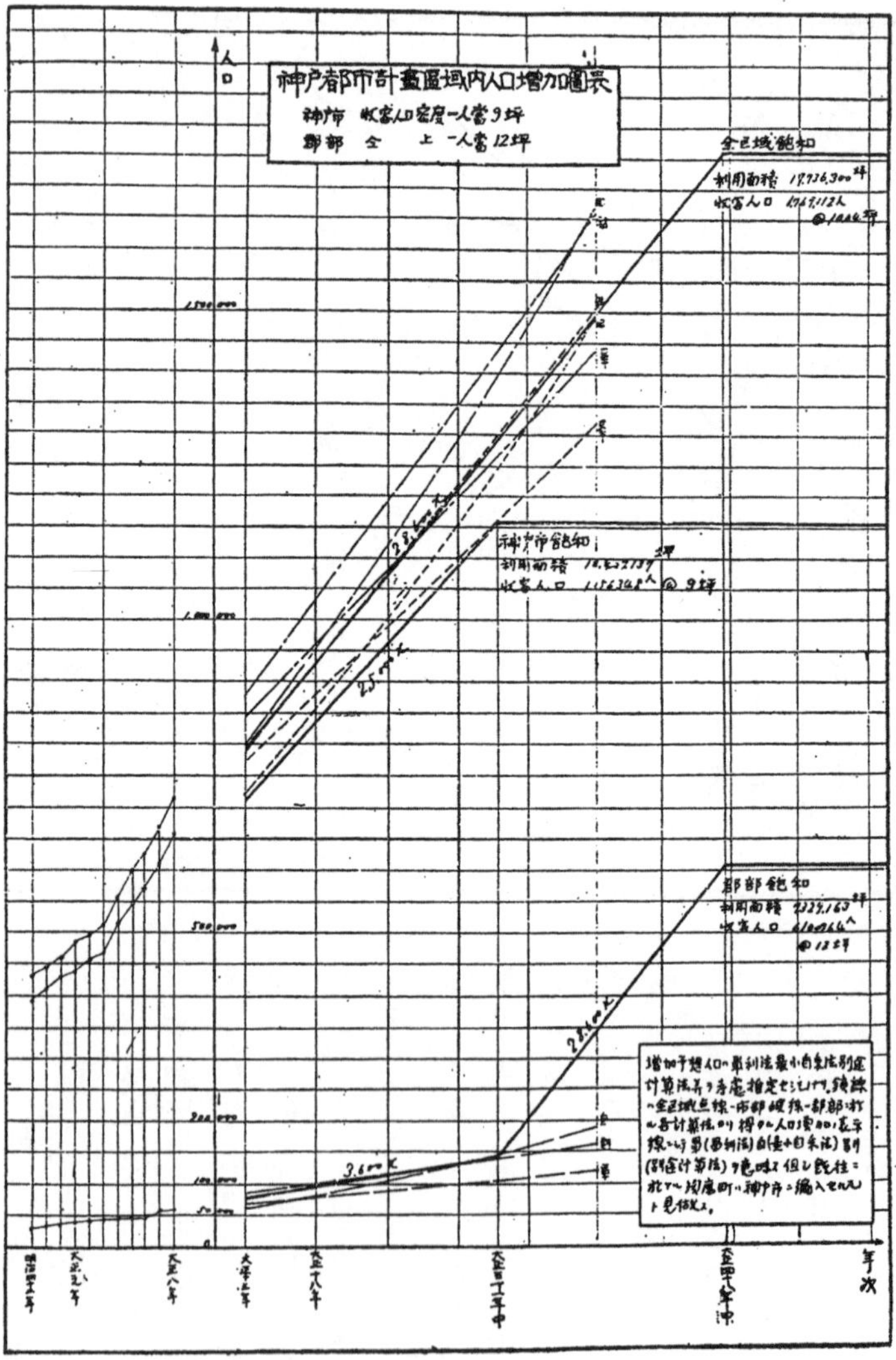

資料：同前，第 4 巻，1927 年，357 ページ．

図 1–2 神戸都市計画区域内人口増加図表

表 1-2　6 大都市の都市計画区域面積

（単位：平方マイル，括弧内は順位）

都市名	都市計画区域面積	市域面積	市外面積	隣接町村数
東京	184,120 (1)	31,700 (3)	152,420 (1)	84 (1)
横浜	61,609 (5)	10,200 (6)	51,409 (3)	13 (3)
名古屋	62,684 (4)	57,200 (2)	5,484 (6)	5 (6)
京都	92,111 (2)	23,200 (5)	68,911 (2)	47 (2)
大阪	80,980 (3)	65,750 (1)	15,230 (5)	11 (4)
神戸	51,374 (6)	23,700 (4)	27,674 (4)	9 (5)

資料：大塩洋一郎『日本の都市法』，74 ページ．

本庄村の九市町村となり、現在人口七二万人（旧須磨町を除く神戸市人口は六三万人）が三〇年後には一五〇万人へ増加するとの想定の下に計画が立てられることになった。しかし計画区域内の各市町村の立場は必ずしも全面賛成というわけではなく、内務省の意見聴取に対する市町村の答申には、賛成の場合であっても「都市計画事業が神戸市に偏重しないこと」を共通して要求しており、住吉村の場合は「村の経費が膨張するだけでなく、神戸市中心となり村が犠牲になる」との理由で不賛成の立場を明確に表明していた。また、神戸市の強い希望であった水面施設を含む海面を計画区域に含めるとの意見も認められなかった[23]。かくて都市計画区域決定を契機にして大幅な市域拡張を意図した「大神戸市構想」は後退を余儀なくされ、神戸都市計画区域面積は六大都市では最下位に位置することになったのである[24]。

3　戦災復興基本計画要綱

神戸都市計画の「出発編」が第一次大戦後の大正期都市計画であ

ったとすれば、その「展開編」は、第二次大戦直後の戦災復興計画すなわち神戸市復興基本計画要綱へと受け継がれる。

第二次大戦による全国の罹災状況は、罹災都市一二〇余、罹災面積一億九一〇〇万坪、罹災戸数二三一万六〇〇〇戸、罹災人口九六九万九〇〇〇人、死者三三万一〇〇〇人、傷者四二万七〇〇〇人という惨状であり、中でも京都市を除く五大都市の被害は、全国の罹災面積の四六・三%、罹災戸数の五九・九%、罹災人口の五六・二%、死者の三七・一%、傷者の五二・一%を占め、壊滅的な打撃を被った。神戸市の罹災状況は五大都市の中では相対的に下位にあったが、それでも罹災面積率三・二%（旧市街地だけをとると六一%）、罹災戸数率五・四%、罹災人口率四・八%を数えた(25)。

表 1-3　都市罹災率

都市名	罹災面積率	罹災戸数率	罹災人口率
東　　京	26.8%	32.6%	31.9%
大　　阪	12.1%	13.8%	11.6%
名 古 屋	6.4%	5.4%	5.0%
横　　浜	3.8%	4.0%	3.8%
神　　戸	3.2%	5.4%	4.8%

注：建設省計画局区画整理課調べ.
資料：『戦災復興誌』第1巻，前掲，19ページ.

戦災地の恒久的復興対策に関しては、内閣総理大臣直属機関である戦災復興院（一九四五年一一月五日設立）を中心に検討され、一九四五年（昭和二〇）一二月三〇日「戦災地復興計画基本方針」が閣議決定された。その基本方針は「戦災地の復興計画は、産業の立地、都市及び農村の人口配分等を合理的に勘案するところにより、過大都市を抑制すると共に地方中心都市の振興を図ることを目途として、各都市の特性とその将来の発展に即応して樹立せらるべく、特に復興計画の基礎となる土地整理に関する事業は、その性質上これを急速に実施すべきである」というものであった。そして、そのための特別立法として「特別都市計画法」が一九四六年（昭和二一）九月に公布・施行され、各戦災都市に対しては、戦災復興院から指示された各種計画標準に準拠して新たな構想の下に復興計画を立案し、戦前の既定計画は「全て廃棄」することが通達された。(26)

神戸市の復興計画への始動は速かった。神戸市復興本部は国の戦災復興院よりも五日早い一一月一日に設立され、同時に諮問機関として各界の専門家を連ねた神戸市復興委員会も発足した。復興委員会の下には、総合企画及び戦災地処理、貿易海運、産業金融、教育文化、社会厚生、地区街路、河川砂防、上下水道、港湾、交通通信電気ガスの一〇専門部会が設けられ、一九四六年（昭和二一）三月一四日「神戸市復興基本計画要綱」の決定を皮切りに、教育文化、緑地設定、交通通信電気ガス、地域地区設定、産業金融、貿易海運、港湾に関する七つの復興計画要綱が次々と策定されていった。(27)

神戸市の復興計画への素早い対応には実は明確な背景があった。戦災復興院による戦災復興計画の趣旨は、戦前の「既定計画を廃棄」し、計画目標は「過大都市の抑制」と「地方中心都市の振興」を中心に設定するものであった。しかし神戸市においては、戦前からの「大神戸市構想」の継承が戦災復興計画の大前提であり基本路線であったので、そのための準備に時間を要しなかった。大正期の最初の都市計画では「大神戸市構想」が実現するに至らなかったが、その後も特別市政への展望も含めて議会・当局挙げての市域拡張運動が精力的に続けられてきたので、その延長線上に戦後の復興計画をつくるという大方針は一貫していたからである。その意味で神戸市の戦災復興計画は既定計画と密接な「連続性」をもち、その「発展形」との性格を有していたのである。

それでは、計画の「連続性」とは具体的にはいったいどのような内容だったのか。戦前一九三九年（昭和一四）三月の「隣接町村合併への要望」に関する市会調査委員会報告によると、それは「本市ハ単ナル中継貿易港タルニ甘ンジテハナラナイノデアリマシテ、近代的貿易港タル資格トシテ本市ニ工場地帯ノ優秀ナルモノヲ持タネバナリマセヌ。委員会ハ斯ル見地ヨリ東ハ西宮、西ハ明石ノ各市迄ヲ包含シ、背後ハ山田村ヲ含ムマデ市域ヲ拡張シ、東西ヲ縦貫スル産業道路ヲ開設シ、東播工業地帯ノ製産物ヲ本市ニ吸収シ、或イハ東部海面ヲ埋立テ、以テ工業地帯ヲ設ケル」というものである。それは一九四〇年（昭和一五）一〇月、神戸の政官財学の要人が挙って参加した神戸都市協会の総会における「今や我が帝国が高度国防国家の建設、大東亜経済体制の確立に躍進すべきの秋、国港大都市としての体制整備のため、神戸市並びに近郊市町村合併実現に邁進せんことを期す」との合併促進決議にも共通している。またこれを受けて神戸市が理想とした市域拡張計画案には、「東部は武庫郡全域すなわち西宮市までを、西部は明石郡全域及び加古郡及び加古川沿岸に伸びる東播工業地帯をも包んでさらに東播平野に至る区域を、また北部は武庫郡山田村からさらに北へ有馬郡のうち有野村と有馬町の区域をそれぞれ範囲とし、これらの区域全体で広さ四七四・九二平方キロにおよび神戸市を中心とする半径二〇キロから二五キロの圏内に包まれることになる。編入後は住宅及び工業地帯を区分整備して土地配分の適正化を図り、あわせて防空、緑地、文化厚生諸施設を整備する」とほぼ同様の内容が盛り込まれていた(28)。

このような経緯から考えると、神戸市の戦災復興計画は、戦前・戦中の市域拡張運動の強い影響の下に、大正都市計画の不備を補って「大神戸市構想」を実現すべく、従来とほぼ同一線上の文脈に沿ってつくられたといってよい。事実、復興計画の主な内容だけをひろってみても、計画の基本コンセプトは驚くほど酷似している(29)。

(1)都市の性格：国際的貿易海運都市とし、これに付随して商工業都市、文化都市ならびに観光都市たる性格を併有せしむるものとする。

(2)規模：現在の市域は狭小に過ぎ、これに戦前保有せるが如き人口を再び収容するは適当ならざるをもって、将来においては東部を西部の数市町村を合併し、さらに復興計画の進捗にしたがい、六甲山を中心とする北部の数市町村を併せて一大国際港都たるの機能を充分に発揮せしむるに足る市域とし、これに港都の職業構成、食糧配給、住宅及び交通状況を考慮して適当なる配置を有する人口量を保有せしめ、近代的都市施設の完備せる大都市を構成するものとする。

(3)神戸市を中心とする地方計画：将来本市の市域を拡張する場合を予測し、東部、西部及び北部の隣接市町村に及ぶ綜合具体的計画、就中六甲山を中心とする半径約二〇キロメートル圏内の衛星都市を育成振興せしむる方途を計画するものとす。現在においてはこれが地方計画を実現するための法制的措置は講ぜられざるも、都市計画の綜合協議により関係区域内の各都市計画を綜合計画するよう調整するものとする。

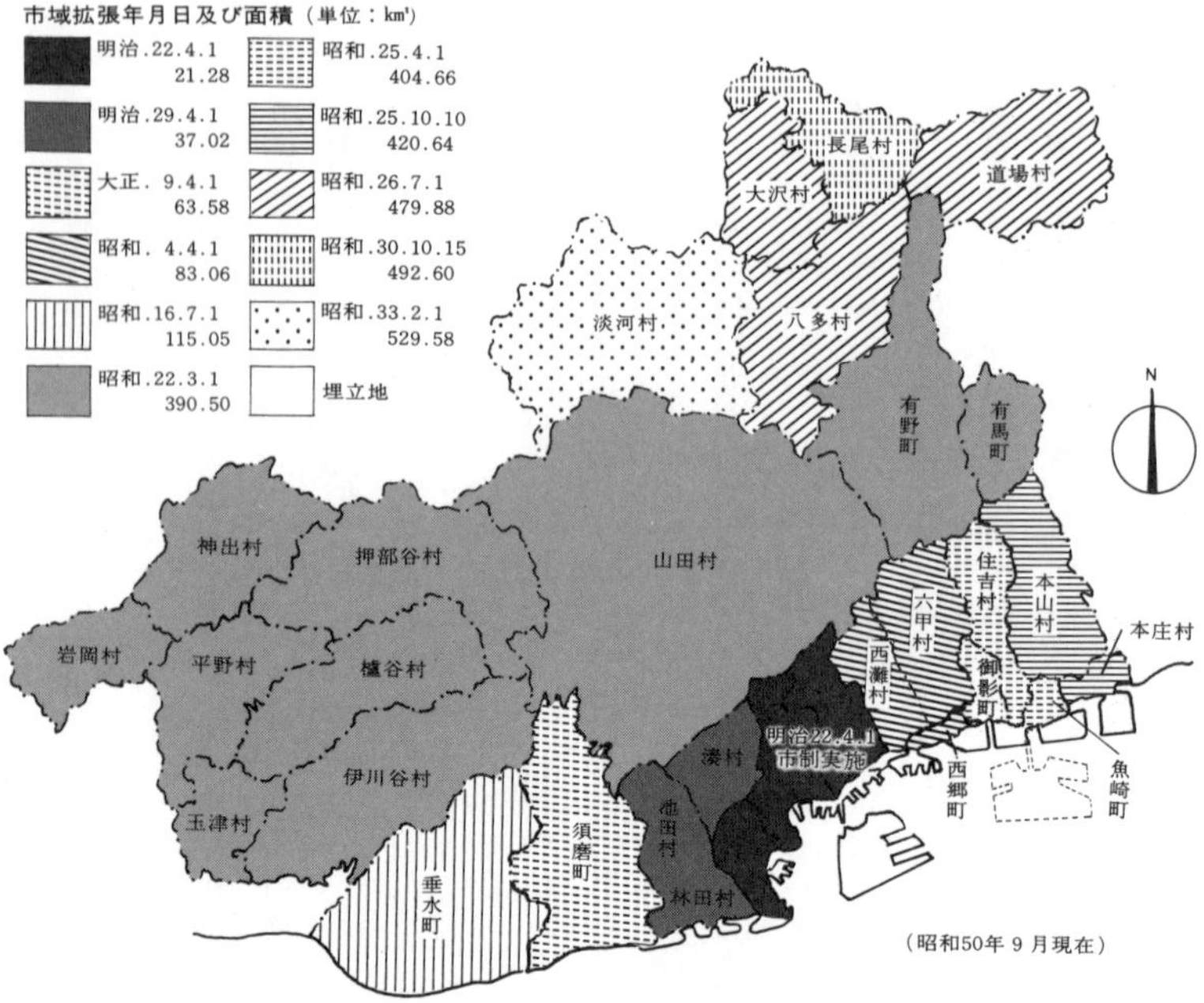

資料：『新・神戸市総合基本計画』，1976 年，19 ページ．

図 1-3　神戸市域の変遷図

以上から、戦後の神戸市復興基本計画要綱の基本的特徴として以下の三点を指摘できるだろう。第一は、戦後神戸の戦災復興計画は戦前からの「大神戸市構想」を継承した戦災を契機とする大開発計画であったことである。第二は、戦前の神戸市域拡張のための町村合併が須磨町（大正九）、西郷町・西灘村・六甲村（昭和四）、垂水町（昭和一六）の五町村に止まりきわめて難航したのに対して、戦後はこの復興計画が契機となり、有馬町・有野村・山田村など北西部一〇町村（昭和二二）、御影町・魚崎町など東部五町村（昭和二五）、道場村など北部三町村

(昭和二六)、長尾村(昭和三〇)、粉河村(昭和三三)、計二〇町村の大合併が実現したことである。その結果、大正期の都市計画(一九二三年)の市域面積八三・一平方キロメートルは、粉河町合併(一九五八年)段階では五二九・六平方キロメートルへ六・四倍に拡大した。第三は、後述するように、この復興計画の策定を通して戦後の神戸型開発主義のリーダーとなった二人の傑出したテクノクラート市長、原口忠次郎(当時の復興本部長)と宮崎辰雄(同、調査課長・整地部長・復興部長等を歴任)が生み出されたことである。

4　総合基本計画　一九六五

高度経済成長時代が幕開けした一九六一年から一九六四年にかけて策定された「神戸市総合基本計画　一九六五」は、市原案の作成だけでも三年有余の期間を費やした神戸市の総力を上げた戦後最初の本格的な大開発計画であった。戦災復興計画を大幅にバージョンアップしたこの基本計画の性格は、冒頭の「神戸市総合基本計画策定の基本方針」において次のように端的に現れている。[30]

(1)目標年次：昭和四一年から三〇年後の昭和七〇年を目標とする。
(2)計画人口：昭和七〇年における神戸市人口を一八〇万人―二〇〇万人と想定する。
(3)計画区域：次の二つを以て、計画区域とする。
「基本対象区域」：現神戸市域

「関連対象区域」：神戸市周辺の市町（明石市、三木市、三田市、宝塚市、西宮市、芦屋市、および稲美町、吉川町、淡路島の市町）

(4)神戸市の性格：次の三つを性格の基本とする。

①神戸の広域的役割：西日本の中核たる阪神都市圏の西の核（柱）であり、また、将来我が国経済の重心となるであろう瀬戸内経済圏の東の核となる。

②国際港都としての機能の一層の充実を図る。

③緑に囲まれた都市：神戸の地形上の特性を考え、ふんだんに緑のある、大自然公園の中にとけ込んで「都市」が存在するような、美しく健康的なしかも近代的な活気のある都市づくりを行う。（略）

稀有壮大な一九六五年基本計画（第一次計画）の特徴は、以下の通りである。

第一は、計画期間が三〇年という「超長期計画」であることである。基本計画の計画期間は通常一〇年程度であるが、三〇年という異例の長さの計画期間は、土木技術官僚でありテクノクラートとしての原口市長の「マスタープラン哲学」に基づくものであろう。計画書はこの超長期計画の意義について、「（国の）全国総合開発計画では『方向』を示すに止まって、フィジカル・プランまで下ろした計画に乏しいきらいがある。フィジカル・プランは各省で全国総合開発計画の意図に即して策定する趣旨であろうが、現在はこの取扱いはさまざまで統一がとれていない。（略）本来、フィジカル・プランともなれば、最長期の土地利用計画をまず持ち、それを共通の基盤として各省が

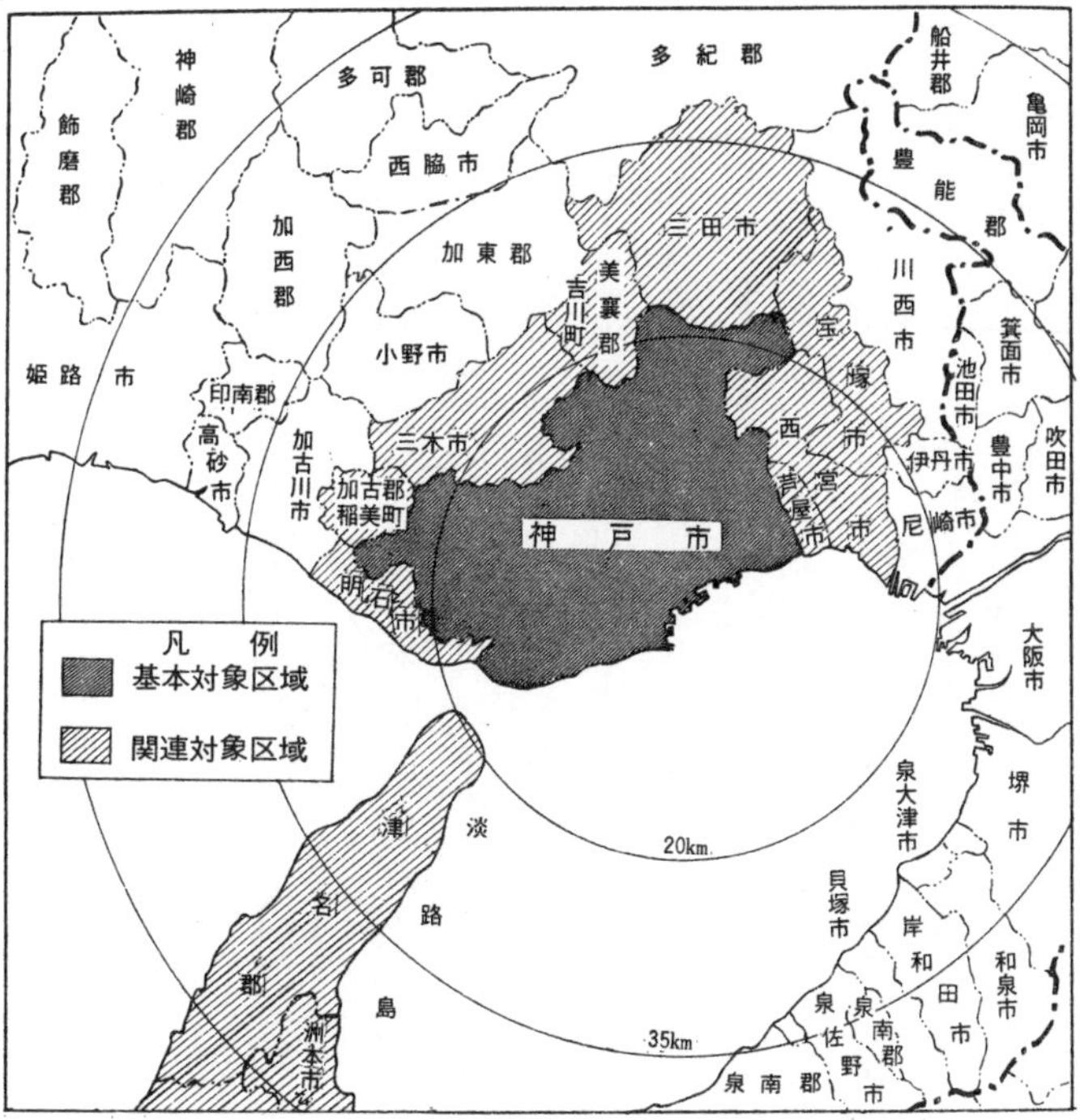

資料：『神戸市総合基本計画 1965』，1 ページ．

図 1-4　計画対象区域図

実施プランをもつべきものである。最長期の土地利用計画とは、少なくとも二〇～三〇年以上とわれわれは考えている。フィジカル・プランについては上位計画がほとんど皆無であり、また、いくつかのものがあってもプラン相互の調整がとれていないのが現状である。こういった調整は基礎自治体にあって初めて果たせるのであって、現段階において各自治体が長期のマスタープランを作成し、圏レベル・国レベルへ積み上げる方式を、ここで本計画において提唱したいのである[31]」と説明している。

　ここでは原口市長の「総合基本計画はフィジカルプランにまで具体化されなければならない」とする計画哲学が表明されており、「この計画こそがそれを成しえたもの」との自負が溢れている。つまり、テクノクラートが主導して策定した一つのマスタープランを三〇年という超長期にわたって実現していくことの意義が強調され、またそれが可能だとする計画官僚の並々ならぬ自信が見て取れるのである。

　第二は、計画区域が「関連対象区域」までを含めると、神戸市周辺の八市町及び淡路島全域をカバーする半径三五キロメートルから四〇キロメートルを超える「超広域計画」であることである。計画書はその理由を「神戸市が大都市であること、国際港都として広範な背後地を有すること、東の京浜大都市圏に匹敵する西の阪神大都市圏の一中核都市であることから、周辺都市はもとより瀬戸内経済圏、西日本経済圏、大阪湾沿岸都市圏について、それらの計画のあるなしにかかわらず、またひとり神戸市の自我主張としてではなく、広域的観点から計画立案にあたった[32]」と述べている。

　ここでは従来の「大神戸市構想」がより一段と大規模な形で「計画化」され、近畿圏整備法に基づく近畿圏整備本部の近畿圏計画（一九八〇年目標）や兵庫県の阪神播磨工業地帯整備計画、淡路総合開発計画とも「計画の考え方は概ね矛盾しない」としている。このような超広域的な計画区域の設定は、従来からの「大神戸市構想」に加えて、原口市長の提唱する淡路島を経由して本州と四国を結ぶ「明石架橋」を実現させるためにも必要だったと考えられよう。

第三は、一九六五年基本計画に網羅されたほとんどの主要開発事業が（神戸空港を除いて）その後の基本計画にも受け継がれ、「フィジカル・プラン」としての役割を遺憾なく発揮していることである。このことは、神戸型開発主義が戦後一貫して受け継がれてきた何よりの証左であろう。主な開発事業として計画書に記載（計画図も含む）されているのは、①既成市街地再開発計画：中央に都心、東西に二つの副都心を置く「一都心・二副都心」の開発、②西北神地区開発計画：「西神ニュータウン」「北神ベッドタウン」の建設、③港湾計画：海面埋立と埠頭の建設（二〇〇〇バース）、④交通計画：これらの主要プロジェクトを結ぶ鉄軌道・高速道路等の交通ネットワークの建設などであり、いずれも現在までに竣工したか、あるいは進行中のものである。ただし「防災計画」には水防・地滑り・崖崩れ・海岸浸食・地盤沈下・低地帯・高潮対策はあるが、地震対策に関しては全く触れられていない。

5　テクノクラート市長第一号・原口忠次郎

戦災復興計画及び一九六五年基本計画を策定した原口市長は、戦前の内務省土木技術官僚でありながら（あるがゆえに）、国家官僚としてのエリートコースを歩むことが出来ず、神戸市長となってはじめてテクノクラートとしての資質と能力を開花させた「遅咲き」の人物であった。原口の年譜をみると、それまでの度重なる病気のために京都帝国大学土木工学科を卒業して内務省へ入省したときは、すでに二七歳（一九一六年）を数えていた。それから四二歳までの実に一六年間、東京荒川放水路の修築工事を「現場要員」として担当し、満州国国道局技正（技師のこと）・新京国道建設処長として渡満したのは中年に達した四四歳（一九三三年）のときである。当時、建国直後の満州国では道路・治水・都市計画などに従事する建設技術者が払底しており、内務省は満州国側の要請に応えて一九三九年（昭和一四）末までに技術者を中心とする合計一八四名の官吏を推薦している。原口はこれら日本人技術者の幹部として指名・先遣された。[33][34]

しかしその内情は、同僚の土木技師が述懐するごとく「昭和七年満州国が誕生し、同国の土木関係職員の申込みが内務省にあった。当時満州国に行こうという者はきわめて少なかった。その時、原口君は奥さんも余り丈夫でなく、親戚の反対もあったのに、それを押し切って敢然引き受けられた」というものであり、決して栄転といえるようなものではなかった。彼が満州に出向いたのは、「当時、内務省は事務官優位で俸給・官等進級の速度も違い、局長には技術官はなれなかった。書類には意見をつけるが起案権はなく、外部に対しては誠に影の薄い存在であった」[35]との事情があり、このような閉塞状況の下では、技術官僚は「大陸で活躍」する以外には打開の糸口が見つからなかったからである。

原口が神戸市長になってからテクノクラートとして大活躍をした個人的背景には、このような国の行政官僚支配に対する技術官僚としての強い反発と憤りがあった。その感情は、中央官僚に対する自治体官僚の反発意識とも一脈合い通じるものがあったであろう。したがって、原口市長の下で次々と大型開発プロジェクトが推進され、高度経済成長政策の展開ともあいまって「大神戸市構想」が着々と実現していくようになると、原口の開発主義的発想や行動様式に共鳴する「神戸型テクノクラート」の輪が次第に拡がっていくのである。

原口は、市長退任にあたって「西日本建設大臣の二〇年」という興味深いエッセーを日本経済新聞に寄稿している。その中で、彼は二〇年間にわたる「開発哲学」を次のように述べている。「戦前、内務省の役人として西日本の開発を担当していたころから、戦後、神戸の戦災復興を手がけ、市長になって新しい神戸のまちづくりを進めるようになってからも、私は変わらず持ち続けてきた信念がある。日本全体がうるおって神戸が栄え、神戸が栄えて日本がうるおう。このような国づくり、まちづくりをやっていかねばならないということである。（略）『西日本建設大臣』という新聞記者諸君のニックネームそのまま、日本全体がプラスになるような市政を、二〇年間思い切りやらせてくれた神戸市民に、私は敬愛の念を禁じえない」[36]。

マスコミがいみじくも原口を「西日本建設大臣」と称したように、彼は自らを一神戸市長の枠内にとどめず、西日本を管轄する国家技術官僚・テクノクラートとしての自負を持ち続けていたのではないか。そして、そのことが神戸市都市官僚にも大きな刺激を与えて自治体テクノクラシー形成を促す契機となり、「大神戸市構想」を推進する神戸型開発主義と神戸型テクノクラートを生み出す源泉となっていったのである。

四　開発主義の思想と展開

冒頭にも述べたように、開発主義は一世紀有余にわたって国民統合の主柱を担ってきた支配的イデオロギーであり、近現代における日本の国家体制であり統治システムであった。また、神戸都市計画の思想的基盤であり行動原理でもある。このようなイデオロギーとシステムはどこから生まれてきたのであろうか。ここでは、開発主義の経済社会的背景を分析して結びとしたい。

1　開発主義と近代官僚制

村上泰亮によれば、「開発主義とは、私有財産制と市場主義（すなわち資本主義）を基本枠組みとするが、産業化の達成（すなわち一人当たり生産の持続的成長）を目標とし、それに役立つかぎり、市場に対して長期的視点から政府が介入することも容認するような経済システムである。開発主義は、明らかに国家（あるいは類似の政治的統合体）を単位として設定される政治経済システムである。その場合、議会制民主主義に対して何らかの制約（王制・一党独裁制・軍部独裁制など）が加えられていることが多い」と定義している。そして「システムとしての開発主義」すなわち開発主義体制の確立のためには、中核的な政策手段である「産業政策」の存在が不可欠であり、この産業政策が経済全体に貢献するための機構の一つとして「公平で有能な、ネポティズムを超えた近代的官僚制」の形成を挙げている。これは開発主義的政策を実行しようとすると、官僚は単なる法の執行人ではなく、裁量的な行政介入の実行が最初から予定されているからであり、そのための独自の性格を帯びた執行組織が要求されるからである。

しかしその結果として、「もしも官僚制が開発主義の生み出す種々の利害集団と一体化して巨大な利益集団となり、議会の政治勢力（政党）がそのような官僚の組織利害を抑える力を失えば、開発主義は潜在的な成長能力の実現という元来の特徴を発揮しえずに空洞化するか、あるいは遂にはその既成利害からの疎外者の反乱をひき起こして議会政治を機能不全に陥れるだろう」とも警告している[37]。

また、二〇世紀における国際的政治経済関係の基本を「二〇世紀システム」として把握しようとする最近の共同研究においても、開発主義は二〇世紀システムの中の重要な「サブシステム」として取り上げられている。末広昭によれば、「開発主義とは、工業化の推進を軸に、個人や家族や地域社会ではなく、国家や民族などの利害を最優先させ、そのために物的人的資源の集中的動員と管理を図ろうとするイデオロギー」と定義されている。またその特徴として、①開発の単位と目標の重点が国家や民族に置かれ、国民生活の向上は国の経済力の上昇の結果として得られるものであり、そのために現在の消費や個人の政治的自由が制限されることもしばしば起こりうる、②政府が単に市場の失敗や不完全性を補うための補助的機関ではなく、国家や民族の目標を遂行する主体としての積極的な意味付けのもとに、国家が経済や社会の運営に広範に介入する、③途上国における開発主義の普及と持続には経済成長イデオロギーの浸透と定着が密接に関連している、との三点を挙げている。(38)

2 現代開発主義と企業主義

しかし、これらの開発主義の概念規定は、主としてアジア諸国など発展途上国における戦後の開発主義の展開を念頭に置いての論述であり、先進国日本にとってはもはや「歴史的経験」「過去」に属するものとの含意が見て取れる。これに対して、開発主義は戦後日本における現代国家形態そのものにほかならず、日本型企業社会と結合した「現代型開発主義」として戦後高度成長期に成立した、という新しい分析視角を提起したのが渡辺治である。渡辺は、開発主義を「国家の体系的な介入により産業化を達成しようとする経済システム」と規定した上で、日本の開発主義の特徴を、①国家の計画的な市場への介入を確保するための議会制の制約に基づく開発独裁的な政治システム、②成長型の産業政策、③近代的官僚制の三点を指摘し、戦前の近代天皇制は、戦後のアジアNIESやASEAN諸国と共通の性格をもつ典型的な（近代型）開発主義だと論じた。

渡辺の最大の理論的功績は、ヨーロッパ諸国が戦後、開発主義国家体制から福祉国家体制へ移行したにもかかわらず、日本では本格的な大衆社会を迎えた戦後においても、なお開発主義国家体制が「現代開発主義」として再編・継続したことを指摘した点にある。つまり日本の近代開発主義は、戦後高度成長期に成立した企業社会と結合することにより、「企業主義的統合＋利益政治」という形で現代開発主義への変身を遂げたのである。そこでは企業の発展がすなわち地域の発展であり、大企業中心の地域開発＝自治体財政の富裕化＝住民生活・住民福祉の向上という「開発幻想」「共同幻想」が地域社会を席巻し、開発競争を通して全国の地域・自治体が「パイの論理」のもとに開発行政と利権政治によって統合されていったのである。その意味で開発主義は、近代天皇制国家の成立期から一九八〇年代までの一世紀有余にわたって継続したわが国の厳然たる歴史的・現代的存在だといえよう。[39][40][41]

3　開発主義国家と福祉国家

ちなみに「福祉国家」とは、「経済的な生産及び交換の過程に介入し、生活上の機会を個人間及び階級間で再配分する国家」であり、狭義には「基本的な福祉サービス（しばしば保健、教育、住宅、所得保障、及び対人サービスに限定される）を供給する国家の施策」を意味する。[42]言い換えれば、開発主義国家と福祉国家は互いに「介入国家」という点では性格を同じくするが、前者が専ら経済的生産力の成長のために介入するのに対して、後者は経済的生産力の成果の配分について重点的に介入するのである。つまり、開発主義国家にとっては「経済成長が目的」であり「福祉は結果」であるのに対して、福祉国家にとっては「福祉が目的」であり「経済成長は手段」なのである。

より具体的には、福祉国家の特徴としては、①参加と分権を保障する民主的政治システムの存在、②レッセ・フェールの資本主義と対峙するものとしての、市場経済の原理を意図的にコントロールするなんらかの公的な装置の存在、③すべての国民に保障されるべき生存権及び生活権の質に関する社会全体の態度と理解の成熟度、④政治の手続きや経済構造、権利の法的保障などを越えて、人間の内面を構成するヒューマニズムや利他心、宗教的博愛心などの存在が挙げられる。(43) それはロブソンのいう「ある国が人々の福祉の増進ないし特別なカテゴリーの人々のニーズへの対応を目標に、意図的に政策推進を図る民主的政府をもっている場合、われわれはその国を福祉国家と呼ぶことができる。ただ、それが何を内容とするかは、それぞれの国の歴史的、文化的、経済的または政治的環境によって異なりうる」との表現に近いものである。(44)

4　現代開発主義の下での地域統合

渡辺の現代開発主義に関する把握が、戦後における「日本型大衆社会」の形成及び「企業社会的統合」と関連しているのはなぜか。後藤道夫によれば、大衆社会とは「一部の名望家（自立した市民を含む）だけではなく、大衆が国民国家の公民としての資格を与えられてその社会の実質的な成員となり、社会全体の経済的・政治的・文化的状況も大衆の動向を媒介にしてはじめて決まってくる社会」のことであり、「先進資本主義国の近代社会は名望家社会（市民社会を含む）から大衆社会へ移行した」と把握されている。つまり名望家社会の成員が社会全体の経済的・社会的・政治的支配権を掌握しているのが資本主義的な「近代」であり、これに対して社会総体の成員一人ひとりが社会的権利、権能、責任の点でも資本主義的な主体として扱われるようになるのが、資本主義的な「現代」の成立とみなすのである。

しかし大衆社会への移行は、一方で社会過程や政治過程への大衆参加の拡大であり、社会の民主化であると同時に、他方では参加した大衆のイデオロギーや要求・運動を体制の枠内にとどめておくための新たな社会的・政治的統合のあり方を必要とする。名望家社会では大衆支配が国家と法による「直接支配」であったのに対して、大衆社会では支配層の社会的ヘゲモニー・指導に対する大衆の「自発的同意」の調達を中心にした「間接支配」に変化するのはこのためである。つまり支配層の支配・ヘゲモニーに大衆が同意を与えるような、あるいはそれを積極的に受容することを意味する「統合」が、新しい支配の仕組みとして形成されるのである。

したがってこの点に関していえば、欧米の福祉国家型大衆社会が、巨大な産業別労働組合、社会民主主義政党あるいは社会的自由主義政党を通しての「福祉国家」の形成という枠組で国民を統合しているのに対して、日本の大衆社会統合は、個々の企業への労働者の社会的包摂を機軸とする「企業主義型大衆社会」として形成される点が特徴である。そこでは、労働者一人ひとりが「パイを大きくして分け前を多くする」という成長主義イデオロギーのもとに、企業間と労働者間の資本主義的競争の論理を積極的に受容することにより、企業を業績＝福祉共同体とみなして生活向上を図ろうとする企業主義的統合が、企業内はもとより社会全体にわたって広範に成立し浸透することになったのである。

こうして一九六〇年代の高度成長期を通して日本型大衆社会が成立し、開発主義の根幹である成長イデオロギーが個々の労働者やその家族、そして地域社会にまで浸透していく大衆統合状況が進行する中で、現代開発主義の展開が本格化し確立した。(45)(46)(47)

おわりに

現代国家では、地方自治が統治機構の基本原理として掲げられ、地方自治体が地域統治主体として制度化されている。国民一人ひとりが地方自治・住民自治の主権者として位置づけられている現代地方自治制度の下では、戦前の制限選挙による名望家支配下の地方制度とは異なり、現代社会・大衆社会にふさわしい固有の地域統治様式が必要とされる。そのため戦後の地方自治制度・自治体運動に対応する新たな地域統治様式として成立したのが、高度経済成長を背景とする現代開発主義であり、それを推進する個別事業官庁ごとの「縦割り補助金行政」に基づく「成長促進型中央集権体制」であった。

高度経済成長下の全国自治体では、「中央直結」を旗印にした国家主導の開発政策を積極的に受容する地方行政・開発行政の下で、地方・農村部では工業化・都市化を目指して、都市部ではさらなる都市化と産業高度化を目指して、開発政策が上からと下から同時展開された。全国各地にわたって、農村・地方都市・地方中心都市・大都市へという「都市ヒエラルヒー」を一直線に駆け上がっていく成長型開発政策が一斉に推進された。国庫補助事業の獲得をめぐって各種開発計画に対する激しい自治体間の陳情合戦が組織され、開発競争を通して全国の地域・自治体が住民福祉・住民自治をおきざりにしたまま開発行政と利権政治によって統合されていったのである。

神戸型開発主義は、このように中央政府の言いなりになり、草の根保守層の利権政治に振り回されるといった低次元の開発主義ではなかったが、自らのイニシャチブで中央政府の動向を先取りして開発プロジェクトに取り組む、紛れもない現代開発主義の「申し子」であり、高度に発達した開発主義であった。それは、①行政の最大目標を都市間競争に勝利するための「大神戸市構想」の実現に置き、自治体の権力基盤強化を第一義的に追求する、②行政の基本を開発行政に置き、住民生活の擁護や住民福祉の実現はその「結果」として考える、③行政の主体を都市官僚・テクノクラートに置き、住民は操作・統合の対象と考える、④行政手法として都市計画・開発計画を重視し、計画を通して市職員や住民を包摂する、という際立った開発主義的思想と行動様式を有していた。

そしてその背景には、①神戸が近代日本の開港場であり、海外との国際交流の情報・物流拠点であった、②開港以来一三〇年有余にわたって国際貿易港として内外港湾との激しい競争にさらされてきた、③産業構造が景気変動の激しい貿易産業や戦争特需に依拠する軍需産業など港湾関連産業に特化して形成された結果、都市形成が急速かつ不安定となり、都市問題が激化しやすく、常に政策的・計画的・経営的対応に迫られてきた、④原口・宮崎テクノクラート市長による戦後の異例の長期安定政権の形成が、都市官僚とりわけ開発・都市計画テクノクラート形成の温床となった、という神戸都市形成の歴史的要因が横たわっていたのである。

注

（1）拙著『震災・神戸都市計画の検証』自治体研究社、一九九六年、一二二、一五一―一五五ページ。
（2）拙稿「復旧・復興の都市計画思想―市街地再生の立場から」日本建築学会編『阪神・淡路大震災調査報告書第一〇巻、都市計画・農村計画』丸善、一九九九年、五―六ページ。
（3）拙稿「阪神・淡路大震災における震災復興都市計画の検証」原田純孝編『日本の都市法Ⅱ』東京大学出版会、二〇〇一年、二六五―二六七ページ。
（4）神戸市職員労働組合『職場の思いを未来につないで―阪神淡路大震災・神戸市職労六年間の軌跡』（普及版）、二〇〇一年、六五、六九、七一ページ。神戸空港問題に関する記述は、「五-二、開発問題については、笹山市長は八年前の市長選挙において『神戸空港をメドに開発を抑制し、緑の聖域づくりで緑を育て、自然と調和した街づくりを進めます』と公約し当選している。この公約を実現する立場から、開発問題に対する市民の不安を解消するために、市民との対話など公聴、広報活動を積極的に推進すること」（第二次提言）、「七、開発を抑制し環境を守る市政。地球環境を保全し市民の生活環境を守る立場から、神戸空港を目途に開発型の都市経営の転換を図り、環境との調和のとれた美しい街を実現する」（一九九七年の市長選挙政策大綱）とある。この政策大綱に合意した際の笹山市長のコメントは「八年前の選挙の時にも申し上げたが、これ以上の開発は抑制し、環境と調和のとれた美しい神戸の街を実現していきたい。空港問題については、以前から被災者の生活再建が最優先課題だと思っており、そのことについては、率直に述べてきたつもりだ。その点については、十分理解してほしい」というものである（傍点、引用者）。つまり、傍点部分の表現からもわかるように、笹山市長と神戸市職労はともに「神戸空港を目途に開発を抑制する」すなわち「神戸空港建設までは開発行政を推進する」ことを市長選挙政策大綱の「公約」に掲げているのである。

（5）『新修神戸市史、歴史編Ⅳ、近代・現代』、一九九四年、二一一―二四ページ。

（6）坂本勝比古「神戸外国人居留地の形成とその展開―異国情緒のある町並みが語るもの」『神戸外国人居留地研究会年報、居留地の窓から』創刊号、二〇〇一年一月、一ページ。

（7）ジャパンクロニクル紙、堀・小出石訳『神戸外国人居留地』（ジュビリーナンバー、一八六八―一九一八）、神戸新聞総合出版センター、一九九三年、一四一ページ。

（8）小林照夫『日本の港の歴史』成山堂書店、一九九九年、六三ページ。

（9）松浦茂樹『戦前の国土整備政策』日本経済評論社、二〇〇〇年、二九ページ。

（10）神戸市港湾局『昭和二六年度、神戸港大観』、一九五一年、全国対神戸港外国貿易（価格）累年対照表から算出。

（11）高寄昇三『宮崎神戸市政の研究―公共デベロッパー論』第二巻、勁草書房、一九九三年、三九ページ、及び『新修神戸市史、行政編Ⅰ、市政のしくみ』、一九九五年、二二四ページから算出。

（12）安保則夫『ミナト神戸、コレラ・ペスト・スラム』学芸出版社、一九八九年、二〇六―二〇七ページ。

（13）『神戸開港百年史、港勢編』、一九七二年、一六五ページ。

（14）『新修神戸市史、歴史編Ⅳ』、前掲、四四八ページ。

(15)『神戸開港百年史』、前掲、一六九ページ。
(16)安保則夫、前掲、二五六ページ。
(17)原田純孝編『日本の都市法I、構造と展開』東京大学出版会、二〇〇一年、二七―二八、六三、二四七―二四八ページ。
(18)内務省大臣官房都市計画課『都市計画要鑑』第二巻、一九九二年、一四九ページ。
(19)州脇一郎「明治・大正期の市域拡張―都市の膨張と『大神戸構想』」『都市政策』第五五号、財団法人神戸都市問題研究所、一九八九年四月、一一二―一一三ページ。
(20)『新修神戸市史、歴史編IV』、前掲、四五三―四五五ページ。
(21)原田純孝編、前掲、二七―二八ページ。
(22)州脇一郎、前掲、一一八―一一九ページ。
(23)『新修神戸市史、歴史編IV』、前掲、四五五―四五六ページ。
(24)大塩洋一郎『日本の都市法』ぎょうせい、一九七七年、七四ページ。
(25)建設省編『戦災復興誌』第一巻、財団法人都市計画協会、一九五九年、一九ページ。
(26)同右、一―三ページ。
(27)『戦災復興誌』第一〇巻、一九六一年、五八五ページ。
(28)『神戸市会史』第三巻、昭和編(1)、一九七三年、二〇八、二一三―二一四ページ。
(29)『戦災復興誌』第一〇巻、前掲、五八九ページ。
(30)『神戸市総合基本計画一九六五』、一九六五年一一月、一ページ。
(31)同右、三八ページ。
(32)同右。
(33)原口忠次郎の横顔刊行会編『原口忠次郎の横顔』中央公論事業出版、一九六六年、六六五―六六七ページ。

(34) 西澤泰彦「満州国の建設事業」山本有造編『満州国の研究』緑蔭書房、一九九五年、三八一—三八八ページ。
(35) 原口刊行会、前掲、九四—九五ページ。
(36) 日本経済新聞、一九七〇年一月二四日。
(37) 村上泰亮『反古典の政治経済学(下)』中央公論社、一九九二年、五—六、一四、一一七—一二〇ページ。
(38) 末広昭「開発主義とは何か」東京大学社会科学研究所編『二〇世紀システム4、開発主義』東京大学出版会、一九九八年、二—三ページ。
(39) 渡辺治『企業支配と国家』青木書店、一九九一年、一九九ページ。
(40) 渡辺治『現代日本の帝国主義化、形成と構造』(講座・現代日本1)、大月書店、一九九六年、二五七ページ。
(41) 渡辺治他「座談会・現代日本政治の焦点」『ポリティーク』創刊号、旬報社、二〇〇一年五月、一五—一六ページ。
(42) クリストファー・ピアソン(田中・神谷訳)『曲がり角にきた福祉国家—福祉の新政治経済学』未來社、一九九六年、二五、五五ページ。
(43) 辻隆夫「福祉国家と行政」西尾勝・村松岐夫編『講座行政学』第一巻、有斐閣、一九九四年、三九—四一ページ。
(44) ロブソン「日本語版への序文」『福祉国家と福祉社会—幻想と現実—』東京大学出版会、一九八〇年、vページ。
(45) 後藤道夫「非市民社会から日本型大衆社会へ」渡辺治編『現代日本社会論』労働旬報社、一九九六年、三三四—三三六、三四四ページ。
(46) 後藤道夫・伊藤正直『現代帝国主義と世界秩序の再編』(講座・現代日本2)、大月書店、一九九七年、三一一三七ページ。

(47) 後藤道夫『収縮する日本型大衆社会』旬報社、二〇〇一年、二一一－二一三ページ。

第2章
開発主義とテクノクラシー

はじめに

開発主義は、住民生活の向上と住民福祉の充実を軽視し、住民自治・住民主体を否定して自治体行政の空洞化をもたらし、議会制民主主義を形骸化させる。開発主義は、環境の破壊、経済効果の失墜、公共事業予算の浪費と枯渇、政財官癒着・腐敗構造の深刻化を引き起こす。

しかしそれにもかかわらず、神戸市では、なぜかくも開発主義が広範な市職員の同意を調達して神戸型テクノクラートの形成を促し、長年にわたって企業主義的統合を浸透・定着させてきたのか。そしてなぜ、現在もなお継続しているのか。

本章では開発主義とテクノクラシーの関係について歴史的に俯瞰し、神戸型テクノクラート論の解明を試みる。

一　テクノクラシーの源流

1　テクノクラシーとは

テクノクラシーの流れには二つの大きな山がある。第一は、一九世紀後半からの飛躍的な科学技術、医学、社会衛生などの発展及び第一次大戦を背景にした「技術者運動の時代」、第二は、第二次大戦後の巨大企業に支えられた「産業国家の時代」である。

角谷登志雄によると、「世界大恐慌を契機とし、『経営者革命』論と結びついて、一九三〇年代のアメリカにおいて小ブルジョア的改良主義の一種であるテクノクラシーが起こった。それは、資本主義の行き詰まりを打開するため政治経済を専門技術者が指導すべきであると主張するもので、テクノクラートとはもともとそれを唱えまたは信奉する人をさすものであった。しかし、最近では特定の階層ないし社会集団をさすマスコミ用語として、すなわち科学者・技術者出身の国家の行政官僚や企業の管理者などを呼称するものに転用されるようになった(1)」と解説されている。つまりテクノクラシー運動は、一九世紀末から二〇世紀前半にかけての驚異的な技術進歩と社会資本整備を背景にして、資本主義の政治経済の行き詰まりを専門技術者が指導・打開しようとする技術者運動に源流をもち、第二次世界大戦後は、政策決定に大きな影響力をもつ特定階層や社会集団すなわち科学者・技術者出身の国家官僚や大企業の管理者などに拡がったというのである。

角谷が指摘する重要なポイントは、テクノクラシー運動の源流が「小ブルジョア的改良主義の一種」だと規定したことにある。つまり資本家でも労働者でもない「中間層」であり「小ブルジョア」である（と観念する）技術者層が、急激な産業化・都市化という激しい社会変化に直面する中で、自らの生き残りを賭けて主張した改良主義的運動が、「専門家による政治経済支配」というテクノクラシー・イデオロギーだったのである。

2　アメリカにおけるテクノクラシー運動

小野清美の「テクノクラートとナチズムの関係」に関する研究[2]によれば、近代的なテクノクラシー運動が最初に誕生したといわれるアメリカでは、二〇世紀初頭のルーズヴェルト大統領（一九〇〇－〇九年）の「革新主義時代」に、中間層の独立性を維持し、資本主義の下でのレッセ・フェールの終焉と社会的コントロールを要求し、専門性の領域の拡大を求め、科学的意思決定によって政治腐敗を刷新し、テクノロジーによって階級対立のない社会とアメリカンドリームを実現しようとするエンジニアの運動が芽生えたという。それは専門家による資源管理＝合理的な経済成長計画の下に科学的行政を推進しようとする、典型的なテクノクラシー運動の萌芽であった。そこには物質的・技術的進歩を社会進歩と同一視し、国家を国民福祉の推進という使命をもつ機械のごとく機能するシステムと捉え、投入するエネルギーと効率との関係を重視する技術者が国家運営に最適任だとする「社会工学的発想」が流れていた。

当時生まれたばかりの科学的経営管理の思想であり、また「マネジメント・テクノロジー」として注目されたテイラー主義もまた、テクノクラシー思想の一つであった。効率＝生産性の向上によって階級間の社会調和と福祉増進が可能になると説くテイラー主義は、急速な工業化・都市化・インフレの進行にともない、没落の危機に瀕した中間層がテクノクラシー運動に立ち上がる上で巨大な影響を与えた。テイラーの技術主義的発想と社会平和的分配要求は、独占資本を社会的にコントロールし、エキスパート支配を希求する中間層技術者の心情に強くアピールした。そこから業績原理・メリトクラシーの推進によって従属的な専門職の地位から脱しようとする、いわば「中間層テクノクラート」論ともいうべき潮流が生起したのである。

第一次大戦は、社会経済への大規模な国家介入を必然とした総力戦であった。ルーズヴェルト大統領時代の革新技術者たちの唱えた「国民的計画」「政治と行政の分離」「専門家の指導」といった重要な原理が次々と採用された。高度に発達した工業システムの指導を企業利潤の極大化を目標とする資本家・経営者に委ねることは「反生産的」だとして、これに代わる技術者による効率的・合理的管理と民主主義的統制が結合された経済システムが、テクノクラシー構想として唱えられたのである。

アメリカのテクノクラシー運動はヨーロッパ各国へ波及した。イギリスでは一九世紀末からの大不況時代に至って大衆民主主義への動きや労働運動の台頭などに直面したとき、これに対抗しうる新しい改良主義的政策の形成と行政スタッフの養成に迫られた。「都市社会主義」「ガスと水道の社会主義」を掲げて大都市政治に介入し、都市住民の生活環境の改善、スラムの一掃そして下水道整備など都市行政の革新に力を注いできたフェビアン協会は、ホワイトカラー専門家層を総動員して「ナショナルミニマム」と「国民的効率」を掲げたテクノクラシー的な社会改革の方向を示した。

3 ドイツにおけるテクノクラート運動

一方、ドイツではすでに一九世紀当時から英仏の技術者が「教養ある職業」と同等の価値をもち、ことにフランスでは技師が高級官僚や政治家にもなり、政府や行政に多大の影響力を行使していたのとは対照的に、国家行政や経営での「法律家独占」状態が依然として続いていた。日本と同様、技術者はその「職能」ゆえに経営や行政において上昇の道が閉ざされている閉塞状態にあったのである。しかし、一九世紀末から二〇世紀にかけて長足の技術進歩と高度工業化が達成され、第一次大戦においても技術者が決定的な役割を果たすようになると、あらゆる分野で不可欠の役割を果たしている技術者こそが社会の最良・最重要な階層としてヘゲモニーをとるべきだとの社会的自負心が強まり、自らの職業に対する社会的承認と同権化を求めて激しい技術者運動が展開されることになった。この運動において高く掲げられたのが、技術的＝機能的合理性・効率性の観念を核心とする「技術的思考」を全国民経済にわたって貫徹しようというテクノクラート主義である。

注目すべきは、アメリカの場合と同様、ドイツの技術者運動も技術的合理性に基づく「公共福祉イデオロギー」に立脚していたことであろう。技術的合理性の貫徹による生産力上昇こそが国民経済の最大限効率の達成をもたらし、公共福祉を実現できるというのである。それは合理的・科学的な経済計画を通して政治を刷新し、国民生活の向上を図ろうとするアメリカの「中間層テクノクラート」論とも共通する社会イデオロギーであった。ドイツの技術者運動においては、この思想的立場から公共福祉の基礎としての生産と私的な利潤追求とが峻別され、また資本家と技術者の違いが強調され、技術者の優位性が主張された。すなわち「私経済的性格」を特徴とする資本主義とりわけ無政府的・非合理的で不生産的な商業資本が利潤のみを追求するのに対して、「技術者は全経済生活にとっての目的合理性を追求し、個々人の経済的状態と文化水準を引き上げ、国民全体の福祉に奉仕するもの」との反資本主義的立場が表明されるに至るのである。

このような中間層の特質を反映してか、技術者たちの資本主義批判は、一方では創造的な生産資本活動を妨げるような過度の利潤を追求する資本家たちへの批判となり、他方では社会対立をもたらして効率と合理的生産活動を阻害する階級闘争の否定へと発展する。そして、テクノクラート主導の合理的生産活動を機軸とする社会体制の確立すなわち「国民共同体的イデオロギー」に帰着するのである。技術者は自らを資本と労働の間の「中立的存在」として位置づけ、生産に従事する労資の連帯＝共同体の必要性を主張するようになるのである。

しかし、この主張が結果として支配層の経営や生産上の「合理化運動」に利用されただけに終わり、社会＝労働者階級の共感を失って技術者運動が停滞し挫折するようになると、生産的資本の擁護、非生産的資本としての金融資本・商業資本の排除、階級闘争の否定を掲げたナチス（国家社会主義ドイツ労働者党）の論理との親和性によって、ドイツのテクノクラート運動はやがてナチズムに吸収・統合されていくのである。(3)

二　現代テクノクラシーの展開

1　現代テクノクラートについて

第二次大戦後は、テクノクラシーは「経営者革命」と連動して政策決定により大きな影響力をもつ特定階層や社会集団へと拡がった。現代テクノクラートについての最も包括的な定義は、アーミティッジによる「社会を操作する専門家」との定義である。彼は技術を「社会操作のための人間の総合的行為」だとし、技術と科学によって理想的な状態にむかって社会を律していこうとする考えを「操作主義」と名付けた。ジャン・メイノーは、「専門家・エキスパート」と総合能力をもった

「ジェネラリスト」を一応区別しつつも、両者を含めた「広義の技術人」をテクノクラートだとした。そしてテクノクラシーとは、「本質的意思決定がもっぱら技術的見地からの考慮に基づいて行われる統治体制」であり、テクノクラシー・イデオロギーの特徴として、「ある社会の選択を妥当な方向に向けさせる能力」「合理性に対する考量」「合理性の見地からのみ事態に接近する態度」を挙げている。小野自身はアーミティッジとメイノーに依拠しつつ、「今日的な意味でのテクノクラートは、たんなる技術者ではなく、社会操作のためのより広い総合的教養と能力に基づいて実際に政策決定・権力的機能を行使する専門家である」と定義し、そこでは知識・技術の適用にかかわる「テクニシャン」と専門的能力に基づき権力を行使する「テクノクラート」を区別している。(4)

2　現代テクノクラートの特質と行動様式

これらの定義は、いずれも科学・技術のもつ合理性と正当性を旗印にした政策決定や権力行使主体であるテクノクラートの「公平」かつ「価値中立的」なプラスイメージを強調するものである。しかし、もともと「裁量的な行政介入」の実行を旨とするテクノクラシーにおいては、テクノクラートは開発主義という支配体制を前提にする限りは中立であり公平であっても、開発主義そのものの是非を問うイデオロギーや運動に対しては決して中立的でありえない。このテクノクラートの階級的・政治的行動様式の特徴と役割を解明したのが大嶽秀夫である。

大嶽は、テクノクラシー・テクノクラートは「現代フランスにおけるエリート官僚（場合によっては大企業経営者を含む）による政治・経済支配を特徴づけ、あるいは批判する用語として登場した」と紹介した上で、その実態は「ドゴール体制下で、計画化や政府介入を通じてフランスの（米独などに）遅れた産業構造の近代化に取り組んだ経済官僚たち」だとする。そして、この面では近代化理論が扱う発展途上国の近代化エリートと共通の特徴をもつとしながらも、しかし現代テクノクラートは、合理的・科学的行政によって政治運動や社会運動が生み出す政治対立やイデオロギー対立を「超克」するという論理に依拠しつつ、「近代社会・民主主義政治に対抗する」ところに現代的特徴と役割があるとする。(5)

テクノクラートの存在と行動様式を正当化する論理とは、第一は、政党や労働組合などの利益団体は各々の「個別利益」「部分利益」の追求しか考えないのに対して、彼らは国民全体の利益すなわち「国益」「全体利益」の擁護者として行動する、あるいはそのような役割を国家の総意として与えられているというものである。つまり、諸々の国民は「私的利害関係」においてしか行動せず、それらの利益代表である政治・経済・社会団体もまた同様なので、そのような狭い利害関係から自律・超越しているテクノクラートでなければ合理的判断や全体的決定は下せないというのである。そして、この「エリーティズム」からの使命感と全体的正当性の根拠によって、議会や諸団体に対する自己の優越性・卓越性を主張するのである。

第二は、諸々の国民・団体の政治運動や社会運動が生み出す価値観の政治的対立やイデオロギー対立を、科学的・合理的に「最適化問題」として調整できるという専門知識や専門技術に対する強い期待と信頼である。しかし、この「プロフェッショナリズム」から派生する科学技術信仰は、徹底した情報公開によって政治的・イデオロギー対立の争点を公開し、国民の判断能力を高めて問題解決を導くというよりは、専門知識・技術が高度化すればするほど国民の理解が及ばないという「前提」の下で国民をますます情報から遠ざける方向に作用する。その結果、テクノクラートによる情報独占と決定独占は、国民・団体の政治的・イデオロギー的対立を「合理的調整」の枠内へ誘導する有力なモメントとして機能することになる。

第三は、全体利益を最適化問題すなわちコスト最小化と利益最大化を追求するシステムとしてとらえる思考様式は、必然的に公平原理よりも効率原理を重視する「効率イデオロギー」を導く。とりわけ個別利益の否定によって全体利益を達成するというテクノクラートの思考体系は、効率原理に馴染みやすい構造をもち、各分野・各団体へ等しく利益配分を行うという公平原理は、個別利益への妥協であり「部分利益の非効率的なバラまき」に他ならないとして排除されるのである。

3　特権エリートとしての現代テクノクラート

梶田孝道は、フランス社会学で解明されたテクノクラートの特徴として、①専門的政策立案能力に権力の源泉があること、②事実上の強大な意思決定権をもつこと、③広範囲な社会システムを制御の対象にすること、④社会システムの構造的危機に敏感であり、能動的・主体的に対応すること、⑤強大な非限定的権限をもつこと、⑥高学歴であることの六点を挙げている。テクノクラートは、第一、第二の点において政治家と区別され、第二、第四、第五の点において一般官僚と区別され、第三の点において市町村自治体の役人と区別されるとするのである。要するに、第一から第六の条件を充たす度合いが高ければ高いほど「よりテクノクラート的」だということであり、わが国ではその代表例として大蔵官僚をはじめとする中央キャリア官僚が想定されている。つまりここでいうテクノクラートは、理系・文系の出身にかかわりなく高度の「専門的政策能力」と「社会操作能力」が重視され、かつそこに「権力の源泉」があり、「事実上の強大な意思決定権」をもつことがメルクマールとされているのである。(6)

これらを敷衍すれば、発展途上国の近代化エリートは、開発独裁的・権威主義的行動によって前近代的社会・政治に対抗して近代化を推進するのに対して、先進資本主義国の現代エリートは、高度な専門的能力によって近代社会・民主主義政治に対抗し、操作・支配しようとするといえるであろう。つまり現代エリートとしてのテクノクラートは、第一に特定利益にとらわれない「国益」の代弁者としてナショナリズムを体現していること、第二に高度の専門的能力に裏打ちされたプロフェッショナリズムに立脚していること、第三に制度的自律性に基づく身分保障によってエリーティズムの倫理性が担保されていること等の理由によって、政治家や社会運動の生み出す「不毛」の政治対立やイデオロギー対立を合理的・科学的行政によって「超克」できるとし、その論理に依拠しながら民主主義に挑戦して自己の支配を正当化しようとするのである。テクノクラートの現代的本質を「近代社会・民主主義政治に対抗し挑戦して自己の支配を正当化する」点に見出した大嶽の指摘は、誠に鋭いものがあるといわなければならない。

4　テクノクラート運動の歴史的役割

以上、テクノクラシーをめぐる「下から」と「上から」の二つの流れを要約すると、アメリカやドイツにおける戦前のテクノクラート運動は、技術者層（中間層テクノクラート）が技術的合理性の貫徹による公共福祉の前進を掲げて個別利益を追求する資本活動に「下から」介入し、行政や生産活動における技術者の職業専門性（優位性）を社会的に承認させようとする小ブルジョア的改良運動であったといえる。これに対してフランスにおける戦後のテクノクラシーの展開は、経済構造改革を阻害する社会対立や個別資本間の抗争をエリート官僚（上層テクノクラート）が国家的総資本の立場から介入し、産業構造の近代化を国家行政として「上から」推進しようとする生粋のブルジョア合理主義の展開であった。

しかし、両者はいずれも個別資本の無政府的活動を抑制しつつ、産業構造全体の高度化を図ろうとする「近代化主義」という点では共通性を有しており、資本活動に一見否定的な立場をとりながらも、一方では近代社会と民主主義政治に対抗することによって、他方では労働運動との階級的連携を拒むことによって、その実は資本活動の近代化・高度化・独占化を推進していったのだといえよう。テクノクラシーが合理主義・効率主義・近代化主義に共感をみせ、開発主義の特徴である「開発独裁」及び脱階級的「共同体統合」に強い親和性を示すのはこのためである。

三　都市計画とテクノクラシー

1　都市計画テクノクラートの誕生と限界

テクノクラート運動はわが国の都市計画領域にも波及した。というよりは、戦前日本でのテクノクラート運動は主に開発行政・都市計画行政において生起し、展開したといっても過言ではない。

一般的にいって、近代化のための上からの開発政策は、初期には産業活動に不可欠な国土インフラ整備や地域基幹施設整備への人的資源・財源の直接投入の形態をとる。わが国の地域開発政策が、道路、鉄道、河川、港湾、上下水道、電信電話、軍事、消防、学校など中央省庁縦割りの個別事業としてスタートし、発展してきたのはこのためである。しかし、資本活動の発展にともない都市化が激化して資本と人口の大都市集中が進むようになると、限られた都市地域における資本活動と都市空間との間に過密と混乱が発生し「都市問題」が顕在化する。この段階になってはじめて都市問題の改善と都市空間の制御を目的とする「都市計画」が求められるようになり、その根拠法である都市計画法の制定及びそれに基づく土地利用規制・建築用途規制など都市活動に対する面的な規制・誘導（都市計画の中の「規制・誘導」機能）が始まり、個別開発事業の調整・実施（都市計画の中の「事業」機能）によって、都市発展を計画的にコントロールする「システム技術」が要求されるようになるのである。

ちなみに戦前の主な地域開発法制等の制定（公布）年を列挙してみると、東京市区改正条例（一八八八年）、土地収用法（一八八九年）、水道条例（一八九〇年）、鉄道敷設法（一八九二年）、河川法（一八九六年）、耕地整理法（一八九九年）、下水道法（一九〇〇年）、鉄道国有法（一九〇六年）、重要港湾の選定及び施設の方針に関する件（一九〇七年）、都市計画法・市街地建築物法・地方鉄道法・道路法（一九一九年）、公有水面埋立法・借地法・借家法・住宅組合法（一九二一年）、都市計画法改正（六大都市から二五都市へ）・特別都市計画法（一九二三年）、不良住宅地区改良法（一九二七年）、防空法（一九三七年）などとなり、都市計画法の制定以前に主だった個別事業法の制定が進んでいる。

本来ならば都市計画法の成立を契機に、「資本主義のもとで自然成長的に進行する都市発展を目的意識的・計画的に秩序づけようとする総合的な公的・社会的営為」を担う本格的な都市計画テクノクラートが誕生してもよかった（生み出すべきであった）。しかし、残念ながらわが国の都市計画法は、都市の発展をコントロールするための総括的役割と上位権限を与えられて登場したのではなく、むしろ河川法や道路法に代表される個別事業法に対しては（後発組として）競合・並存関係に立ち、地域開発法制の底辺部分を構成する「マイノリティ」としてスタートしたのである。言い換えれば、中央官庁間の割拠主義・縦割り行政の権限に抵触しない範囲の「残余部分」や「隙間」に都市計画の行政領域がはめ込まれ、各省庁の個別事業を容認し追随することはあっても、それらを束ねる権限はおろか調整機能でさえ皆無に近いのが実態であった。

このため都市計画行政は、誕生の瞬間から否応なく先発官庁の個別開発事業外の僅かに残された行政領域、例えば土地区画整理事業のような郊外や市街地の面的整備事業を政策化・事業化することに限定され、都市計画の本来的機能といわれる「マスタープラン行政」に立ち入ることは許されなかった。都市の目標像・全体像を措定し、その将来像に向かって統一的な土地利用計画や建築規制計画によって資本活動・都市活動を制御しながら、個別開発事業を総合的に実施していくマスタープラン行政、すなわち「都市をコントロールするための社会的技術・システム技術」といわれる総合的都市計画行政は、「開発の自由」「建築の自由」を謳歌する資本家や地主層の反対はもとより、各省庁の個別開発事業の権限を侵すものとして許容されなかったのである。(7) それはまた、都市の調和ある発展よりも経済成長を至上命題とする後発資本主義国の開発主義的体質の投影でもあった。

2　戦前日本のテクノクラート運動

このような背景の下では、個別開発行政（例えば、道路・河川・鉄道など）に従事する技術官僚をして、都市の制御という総合的・計画的視野を擁した都市計画テクノクラートへと脱皮・成長させることは難しい。

わが国官僚機構の特徴である二つの支配構造、すなわち一つは国における（法科系）特権官僚による（技術系）官僚支配の構造、もう一つは国家官僚による地方自治体支配という二重支配構造は、中央官庁間に「省庁あって国家なし」「局あって省庁なし」といわれるほど「省益・局益＝特権の物的基盤」をめぐる対立を激化させ、そのことが開発行政を個別開発事業の枠内に押し止め、行政官僚・技術官僚の行動を省益・局益の中に囲い込んできた。

一方、機関委任事務、国庫補助金及び天下り人事を通しての国家官僚による地方自治体支配は、地域・自治体における個別開発事業の総合化すなわち都市計画に基づく総合的・計画的な都市制御を事実上不可能にした。自治体の開発関連部局は、開発補助金を獲得するために専ら「本省」との関係で行政を考えるようになり、地域・自治体の総合的発展にとってなにが必要かというよりは、「補助金をとれる事業」を中心に都市計画を推進するようになったからである。これでは地方自治体においても、やはり調和ある開発行政・計画行政が進むはずがない。

しかしこのような強固な割拠的官僚支配構造のなかでも、大正時代に入って治水事業・鉄道事業・電信電話事業など社会資本形成のための公共事業が盛んになってくると、中央省庁の政策決定過程に参画できない技術官僚の中から、「軍人ヲ統率スル者ハ必ス軍人ナルト同シク、鉄道、製鉄、土木、鉱山、電気等ニ関スル各官庁ノ長官ハ、専門的素養経験ヲ有スル者テナケレハナラナイ」との主張が生まれてくる。技術官僚は、文官任用令（一八九三年）によって「特別ノ学術技芸ヲ要スル行政官」として位置づけられ、行政過程や政策決定過程では「助言者」としての位置にとどめられていたからである。このような従属的状況から脱皮して、法科系行政官僚と同じく「上層テクノクラート」としての地位を獲得すべく、「文官任用令改正運動」が技術官僚を中心として展開されるようになる。

当時、最大の技術官僚集団であった内務省の土木技術官僚が中心となり、民間企業の帝国大学出身者の同窓生も加わって技術者運動団体「工政会」が一九一八年（大正七）に結成され、この発足が契機になって農科系技術官僚の運動団体「農政会」「林政会」、内務省衛生局の医科系技術官僚の「医政会」も次々と発足するようになる。

また一九二〇年（大正九）には、政治的にはイギリス労働党の産業民主主義体制を目指し、組織的には職業組合（トレードユニオン）の結成を企図する「日本工人倶楽部」が内務省の土木技術官僚を中心に結成される。日本工人倶楽部の発会には、「技術は自然科学と術を融合せる文化創造なり」「技術者は創造者なり」「技術者の位置は槓桿の支点の如し」「日本工人倶楽部は技術的文化創造の策源地なり」「日本工人倶楽部の手段方法は合理的なり」との五つのスローガンが掲げられ、三大綱領として「技術者の覚醒」「技術者の弊風匡正」「技術者の機会均等」が宣言された。発足当初の日本工人倶楽部の指導者たちは、工業教育各学歴者の融合、技術者と労働者の融合をめざし、合法的無産政党「社会民主党」結成（一九二五年）の設立準備にかかわり、設立後は有力支持団体になるなど、むしろ欧米の技術者運動の政治水準を凌駕する革新的な運動方針を打ち出していた。しかし、技術者階層と労働者階級の接近という大胆な方針と動きは、治安維持法による弾圧を招き、地方支部の反対によって挫折させられる。

その後、ドイツの技術者運動が既成体制革新への挫折から「国家革新」を掲げるナチズムへ吸収されていったように、日本が中国との一五年戦争に突入していく中で、日本工人倶楽部の運動は軍部とのつながりを次第に深めるようになり、大陸進出指向の「国家革新運動」の波に飲み込まれていく。国内で挫折させられた技術者運動の夢を「中国大陸経営への日本人技術者進出」という形で実現しようとする気運が高まり、ついには「技術の立場から国論を指導する」という民族主義・国家主義的テクノクラシーの立場に立つようになる。日本工人倶楽部はやがて「日本技術協会」と会の名称を改め、全分野の技術者を戦争遂行のため国家総動員させようとする団体へと変貌していったのである。(8)

3　都市計画テクノクラートの地方展開

しかし、都市計画行政が中央官庁では「残余」であり「隙間」であったとしても、都市計画が必ずしも無力だったということではない。確かに少数派の都市計画テクノクラートは各省庁の個別事業の総括にこそ成功しなかったが、その恰好の舞台を地方自治体の都市計画行政の中に見出した。それは「都市計画は国家の事務であり、国の権限に属する」との「国家高権論」に基づいて地方自治体の都市計画の規制・計画権限を独占し、「建築自由」の行動基準を国家的レベルで許容することによって、資本家と地主層には「営業の自由」と「資産形成」の機会を保障し、各省庁の個別開発事業に対しては都市計画決定による「公共性」の付与によって、結果として公共事業が円滑に実施できる条件を用意したのである。

このことは都市計画法の成立過程をみてもよくわかる。一九一九年都市計画法は、日清（一八九四−九五年）、日露（一九〇四−〇五年）、第一次大戦（一九一四−一八年）の三度にわたる戦争を経て産業と人口の都市集中が進み、全国の主要大都市で資本主義の発展にともなう都市・住宅問題の本格化を背景に制定されたにもかかわらず、その立法過程においても、また内容においても地方自治体の意見はほとんど反映されず、徹頭徹尾、国家テクノクラート主導によるものであった。都市計画法制定への動きは、一九一八年（大正八）わが国最初の「本格派テクノクラート」ともいうべき後藤新平（内務大臣）が大臣官房都市計画課の新設と都市計画調査会の設置を命じたときからスタートする。都市計画調査会は、会長を内務大臣が務め、各省次官クラスの官僚と内務省各局長、東京府知事と警視総監などが充て職として委員となり、東京市長と大阪市助役（関一）など大都市関係者、学識経験者が参加する国家委員会であり、初代都市計画課長の池田宏などが幹事を務めた。都市計画法は、池田をはじめとする開明的な内務官僚を中心としたごく少数のエリート・上層テクノクラートによって作成され、都市計画の制度的性格は市区改正条例の延長上である「国家による都市計画とその事業」として位置づけられた。

そして国家事業としての都市計画を実質的に担うのは、各道府県に置かれる都市計画地方委員会に所属する内務省技術官僚すなわち都市計画テクノクラートであった。「国家機関」としての役割を与えられた都市計画地方委員会の存立意義を、原田純孝は「テクノクラートの論理」に基づいて以下のように解説している。①「国家百年の計」である都市計画を、任期も短く地方的利害に捕らわれやすい地方自治体の首長や議員に委ねることはできない、②各自治体＝市の行政区域を超えて拡大する「実質的都市」について広域的、総合的な都市計画を策定するためにも、個別の自治体を超える組織機構が不可欠である、③都市計画にかかる重要な施設の整備事業や経営は、大都市の自治体においてさえも、明治国家以来の伝統である縦割り行政と個別根拠法の下で中央官庁による割拠的統制に服しており、もともと「自治」の契機は乏しいのが実態である、④とすれば、市域を中核とする都市計画区域において都市計画を総合的な形で実施するには、個別の自治体を超える特殊な国の行政機関＝都市計画地方委員会を組織し、その場で関係省庁の諸事業と利害の調整・統合を図りつつ、計画を策定し決定するのが得策である、⑤しかも、その地方委員会の活動を内務省大臣官房都市計画課が実質的に牛耳ることができれば、それは都市整備と都市経営における都市計画官僚のリーダーシップの確立につながる、というものであった[9]。

それから二十数年後の一九四二年（昭和一七）、内務省にどれほどの計画関連部局があり職員が在籍していたかというと、内務省本省では一六〇一人のうち国土局四三八人と防空局九二人、地方機関では一万五六〇八人のうち都市計画地方委員会八九六人が一応それに該当する。その中の都市計画関係者の正確な数はわからないが、九〇〇人近い都市計画地方委員会職員の中には相当数の都市計画テクノクラートが含まれていると推察される[10]。

4　後藤新平・直木倫太郎・関一

以上から、旧都市計画法体制の帰結は、特権官僚が支配する日本の権威主義的・官治主義的開発主義国家体制の中で、縦割り個別事業行政を是正しようとする近代的都市計画テクノクラシーの誕生はみられたものの、小ブルジョア改良主義はもとよりブルジョア合理主義すらも許容できない当時の支配層（地主層を含めて）の意思によって、それらを調整し総括できるだけの権限が付与されるに至らなかったと結論づけられるであろう。また中央集権国家体制に基づく名望家支配の地方自治制度の下では、都市計画に関する地方自治体の主権など望むべくもなかったといってよい。その結果、中央省庁の縦割り行政を中央内部からも、また地方からも是正していく歴史的契機が失われ、地方自治体・地域住民は都市計画及び個別開発行政における「二重の従属性」を強いられることになったのである。

しかし萌芽的とはいえ、割拠主義的・官治的開発行政を刷新するために、技術的合理性と公共福祉の推進を掲げた技術者運動・テクノクラート運動が国家官僚の内部から生まれたこと、また、わが国最初の「本格派テクノクラート」ともいうべき後藤新平（一八五七－一九二九年）によって、ブルジョア合理主義の観点から都市計画テクノクラシーの誕生が導かれたことの意義は決して小さくない。

後藤はもともと医科系技術官僚の出身で内務省衛生局長として頭角をあらわし、台湾総督府民生局長・民生長官、初代満鉄総裁となり、わが国の植民地経営の基礎を築いた人材である。まさに「植民地経営の最高責任者」という開発主義テクノクラートにふさわしいキャリアを生かして、逓信大臣、鉄道院総裁、拓殖局総裁、内務大臣、外務大臣の要職を歴任した。そして人生の終盤において、これまでのすべての蓄積を投入して東京市長、帝都復興院総裁の任に当たり、とりわけ関東大震災後の復興計画の策定など首都の都市計画・都市経営に辣腕をふるった(11)。

また、後藤新平の下で帝都復興院の技監（技師長）・長官を務めた土木技術官僚の直木倫太郎（一八七五－一九四三年）は、先に述べた「工政会」及び「日本工人倶楽部」の中核メンバーであり、わが国の技術者運動を率いた傑出した都市計画テクノクラートであった。直木は、東京帝国大学土木工学科を卒業して東京市土木課長・河港課長を経た後、とくに関一大阪市助役に請われて大阪市港湾部長・市区改正部長・都市計画部長（一九一七—二二年）を歴任し、関助役の無二のパートナーとして都市計画テクノクラートの本領を遺憾なく発揮した。彼が関東大震災により後藤新平から帝都復興院に呼び戻されるに際しては、関は「大阪市ニ採リテハ一大打撃ナリ。殊ニ余ノ腹案ニ対シテハ殆ド回復シ難キ損失ナリ」と日記に記したという(12)。

その後、直木は満州国の土木行政を統括する国務院国道局長として大陸に渡り、土木局長、交通部技監、大陸科学院院長（一九三三—四一年）など植民地計画・経営の中枢部にあって活躍した。直木は、原口が満州国土木局第二工務処処長時代（河川維持、都市計画、建築統制担当）の直属上司であり、豊富な自治体における都市計画行政の経験によって、後の神戸市長になる原口に与えた影響は少なくないものがあったと思われる(13)。

これら二人の傑出したテクノクラートに共通するものは、技術官僚の出身でありながら個別技術の枠内に拘泥することなく「技術的行政官僚」すなわちテクノクラートをめざして積極果敢に行動し、その実践的フィールドを植民地と地方自治体の都市計画・都市経営に見出した点である。そしてその思想と行動様式はまた、都市計画法の制定に学識経験者としてかかわり、直木を招いて大阪の都市計画行政に存分の腕を振るわせた関一大阪市長にも共通するものがあった。

関一の研究家である芝村篤樹は、関の都市政策論・都市自治論に関して「関がめざしたのは、公共心にもとづき専門知識に裏付けられた都市専門官僚のブルジョア合理主義的（市営事業経営論にみられるような）都市経営の発展であり、それを制約し歪める一方における中央官僚（政府）の官治主義と、他方における政党や無産運動を含む住民の要求・批判に対して自立し得る制度的保障を確保しようとしたのが関の都市自治論であった」「そうだとすれば、関の都市自治論は、当時の国家の制度と政策を改革する側面を有しているとともに、都市専門官僚によるブルジョア合理主義的都市経営の枠を超える住民の要求・批判に対しては抑圧的側面を持ち、そのことによって住民自らの要求運動や自治的団結をスポイルし兼ねない内容を有していた[14]」と述べている。この時代に産み落とされた都市計画テクノクラートは、都市計画地方委員会や都市自治体を問わず、開発主義の枠内で割拠主義的・官治的行政とたたかい、「上から」の合理主義的・改良主義的計画行政の展開に努めたのである。

5　戦後の都市計画とテクノクラシー

敗戦を契機として新憲法と地方自治法の制定など一連の戦後改革が自治体行政においても断行され、都市計画制度も主権在民の原則に基づき抜本的改正の方向に一歩踏み出すかにみえた。国と地方間の行政事務再配分に関する「シャープ勧告」（一九四九年）は、都市計画（原語はLocal Planning）を「地方に全面的に委譲できる事務」として提示した。また、これを受けた「地方行政調査委員会議勧告」（一九五〇年）は、保留条件付きながら、都市計画とその事業を「市町村の事務とし、市町村が自主的に決定し、執行する建前に改める」というものであった。

しかし、建設省内では種々検討が行われたものの、「地方行政調査委員会議の勧告の趣旨に概ね異存はないが、都市計画行政は複雑多岐であり、関係省庁及び部局との調整を要する」との表現のもとに、「都市計画の決定権を市町村に委ねると、関係の省庁・部局が独自の権限をもって市町村に関与し、計画の統一性・総合性を失わせる」との戦前と同様の懸念を表明し、大正時代の旧法体制は、結局のところ「一九六八年都市計画法」の制定まで五〇年間にわたって存続することになった。その背景の一つに、建設省の技術官僚が戦前からの悲願であった法科行政官僚との人事闘争に勝利し、局長・次官ポストに行政官僚と技術官僚が交互に就任するという「たすきがけ人事制度」を獲得したことがあった。中間層テクノクラートとしての技術官僚が上層テクノクラートへの昇進の道を確保することによって、中央省庁では技術官僚の地位が確立し、これ以降、地方自治体への補助金付きの天下り人事が組織的に推進されるようになった。そのため地方自治体に都市計画権限を譲り渡すことは自らの職権とポストを失うことを意味し、そのことが技術官僚をしてますます「計画高権」イデオロギーに緊縛することになったのである。

この間、高度経済成長政策にともなう日本の都市化は文字通り「野放し」になって、大都市周辺では空前のスプロール開発と地価上昇が引き起こされた。また、内務省の解体と都市計画地方委員会の廃止によって、都市計画の計画案ないし事業案の作成権限と責任の所在が不明確となり、関係行政庁内部での協議・調整を経て具体的な事業の実施計画と財源を確保すれば、既存の都市計画への考慮なしにほぼすべてのインフラ整備事業を実施することが可能となった。言い換えれば、この間の都市計画制度が「基本法不在」といわれるように、「本来の意味での都市計画が機能不全で、総合的な都市計画のなかったことが、個別補助金に裏打ちされた各種の開発・整備事業を基本的には公共＝国家主導で急速かつ強行的に推進することを可能にした」のである。(15)

6 新都市計画法の基本的性格

本来なら、大衆社会がすでに成立している高度経済成長時代の都市計画法は、国家による「直接支配法」ともいうべき名望家社会時代の旧法体制を脱皮し、支配層の社会的ヘゲモニー・指導に対する大衆の「自発的同意」の調達を中心にした「間接支配法」に発展させるものでなければならなかった。例えば、アメリカの都市計画は、州政府が地方自治体に対して都市計画権限を与えるのみを内容とする「包括的授権法」によって法的根拠を与えられているが、このような授権法こそが「現代都市計画法」の基本的性格であり、わが国においても強く求められるところであった。だが、戦後二十有余年を経過し高度経済成長期後半になって漸く成立した一九六八年都市計画法においても、なお旧法体制は色濃く残存し、都市計画法のフレームは基本的に変わらなかった。憲法と地方自治法において認められている住民自治・団体自治の理念が都市計画法には反映されず、新都市計画法は「一周遅れのランナー」として登場する他はなかったのである。

新都市計画法に関する建設省の解説に次のような一節がある。「従来、都市計画は、直接国民の権利義務を規制するものとして『計画専権』と称し、国が定めるべきものと観念されてきた。すなわち、都市計画には用途地域等の地域地区のように主として建築制限によりその目的を実現するものと、都市計画事業として収用権を背景に事業により実現するものとがあり、いずれも直接国民の権利義務を制約するものであり、この権限の源は国にあるという考え方に立って、都市計画は国が定めることとしたのである[16]」。この旧法の考え方は、新都市計画法においても基本的に継承されており、都市計画の決定システムは行政内で完結し、最終的な都市計画権限はいまなお国に留められているのである。

日本都市計画学会地方分権研究小委員会は、一九六八年法の特色を次のように述べている。新都市計画法では、都市計画権限が建設大臣から都道府県知事、市町村へ委譲され、都市計画案の作成・決定過程に住民参加の手続きが導入されたとされるが、①都市計画決定権限が都道府県知事と市町村の二重構造になっており、しかも主要な都市計画の決定権限が都道府県知事に集中している、②決定権限が委譲されたといわれるが、都市計画事務は機関委任事務であり、都道府県知事、市町村に対する国の関与、市町村に対する知事の法的・実態的関与が強い、あるいは後見的関与の側面が強い、③住民参加についても、公聴会、説明会の開催が義務づけられておらず、その内容・方法についても不明確である、④案の縦覧の期間や方法についても不十分であり、意見書について取扱

いがルール化されていない、⑤議会の都市計画決定への関与が認められていないなどである。(17)

また内容的にも、①最大の眼目とされたスプロール抑制対策については、宅地審議会答申の「既成市街地」「市街化地域」「市街化調整地域」「保存地域」の四地域区分がおよそ土地利用計画の名には値しない「市街化区域」「市街化調整区域」の二区域区分に後退し、しかも「市街化区域」を計画的に市街化していくための責任や財源の裏付けもないままに過大宅地需要に基づき「線引き」された結果、新法以前のスプロール開発が依然として継続した、②市街化区域の開発をコントロールしていくための「開発許可制度」は、小規模開発(一〇〇〇平方米《メートル》未満)を許可不要とし、かつ個別の建築行為を対象外としたためスプロール開発に一層の拍車をかけた、③各省庁の個別の管理法に基づく「道路、河川、鉄道、港湾、空港等の施設に関する国の計画」は、都市計画の上位に位置し、都市計画によっては変更・修正されえないことが明記されたことによって、従来からの「開発の自由」「建築の自由」は実質的に担保され、個別開発行政の権限はかえって強化されたのである。

四　神戸市におけるテクノクラシーの成立と展開

1　神戸型テクノクラートの特徴と背景

それでは、神戸市において成立したテクノクラシー及びその担い手としての「神戸型テクノクラート」は、いったいどのような性格と特徴を有するのであろうか。一口でいえば、①客観的には権力基盤の弱い地方自治体官僚でありながら、②主観的には国家テクノクラートに近いエリート意識構造と牧民官的な行動様式をもち、③行政知識と専門的能力によって中央政府や県など上位機関には対抗あるいは妥協し、④地域社会と民主政治に対してはときには権威主義的に、ときには操作主義的に同意を調達し、⑤市民・住民を統合しようとする、⑥（技術）行政官僚だといえるだろう。

より具体的にいえば、①神戸市の発展のためには、都市開発に基づく経済成長が不可欠だとする開発主義・成長イデオロギーへの信奉、②開発行政の推進によって、神戸市の発展と市民生活の全体利益に貢献しているという公共福祉イデオロギーへの確信、あるいは自らが市民・住民の擁護者たるとする牧民官的思考様式、③競争主義・業績主義と情報独占に基づく高度な開発行政・計画行政の「プロ」としての自負、あるいはその裏返しとしての市民・住民に対するアマチュア視（愚民視）、④開発主義的価値観に基づく限られた範囲での専門的・技術的合理性や効率性を重視し、多様な市民の価値観を排除するフラットな思考様式、などがその中身である。

国家官僚ならいざ知らず、地方自治体では限られた範囲でしか形成されないテクノクラート意識が、神戸市においてかくも広範囲に形成されてきたのはなぜか。その背景には、原口・宮崎テクノクラート市長による異例の長期安定政権の展開がある。例えば、宮崎市長時代の狩野学助役は、ジャン・メイノー（フランスのテクノクラシー研究者）の著作を引用して、「第一に、テクノクラートは秘密裏に行動し、公開の場での討論よりは非公開の議論を選ぶこと。つまりテクノクラートは自らの無謬を確信しており、要はその秘密政治・閉鎖的政治については右に出る者はないほどの力量をもっているという確信があること。第二に、権威主義や絶対主義へ傾斜しやすいことである。テクノクラートは決定された政策を表明する際に性急さを隠そうとはしないし、またこれに対する公衆の反応に対し何らかの軽侮の態度、あるいは少なくともその反応に何らかの無関心的態度を示す場合がある」とのテクノクラシーのもつ欠陥、病理、限界、危険の大きさを指摘しながらも、官僚制が政策決定の主導権を握るようになったのは、「都市社会の巨大化・複雑化と市民の政治的無関心と議会制民主主義の『不適応』現象に基づく」ものであり、「官僚制ことにその中枢であるテクノクラートの政治的中立性、知的技術の優越、利益集団の調整力、社会的目標への共同使命感によって、政治家グループからテクノクラートへ（決定権が）移行する状況があったから」だとして、「テクノクラシーが悪であり、デモクラシーが善であるとはいえない。また、後者が前者にとって代わることも不可能である」との自負を示している(18)。

一般的にいって、開発事業が企画構想段階から計画設計段階を経て事業化に至るまで通常一〇年、二〇年という長期の懐妊期間を必要とする。また事業に必要な一定水準の技術者や人材を組織的に確保するには、現場での訓練や研修も含めて中長期にわたる継続的な養成期間が必要とされる。したがってこの間に市長交代にともなう政変や開発方針の変更などが不規則的に発生すれば、開発・都市計画行政の系統性や一貫性は必ずしも担保されないことになり、マンパワー養成の上でも大きな齟齬をきたすことになる。

しかし、神戸市においてテクノクラシーが成立する上で極めて好都合だったのは、第一に、四〇年間（一九四九年一一月―八九年一一月）の長期にわたって二人のテクノクラート市長が安定した市政運営の下で一貫して開発行政を続けてきたという、戦後日本の自治体史上でも稀有の条件が存在していたことである。内務省出身の土木技術官僚である原口が前半の二〇年、神戸市生え抜きの行政マンである宮崎が後半の二〇年とちょうど任期も等しく、かつ宮崎は原口市長の時代から四期連続の助役として名実ともに市長補佐役として市政の隅々まで掌握できる立場を確保していた。また、宮崎が退任後も財団法人神戸都市問題研究所理事長として、後任の笹山市長に対して無視できない政治的影響力を発揮してきたことを思えば、宮崎は前任者の原口と後任者の笹山の時代も合わせて、実に半世紀にわたる市政運営を系統的に推進できる立場にいたことになる。

第二に、二人の市長が技術官僚と経営官僚の組合せというテクノクラートの中核部分を構成する人的構成であった点も、神戸市におけるテクノクラート行政の展開をより確かで豊富にしたものと思われる。そこでは原口が多様な開発構想を技術的可能性の検討を踏まえて大胆に提起し、宮崎が都市経営の面から事業可能性をチェックして実現に移していくといった役割分担が期せずして成立していたのであり、いわばハードとソフトを代表するテクノクラートの「絶妙のコンビ」が効果的に機能していたのである。また、原口が技術官僚出身であることから「法科万能主義」に基づく技術職員への差別的待遇が改善され、開発行政の進展にともなう「ポスト増」ともあいまって、彼らの忠誠心とテクノクラートへの自信をかきたてたことも見逃せない。

第三に、原口・宮崎市長時代の四〇年間は二回の石油ショックによる中断はあったものの、全体としてはわが国の右肩上がりの経済成長を背景に大都市圏では各種の都市開発事業が比較的順調に進展した時期であった。そして他都市が急激な都市化によるスプロール問題や公害問題など深刻な都市問題に直面していたとき、公共デベロッパー・神戸市が主導する神戸の都市開発事業は環境面でも経営面でも相対的に優れた成果を挙げることによって、テクノクラート行政は庁内職員のロイヤリティーはもとより広く市民の同意を調達することに成功した。国家官僚としてのテクノクラートが、しばしば特定大学出身者のキャリアシステムに基づく権威主義的正当性によって（神話的に）支持あるいは黙認されているのに対して、神戸市のそれは開発事業の成果によって具体的に評価されたところにより確かな統合基盤の拡がりがあったといえよう。

したがって、神戸市におけるテクノクラシーはこれまでは（少数派に対する場合は除いて）必ずしも露骨な反議会・反民主主義な形態をとる必要はなく、むしろ議会・労働組合・消費団体・女性団体など各種団体の主流派の同意と協力を取り付けた「コーポラティズム行政」へと洗練された発展を遂げることが出来た。そしてこの展開が原口・宮崎市政の政治的安定につながり、より一層テクノクラート行政の基礎を固めるという上昇スパイラルを描いてきた。これが神戸型テクノクラートが広範囲にわたって成立した背景であり、他都市には見られない神戸市におけるテクノクラート行政の強固な基盤の源泉であった。

2　戦後の行政組織別職員数の変遷

次に、神戸市における行政組織及び職員数の変遷についてみよう。資料としては、『神戸市統計書』の「職員数」及び『神戸市組織図』の「出向派遣者リスト」から算出した。なお、統計書では一九七八年（昭和五三）から職員の内訳欄（事務吏員、技術吏員など）がなくなり、組織図では一九九四年（平成六）から出向者リストが添付されなくなっている。

これらの資料から原口・宮崎・笹山の各市長時代ごとに、当選した年の行政組織別職員数の表を作成した。作表の目的は、①組織の変遷を通して行政の重点分野を明らかにすること、②組織別職員数それも行政の中心を担うスタッフ（事務吏員、技術吏員）の量的変遷を通して職員構成の特徴を探ること、③外郭団体や関係団体への出向・派遣数を明らかにすることによって正確な職員構成を知ることである。

まず、原口市長時代の行政組織の変遷の特徴は、第一に、高度経済成長時代を反映して職員総数の伸びが著しいことである。就任当初の七四九二人（一九四九年）が一万三四〇六人（一九五七年）へ一・八倍に増加している。第二に、開発関連部局の拡充が著しいことである。一九四九年には「建設局」だけだったのが、一九五七年には「建設局」「港湾局」の二局、一九六一年には「建設局」「建築局」「港湾局」の三局、一九六五年には「土木局」「都市計画局」「建築局」「港湾局」「埋立事業局」の五局と倍増近い拡充となった。また市長部局全体に占める開発部局職員数の割合は、一七%（七三三人／四二八五人）から二六%（一九八七人／七七五八人）へと急増している。第三に、技術職員が事務職員に比べて急速に増加した。一九四九年では事務吏員の三八%（四一八人／一一〇九人）に過ぎなかった技術吏員が、一九六五年には四六%（一一八二人／二五五〇人）に増

職員数の推移

（単位：人）

<table>
<tr><th rowspan="2">農政局</th><th colspan="6">開発関連部局</th><th rowspan="2">区役所等</th></tr>
<tr><th>計</th><th colspan="5">建設局</th></tr>
<tr><td></td><td></td><td>計画課等</td><td colspan="2">土木部・復興部</td><td colspan="2">港湾部</td><td></td></tr>
<tr><td>71</td><td>733</td><td>58</td><td colspan="2">532</td><td colspan="2">143</td><td>1,420</td></tr>
<tr><td>39</td><td>352</td><td>35</td><td colspan="2">248</td><td colspan="2">69</td><td>519</td></tr>
<tr><td>13</td><td>113</td><td>22</td><td colspan="2">62</td><td colspan="2">29</td><td>506</td></tr>
<tr><td>26</td><td>239</td><td>13</td><td colspan="2">186</td><td colspan="2">40</td><td>13</td></tr>
<tr><td></td><td></td><td colspan="3">建設局</td><td colspan="2">港湾局</td><td></td></tr>
<tr><td>66</td><td>1,165</td><td colspan="3">859</td><td colspan="2">306</td><td>1,234</td></tr>
<tr><td>47</td><td>701</td><td colspan="3">531</td><td colspan="2">170</td><td>753</td></tr>
<tr><td>12</td><td>292</td><td colspan="3">185</td><td colspan="2">107</td><td>738</td></tr>
<tr><td>35</td><td>409</td><td colspan="3">346</td><td colspan="2">63</td><td>15</td></tr>
<tr><td></td><td></td><td colspan="2">建設局</td><td>建築局</td><td colspan="2"></td><td></td></tr>
<tr><td>75</td><td>1,499</td><td colspan="2">918</td><td>168</td><td colspan="2">413</td><td>1,461</td></tr>
<tr><td>53</td><td>900</td><td colspan="2">536</td><td>137</td><td colspan="2">227</td><td>911</td></tr>
<tr><td>12</td><td>426</td><td colspan="2">253</td><td>32</td><td colspan="2">141</td><td>901</td></tr>
<tr><td>41</td><td>474</td><td colspan="2">283</td><td>105</td><td colspan="2">86</td><td>10</td></tr>
<tr><td></td><td></td><td>土木局</td><td>都計局</td><td></td><td>港湾局</td><td>埋事局</td><td></td></tr>
<tr><td>85</td><td>1,987
(24)</td><td>807
(6)</td><td>430
(15)</td><td>201
(2)</td><td>318
(1)</td><td>231</td><td>1,569</td></tr>
<tr><td>60</td><td>1,090
(24)</td><td>360
(6)</td><td>308
(15)</td><td>150
(2)</td><td>183
(1)</td><td>89</td><td>952</td></tr>
<tr><td>15</td><td>529
(9)</td><td>138
(1)</td><td>188
(7)</td><td>40</td><td>126
(1)</td><td>37</td><td>943</td></tr>
<tr><td>45</td><td>561
(15)</td><td>222
(5)</td><td>120
(8)</td><td>110
(2)</td><td>57</td><td>52</td><td>9</td></tr>
</table>

館では欠落している.

表 2-1　原口市長時代の神戸市

年	総数	市長部局計		秘書課等	総務局	理財局	民生局	衛生局		経済局
1949	7,492									
		職　員　数	4,285	111	163	122	246	1,248		171
		吏　員　数	1,527	58	80	66	79	254		80
		事務吏員数	1,109	57	80	64	59	145		72
		技術吏員数	418	1	—	2	20	109		8
1957	10,078							衛生局	清掃局	
		職　員　数	5,144	79	243	191	388	835	756	187
		吏　員　数	2,563	59	118	131	209	372	74	99
		事務吏員数	1,813	54	113	129	199	124	67	85
		技術吏員数	750	5	5	2	10	248	7	14
1961	11,488									
		職　員　数	6,155	81	386	153	514	970	840	176
		吏　員　数	3,178	60	143	102	304	531	76	98
		事務吏員数	2,210	50	137	100	287	144	66	87
		技術吏員数	968	10	6	2	17	387	10	11
1965	13,406									
		職　員　数	7,758 (37)	101 (1)	639 (3)	142 (1)	625 (2)	1,104	1,126	147 (1)
		吏　員　数	3,732 (37)	90 (1)	170 (3)	95 (1)	391 (2)	635	96	91 (1)
		事務吏員数	2,550 (12)	80	156 (3)	95 (1)	368 (2)	144	86	88 (1)
		技術吏員数	1,182 (15)	10 (1)	14	—	23	491	10	10

注：各年は，市長に当選した年である．以下の表も同じ．
都計局＝都市計画局，埋事局＝埋立事業局．
( ) 内の数字は出向者数（外数）．
1953 年の資料は，統計書に記載されていない．またこの間の職員録も中央図書

代の神戸市職員数の推移

（単位：人）

清掃局	経済局	農政局	開発関連部局							区役所等
			計	土木局	下水局	都計局	住宅局	港湾局	開発局	
1,305	195 (1)	106	2,145 (46)	732 (2)	206	439 (26)	208 (3)	330 (15)	230	1,618
152	139 (1)	70	1,303 (46)	321 (2)	100	364 (26)	173 (3)	202 (15)	143	1,095
109	119 (1)	20	599 (25)	134	22	213 (17)	44 (2)	130 (6)	56	1,087
43	20	50	704 (21)	187 (2)	78	151 (9)	129 (1)	72 (9)	87	18
環境局										
1,674	190	111 (5)	2,577 (87)	828 (12)	312	496 (35)	299 (15)	374 (21)	268 (4)	1,810
271	135	78 (5)	1,722 (87)	419 (12)	187	414 (35)	251 (15)	262 (21)	189 (4)	1,323
157	117	22 (1)	798 (47)	183 (4)	32	252 (21)	97 (8)	155 (10)	79 (4)	1,306
114	18	56 (4)	924 (40)	236 (8)	155	162 (14)	154 (7)	107 (11)	110	17
1,727	184 (4)	98 (11)	2,731 (127)	852 (14)	397 (9)	493 (48)	342 (21)	377 (26)	270 (9)	2,024
289	133 (4)	80 (11)	2,018 (127)	507 (14)	256 (9)	448 (48)	314 (21)	286 (26)	207 (9)	1,691
180	113 (4)	21 (4)	884 (65)	206 (4)	44	254 (29)	129 (10)	168 (12)	83 (9)	1,664
109	20	59 (7)	1,134 (62)	301 (10)	212 (9)	194 (19)	185 (11)	118 (14)	124	27
1,793	207 (72)	125 (14)	2,814 (170)	866 (29)	476 (19)	489 (43)	358 (26)	364 (23)	261 (30)	1,924
1,696 (11)	193 (19)	113 (21)	2,715 (227)	826 (49)	455 (20)	477 (52)	355 (30)	366 (40)	236 (36)	1,945

加している。土木・建築技術吏員の伸びも二・三倍（五六一人／二三九人）と大きいが、それにも増して衛生技術吏員の増加が四・五倍（四九一人／一〇九人）と著しいのが注目される。

宮崎市長時代の特徴は、第一に、石油ショック後の不況時代（一九六九―八五年）であるにもかかわらず、職員総数の伸びが一・五倍（二万三六人／一万三七三八人）とかなり大きいことである。とりわけ市長部局では、外郭団体等への出向・派遣数を四八人（一九六九年）から三六〇人（一九八五年）へ積極的に増やすことによって、実質的な

表 2-2 宮崎市長時

年	総数	市長部局計		企画局等	総務局	生活局	理財局	民生局	衛生局
1969	13,738	職員	8,397 (48)	156	440		138	823 (1)	1,349
		吏員	4,505 (48)	134	129		108	490 (1)	802
		事務吏員	2,966 (27)	118	118		107	462 (1)	191
		技術吏員	1,539 (21)	16	11		1	28	611
1973	15,166				総務局	生活局			
		職員	10,117 (97)	147 (2)	272	155	148	1,319 (3)	1,638
		吏員	5,810 (97)	133 (2)	159	121	119	753 (3)	965
		事務吏員	3,844 (51)	122	148	107	118	719 (3)	210
		技術吏員	1,966 (46)	11 (2)	11	14	1	34	755
1977	16,870	職員	11,750 (150)	150 (3)	297	192	150	2,088 (4)	2,031 (1)
		吏員	7,529 (150)	139 (3)	194	165	130	1,332 (4)	1,325 (1)
		事務吏員	5,024 (78)	119	172	146	128	1,284 (4)	289 (1)
		技術吏員	2,505 (72)	20 (3)	22	19	2	48	1,036
1981	20,480	職員	12,748 (204)	144 (15)	266	203 (4)	146	2,611 (2)	2,422 (1)
1985	20,036	職員	12,458 (360)	153 (39)	261 (8)	115 (35)	121	2,699 (10)	2,443 (1)

注：都計局＝都市計画局，生活局＝市民生活局.
（ ）内の数字は出向者数（外数）.
1981 年以降，吏員数の掲示はない.

職員数の増加を図っている。第二に、原口市長時代の後半から激化した公害問題や福祉問題に関する住民運動への対応から、衛生・民生関連部局の増加が著しいことである。衛生局職員数は一・八倍（二四四三人／一三四九人）へ、民生局職員数は三・三倍（二六九九人／八二三人）へ急増している。第三に、市長部局全体に占める開発部局職員数の割合は、二六％（三一四五人／八三九七人）から二二％（二七一五人／一万二四五八人）へ低下したものの、職員数は一・三倍（二七一五／二一四五人）へと依然増加している。

長時代の神戸市職員数の推移

（単位：人）

環境局	経済局	農政局	開発関連部局							区役所等
			計	土木局	下水局	都計局	住宅局	港湾局	開発局	
1,665 (11)	166 (33)	105 (16)	2,659 (269)	818 (54)	453 (23)	460 (76)	354 (29)	349 (40)	225 (47)	1,911
1,735 (17)	147 (64)	109 (31)	2,620 (353)	798 (72)	446 (38)	456 (102)	351 (31)	362 (56)	215 (54)	1,985
	産業振興局			建設局				港湾整備局		
1,784	225		2,551	1,199		492	361	499		2,920
1,753	215		2,419	1,145		484	342	448		2,723

トの掲載はない．

第四に、事務吏員に対する技術吏員の比率は五二％（一五三九人／二九六六人）（一九六九年）から五〇％（二五〇五人／五〇二四人）（一九七七年）と安定しており、原口市長時代よりも高い比率を示している。

笹山市長時代の特徴は、バブル経済の崩壊と阪神・淡路大震災の発生によって、職員総数の増加はもはや見られないことである。就任時の一万九八五三人（一九八九年）は一万九〇六一人（二〇〇一年）へとむしろ減少している。第二に、原口市長時代とは逆に、開発部局はもとより非開発関連部局においても組織の縮小再編が行われている。震災後の一九七九年には「民生局」と「衛生局」が「保健福祉局」へ、「経済局」と「農政局」が「産業振興局」へ、「土木局」と「下水局」が「建設局」へ、「港湾局」と「開発局」が「港湾整備局」へ各々合体し、二〇〇一年には「総務局」と「理財局」が「行財政局」へと合体している。第三に、しかしながら職員数の伸び悩みをカバーする

表 2-3　笹山市

年	総数	市長部局計	企画局等	総務局	理財局	市民生活局	民生局	衛生局
1989	19,583	12,283 (430)	141 (43)	271 (9)	125	114 (27)	2,628 (21)	2,433 (1)
1993	19,875	12,407 (666)	174 (38)	260 (6)	137	97 (54)	2,624 (66)	2,469 (37)
1997							保健福祉局	
	19,246	11,045	213	213	133	130	3,676	
2001				行財政局				
	19,061	11,837	193	347		149	4,038	

注：都計局＝都市計画局.
（）内の数字は出向者数（外数）. 1997 年度以降は，出向者リス

ために、外郭団体への出向が一段と組織的に行われている。一九八九年の市長部局からの出向数は、僅か四年間で四三〇人から六六六人へ急増している。とりわけ職員数に対する出向者数（統計上は職員数にカウントされない）の割合が大きい部局は、一九九三年（平成五）段階で市民生活局五六％（六四人／一四七人）、経済局四四％（六四人／一四七人）、農政局二八％（三一人／一〇九人）、開発局二五％（五四人／二一五人）、都市計画局二二％（一〇二人／四五六人）などである。

3　宮崎市政にみるテクノクラート行政の実態

原口の下で助役一六年間と市長在任の二〇年間を合わせて三六年間にわたって神戸市政のトップにあった宮崎は、自他ともに認める「神戸型テクノクラート」であった。彼は立命館大学専門部を卒業した後、「地方の木っ端役人[19]」として神戸市役所に採用されたのは、阪神大水害が発生する前

年の一九三七年（昭和一二）のことである。彼の自叙伝や回顧録をみると、旧制中学（兵庫県立第三神戸中学校）や旧制高校（姫路高等学校）時代の生活や交友関係については話題豊富であるが、大学時代のことはほとんど出てこない。高校時代の学生運動のために放校処分になり、「問題学生」であるがゆえに官学への入学が許されず、私学に進まざるを得なかったことが余程こたえているのであろうか。

しかし、帝国大学を出て国家官僚へというエリートコースの代わりに、私学から神戸市役所へという「木っ端役人コース」を歩まざるをえなかったことが、彼のその後の自治体テクノクラートへの成長の礎となり、「神戸モンロー主義」ともいうべき頑な自治体主義を育てたことは間違いない。宮崎のキャリアは原口とは大きく異なっているが、両者が深い挫折感の底から立ち上がり、それをバネにしてテクノクラートへと成長していったプロセスには驚くほどの共通性がある。宮崎は、阪神大水害の経験を通して自治体行政の重要性に開眼し、その後一路行政実務に邁進していったのである。

宮崎は、事務吏員としての経歴からもまた助役としての職務経験からもテクノクラシーの性格を最初からソフトな都市経営の文脈で把握していた。宮崎は市長就任直後から都市問題へ対処するための「ソーシャル・テクノロジー（社会技術）」の必要性を主張し[20]、退任後の回顧録でも「私はあえて市民党とまで云わないまでも、地方自治は既成政党によるイデオロギーではなくあくまでテクノロジーと考えている。これだけは終始一貫変わらない」とテクノロジーの重要性を強調している[21]。

こうして原口時代に誕生した神戸型テクノクラートは、宮崎時代になって組織的態勢を整え、やがては後述する「原局主義体制」の確立とともに原局を拠点として開発行政を自己増殖的に推進する「テクノクラート軍団」として肥大していくのである。

宮崎には著作も多いが、ここでは宮崎とともに神戸型テクノクラートを自認し、神戸市幹部として長年にわたって宮崎市長のブレインの位置にあった高寄昇三の研究を通して、宮崎市政におけるテクノクラシーの実態を検証しよう。なお高寄は、現在は甲南大学経済学部教授の傍ら、宮崎が創立当初から理事長（宮崎の没後は新野幸次郎神戸大学名誉教授が就任）を務めてきた財団法人神戸市都市問題研究所の専務理事の要職を務めている。

高寄には『宮崎神戸市政の研究』全四巻（財団法人神戸都市問題研究所発行、一九九一―九三年）と題する詳細な神戸市政研究の他、神戸都市計画・都市経営に関する膨大な研究業績がある。市政内部の情報に精通しかつ神戸市の実質的なスポークスマンでもあった高寄の著作は、神戸市におけるテクノクラシーの実態を知る上で貴重な第一級の資料価値を有している。なかでも「宮崎市長が生涯かけて追求していった企業的都市経営とはどのような思想であり、またどのような政策目的・効果をもっていたのか。宮崎市長自身が都市経営につき都市モンロー主義者としてどのように考え、都市経営をテクノクラートとしてどのように対処していこうとしたのか」[22]との視点から著された『宮崎神戸市政の研究』は、基本的には神戸市政の積極的肯定であり大賛美であるが、その一方、各所で神戸型テクノクラートの本質に関わる興味深い指摘も散見されるからである。

高寄の著作の第一の注目点は、宮崎に率いられる神戸市政が住民生活の擁護を基本とする革新自治体行政ではなく、民間企業経営にも比すべき機能的（専制的）開発行政だと見なしている点である。「宮崎市長による企業的都市経営は、都市社会主義・自治権活用型といったいわば正統派都市経営ではなく、都市資本主義・公企業活用型であり、しかも福祉・環境・参加という視点からは、成長・開発・支配という性向を秘めていた[23]」との評価がそれである。

革新自治体は、一九六〇年代から七〇年代にかけての高度成長期後半に現代開発主義が生み出した公害問題・都市問題への批判を背景に、労働組合や広範な住民・市民運動団体が革新政党と連携して大都市圏を中心に出現した「社会主義政党（社会党、共産党）が与党である地方自治体」あるいは「社・共などの野党や民主勢力が公認または推薦した首長を持つ自治体」のことである。一九六四年には「全国革新市長会」が結成され、一九六七年の地方選挙では七八市が革新市長になった。また最盛期の一九七三年末現在では、革新自治体は六都府県、一三四都市、一〇六町村に達し、その下での人口は全国総人口の四割を越えるまでに成長した。一九七三年神戸市長選挙においても、神戸沖の関西新国際空港建設問題をめぐって宮崎の政治姿勢が従来の「推進」から「反対」へと一転し、それまでの与党（自民党）と野党（共産党）の位置関係が逆転した。

だが、革新自治体の外形的定義はともかく、その実態となると内容も性格も途端に多様化する。「極論すれば、自治体本来の地域的多様性に加えて、首長の持ち味も当選の条件もそれぞれ異なるから、革新自治体という言葉だけが共通だといえるほどである[24]」（との評価まである始末である）。

したがって革新自治体を辛うじて内容的に規定できるとすれば、それは日本の国家レベルで成立しえなかった「福祉国家」を部分的ではあるが地域レベルで実現したかどうかという点であろう。福祉国家の「地方版」「都市版」としての革新自治体論である。福祉国家は「経済的な生産及び交換の過程に介入し、生活上の機会を個人間及び階級間で再配分する国家」であるから、革新自治体すなわち福祉自治体は「地域レベルで保健・教育・住宅・所得保障・対人サービスなどの福祉サービスを供給し、生活上の機会を個人間及び階級間で再配分する役割」を担うことになる。だが、果たして宮崎神戸市政は福祉自治体へと変身したのであろうか。また、それは可能であったであろうか。

原理的にいって、開発主義自治体では開発が主目的であり福祉は結果であるから、革新自治体＝福祉自治体へ変身しようとすれば、目的と手段を逆転させるために経済的な生産及び交換過程に介入する他はない。つまり開発行政にブレーキをかけ、福祉行政に向かってアクセルを踏むという抜本的な政策転換が求められる。しかし、この点に関して高寄は「(宮崎市長の)革新の選択といっても、革新という政治理念に心酔し、その実現のために政治生命を賭するという革新化ではなかった」と断言する。なぜなら「政治基盤の磐石でなかった当時の宮崎市長にとって、空港に固執し政権の座から転落するか、空港を断念して政権を死守するかという厳しい選択を迫られた」上での空港反対への転向であったからである。(25) しかし、この「転向」が宮崎自身にとってどれほど不本意な選択であったかは、回顧録の中での空港問題に関する部分が「画龍点睛を欠く」「臍をかむ思い」「一世一代の不覚」「本心に反した反対声明」「偽りの誓い」といった言葉で埋めつくされていることとによっても明らかであろう。[26] つまり宮崎は、当時の公害反対運動を背景にした神戸沖空港開発批判という「嵐」を避けるために、一時的に革新自治体という「庇」を借りて雨宿りしただけで、結局は「母屋」に入らなかったのである。

第二は、神戸市都市経営の原動力になった公共デベロッパー方式が、開発事業の進展にともなってテクノクラート支配を強化することにより、次第に権威主義的・官治主義的行政への傾斜を深め、市民ニーズに応える環境・福祉・文化といった自治体本来の行政分野を軽視する風潮をつくりだしていった必然性を認めている点である。

「市民が企業的都市経営へ抱いた反感としては、官治的行政体質があげられる。神戸市政が市民感情を全く無視したのではないが、開発事業がその性格上あまり市民参加・情報公開を要しない事業であったため、市民排除の印象は免れがたい評価として市民層に浸透していった」「公共デベロッパーのプロジェクトに対して住民投票制の如き有効な住民参加の制度的保障が欠落している」「神戸市が順調な展開をつづけていくうちに能力を過信し、遂には結果さえよければという安易な企業的発想がはびこっていった。いいかえれば優秀な市長と忠実な公務員がいれば、事業的な都市経営に成功することはそれ程むずかしくはない。それは都市経営が衆論によって決するより、全知全能の権力者が決定する方がベターであるという要素を内包していることが否定できない」「神戸市自身が企業的デベロッパーを意識するあまり、その母体が自治体であることを忘れると、都市経営の官僚化という悪しき体質がはびこることは避け難い」「神戸市も経営的成果による心の驕りが、次第に市政における非経営的なものへの配慮、すなわち環境、福祉、参加というものを軽視する風潮をつくりだしていったことは否定できない。その卑近な事例が昭和五〇年代に入って、神戸市政にあって全国的に名声をはせるような参加型の実践例が福祉・環境・文化などの面にあってほとんどみられない事実である[27]」。

この一連のくだりは、開発主義が公共デベロッパーを生み出し、テクノクラート主導の官治行政を必然化し、住民自治を排除していくプロセスを明快に説明していて非常に分かりやすい。その結果、神戸市政は開発プロジェクトに関しては大きな成果を挙げるものの、市民生活に直結する行政分野に関しては見るべき成果を生み出しえなかったのである。

第三は、神戸市の「開かれた市政」の旗印のもとで試みられてきた数々の市民参加が、実はテクノクラート主導の周到な住民包摂戦略に基づくものに他ならなかったことを赤裸々に暴露している点である。とりわけ神戸市を代表する市民参加団体として著名な神戸市婦人団体協議会が、神戸市からの膨大な委託業務を通して物質的にも包摂され、翼賛化していく実態がリアルに記述されている。ここで指摘されている実態は、紛れもなく開発主義を底辺から支える「草の根保守層」の政治動員が「市民参加」という名の下で行われている情景である。この住民包摂方式が労働組合をはじめ各種主要団体に対して適用されることによって各種団体の市政協力団体化が進み、コーポラティブ体制が形成されていったのである。

「宮崎市長による市民参加の特徴は市民参加の包摂であった。『開かれた市政』のキャッチフレーズの下、市政への多様なアクセスを設定していったが、決して権限型の参加を保障したものではなかった」「宮崎市長と抵抗型といわれる市民層との間における理念・認識のすれ違いは歴然としている。政策決定権への参加を拒否しながら、行政事業への協力的参加のみを推進しようとする市民参加方式に、心ある市民は官治的包摂と批判を加えつづけざるをえなかった」「宮崎市長による市民参加の特徴は、協力型、包摂型についで、第三が委託型である。権限型の市民参加からすれば忌み嫌うべきこの委託方式を、有償参加というスタイルで住民層の底辺まで浸透させていこうとする戦略であった」「そのために展開された行政施策が地域施設管理に対する委託費支出、公共活動参加に対する報酬費の支出である。これらの公費支出は多くの自治体にみられるように、行政下請事務に対する自治会への包括的財政援助という形式をとらず、神戸市政のケースはあくまで個々の行政事務に対する契約関係に基づく経費支出という近代的形式をとった。しかし、形式が近代的であり、そのような住民参加・協力が必要かつ不可欠な行為であったにしても、事実として大量の財政支出が市役所から地域住民組織・住民グループに流れたことは否定できない」「このような近代的関係によって自律的市民を育成していこうとしたが、同時に企業への外注方式ではないため、完全な市場メカニズムで律することはできない。そのため特定団体の利権化、市議会議員の介入、地域ボスの温床、契約不履行の頻発というマイナス現象もまた、覚悟しなければならなかったのであり、委託方式を最適管理方式とは断定できないのであった」「宮崎神戸市政は、このように婦人団体協議会にあって採用した方式を、全市的な労働組合をはじめとする多様な組織・集団に多かれ少なかれ同じような手法でもって対応していった。さらに市政参加の大義名分の下に、経済界、医師会など主要な団体に対しても行政協力のスタイルでもって市政への同調を求めるとともに、ほぼ市内各種団体を網羅する各種審議会、協議会への委員参加、審議機会の提供などによって市政協力団体化を図っていった。このような方式は他の自治体にあっても程度の差はあれ導入されていったが、神戸市の場合、臆面もなくという表現が該当するぐらい広範に採用されていった(28)。

第四は、神戸市政における市職員を包摂するための組織・人事の特徴として、現場の事業部局や外郭団体の専決を大幅に認めることで組織間競争をあおる「原局主義」、そして中央官僚の天下り人事を排し外郭団体のポストを増やして市職員を登用するという「純血主義」の功罪が端的に指摘されている点である。すなわち、企業経営的開発行政にともない現場の判断を重視する組織・人事方針と外郭団体の管理職ポストの増加が両者あいまって職員間の競争と忠誠を引き出し、職員労働組合をも巻き込んで開発主義を一層激化させるシステムとして機能していることを明らかにしている。いわば、民間企業における企業主義的統合の「市役所版」が神戸市政においても確立しているわけである。

「宮崎市長による企業的都市経営は、市長の強力なリーダーシップによって展開されたが、その経営思想・戦略を現場としての事業部局が臨機応変に実施し、戦力化していった行動原理が原局主義であった」「開発事業などとなると、対民間との競争関係からいっても先手必勝という競争原理が働くため、原局主義の導入とならざるをえないのである。それは補助金は獲得に失敗しても、市役所が破産することはない。しかし、公共デベロッパーとして開発用地売却が不成功となると、正真正銘の倒産で、赤字再建団体の申請もメインバンクの救済もない破局の訪れである」「原局主義の潜在的要因になったのは、各局間の競争意識である。神戸市自身としても他の政令都市への対抗意識があった。それは個人としては出世主義であり、市としては経済成長主義があった」「純血主義への信奉という経営風土の下で、はじめて職員は全身全霊を打ち込んで仕事に励むことになる」「このような職員意識は、先の原局主義、競争主義、メリット主義によって培養されていった。組織としては市長への忠誠心、組織間の競争意識、職員の政策意欲といった気運が漲っていた」「もっともこのような純血主義は、庁外との人間ネットワークの欠如とか、情報の偏重、職員の画一化などの弊害があるのみでなく、何よりも全員が株式会社的発想で事業型の人間に偏ってしまうことにある(29)」。

第五は、本来ならテクノクラート主導の開発行政を市民の立場からチェックしなければならない議会が、革新政党までも含めて「オール与党体制」の下で機能不全に陥り、神戸市政の体質をますます開発主義に傾斜させていった点である。オール与党体制下の神戸市政は、いわば全政党の自発的意思によって形成された「開発独裁の最高形態」ともいうべきものであり、この段階で神戸市の開発主義体制は頂点に達したといってよい。

「宮崎市長は、都市経営を都市経営のための自治体経営に限定してしまった。自治体経営のための都市経営として、経営と政治の両者を包含した高次元の都市経営への野心的な冒険を試みるべきであった。都市経営をまもるために、政党圧力による都市政治を拒否し、飼養することによって政治の去勢化を図ろうとした。しかし、都市政治には市民自治という正統派の都市政治が存在したのである。もしこの市民自治の都市政治をも否定するとき、都市経営は単なる官僚自治による独善行政になりさがってしまう[30]」。

「全与党化という状況下での経営者支配は、議会が批判機能を失い、地方自治の堕落、地方行政の官僚化につながっていくのではないかという危惧である。そしてこのような状況は独善的な行政支配への批判となって宮崎市政にハネ返ってきた」「都市経営というプラグマチズムの視点からは、都市政治の政党化は必ずしも歓迎しない。それにしても全与党化という政治状況はあまりにも好都合な条件であり、これではあたかも都市経営における決定過程の『企業化』であり、行政活動のみならず行政決定システムまでも形骸化してしまうことは、都市経営の行き過ぎではないかとの懸念が囁かれていた」「宮崎市政の場合、全与党化のための政策の妥協、施策の調整すらも対政党との関係では必要なかった。政党との間で政策協定が締結されなかったのみでなく、企業型都市経営を前面に打ち出して、その信任を迫るという強気の政治姿勢を示した」「このような首長・政党間の政策協定なしの政権の是認は、選挙の結果が当初からわかってしまうということに加えて、『地域住民の自治体政治への参加の機会、政策選択の機会を実質的に奪うことになり、市民は地方政治に対するかってのような関心を示すことがなくなってきた』という、憂慮すべき政治状況をつくりだしてしまった[31]」。

五　神戸型テクノクラシーの終焉

しかし、バブル経済の崩壊にともない日本経済が「ゼロ成長時代」に突入した九〇年代あたりから、さすがの神戸型テクノクラシーにも限界が見えはじめた。多額の起債により開発資金を調達し、造成地の売却によって開発コストを償却し開発利益を上げるという従来の都市経営方式に次第に陰りが見えはじめた。多くの財政学者が指摘するごとく神戸市財政は震災前からすでに危機的様相を深めていたが、それが阪神・淡路大震災の勃発によって一挙に顕在化したのである。

筆者は、大震災後の神戸市の震災復興計画は、実は神戸市テクノクラートによる一種の「危機管理」の産物ではなかったかと考えている。震災という非常事態において神戸型テクノクラシーはフル回転し、まるで戦時下の統制経済政策のような官僚主導の復興計画をつくりあげた。彼らはこの危機管理計画によって当面する開発・都市計画行政の停滞と限界を一気に打開し、神戸市を「二一世紀モデル都市」として確立しようと考えたのである。そうでなければ、震災を都市改造の「千載一遇の機会」と捉えて都市計画決定を強行することもなかったであろうし、また神戸空港建設のような超大プロジェクトを震災復興計画に盛り込む必然性もなかったであろう。

しかし、これらの強行突破作戦が市民・住民はもとより全国世論の激しい批判を浴びたことから、笹山市長の都市計画強行決定に対する森南地区への謝罪をはじめとして、震災直後は神戸市テクノクラートにも少なくない動揺がみられた。しかし、震災後も六年有余の年月が経過するとあちこちで「居直り」の姿勢が目立つようになる。その典型が、なぜか当局に代わって活発な発言を始めた神戸市職労委員長の大森光則である。彼は最近になって『神戸市都市経営は間違っていたのか―市職員にも言い分がある』との挑発的なタイトルの本を出し、焦点となった都市計画決定をめぐって次のように述べている。

「震災から二カ月たった三月一七日の震災復興事業として都市計画決定（再開発二六㌶、区画整理五区域一四三・二㌶）がなされ、市政批判の槍玉となった。震災直後、建築基準法第八四条が適用された。それは、二カ月を限度に指定地域の建築規制を行うものであった。また、この都市計画決定を行うにあたって、国は、一月二〇日に建設省都市関係調査団が神戸市入りし、そして、国の指導は『市街地開発事業を都市計画決定によって規制を行い、引き続き、神戸市の都市計画を進めていく』というものだった。神戸市都市計画局職員に与えられた調査・検討の期間は、この間、わずか一週間でしかなく、対象地域住民に対する説明もなく、行政内部での論議検討も不十分であった。そのため、地元住民の反対運動は盛り上がり、都市計画決定は強行されたものの、市長や知事は、『住民の合意のないまちづくりはあり得ない』として、事業の実施にあたっては、住民の声を充分に聞き、都市計画決定の変更も有り得るとした[32]」。

この文章を一読すると、震災二カ月後の都市計画決定は、あたかも「住民の合意のないまちづくりはあり得ない」とする笹山神戸市長の反対を押し切って、国が強行したかのような印象を与える。だが、事実はその正反対で、筆者が日本建築学会編『阪神・淡路大震災調査報告書、第一〇巻、都市計画・農村計画』（前掲）や『日本の都市法』（前掲）の中でも明らかにしたように、むしろ都市計画決定後の事態の混乱を懸念する建設省に対して神戸市当局が強行を主張した、というのが事の真相である。以下、必要最小限の事実経過を記そう。

(1) 震災翌日の一月一八日から、都市計画局・住宅局職員約二〇〇人が市災害対策本部からの指示により、早くも都市計画決定のため対象市街地の建物被害調査にあたっている。[33] また震災当時の都市計画局長だった鶴来助役も「一月一七日の翌日から、実質的に仕事がはじまったわけです。（略）職員が自転車あるいは徒歩で被災地に出向いて行ったということです。そういう時に住宅地図を持ちながら地元へ行きますと、『何をしているのか』『こういうときにそういうことをせずに水を運んでこい、食糧を持ってこい』というような話が出てきまして、職員も悩みながら仕事をしていたわけです」と事実を語っている。[34]

(2) 都市計画局は、都市計画決定に向けて市街地復興の方向を検討するためのプロジェクトチームを結成し、一号館の二三、二四階において夜を徹して作業を行っている。[35]

(3) 神戸市は、震災発生からほぼ一週間から一〇日間で市街地改造の基本方針を事業区域や事業手法を含めて内部決定している。震災後一週間目の一月二三日の段階で作成されていた「神戸市震災復興計画（激震復興計画重点区域）予定事業」に関する都市計画局・住宅局関連のメモの中で、その後変更されたのは森南地区（街路事業から区画整理事業へ変更）、西須磨地区（街路事業と区画整理事業から区画整理事業の削除）、真野地区（総住事業と区画整理事業から区画整理事業の削除）の三地区だけであって、残りの地区はすべてそのまま都市計画決定へ移されている[36]。そのうちの一つ、都市計画対象地域となった長田区真野地区のリーダーは、震災三日後に神戸市都市計画局の係長が計画案をもって訪れたことを証言している[37]。

(4) 神戸市は、都市計画決定を急ぐため、建設省の意向に反して最長二年間の被災地での建築制限が可能となる特別立法「被災市街地復興特別措置法」（一九九五年二月二六日施行）第五条は適用せず、僅か二カ月しか建築制限できない従来の建築基準法第八四条を意図的に適用した。この点については、震災当時、建設省都市計画局審議官として神戸市との折衝に当たった溜水兵庫県副知事は、一九九七年九月に開かれた土木学会シンポジウムにおいて「阪神・淡路大震災の復興と課題」と題する特別講演を行い、最長二年間の建築制限が可能となる被災市街地復興特別措置法が適用されなかった背景について言及し、「立法サイドでは、事業の進め方について『推進地域』をまず都市計画決定して、事業手法の選択を地権者の話し合いの中から定めるという特別法の趣旨に沿った流れを示す向きもあったが、市町では既に事業手法を定めて取り組もうとしてきたということもあり、これを採るに至らなかった。ただ反発も強く、事業は地権者の理解を得ながら進めることが大前提であることから、その代わりに県・市町が示したのが、都市計画を二段階で行うということである」との経過を説明している[38]。

また、このシンポジウムを後援した神戸新聞は、翌日の記事の中で「溜水副知事は、震災直後、住民が強く反発した区画整理事業の都市計画決定について、『国が新たに制定した特別法で対応しようとしたのに対し、地元市町が既存の手法で進めようとし混乱が生じた面があった』と指摘。国は特別法を使い、事業手法は地権者の住民で話し合いで決める方法を取ろうとしたが、地元自治体は行政が事業手法を決める従来のやり方を選び、混乱の一因になったとした。『結果的には強権的な手法には限界があり、都市計画を骨格と詳細な計画の二段階に分けて行うことになった』と話した。また、再開発事業について『保留床の処分見込について懸念がある』と説明。再開発事業は時間がかかるために保留床を復興公営住宅に使うことができず、処分方法は今後の課題として残るとした」と報道している[39]。

(5) 建設省が、住宅の全半壊が半数にも及び甚大な被災地である西須磨地区（須磨区西南部の約二〇〇ヘクタール密集住宅地区、九五年一〇月現在人口二・一万人、八三〇〇世帯）について他地区と同様震災復興区画整理事業の都市計画の適用を主張したのに対して、神戸市は、住民の反対運動を理由に計画を見送り、その一方、数十年前の戦災復興期と高度経済成長期に都市計画決定されていた幹線道路だけを事業決定するという極めつきの政治的判断を下している[40]。また神戸市は「道路計画に反対する団体は条例上のまちづくり組織とは認めない、助成もしない」と言明し、西須磨地区への「神戸市地区計画及びまちづくり協定等に関する条例」（神戸市まちづくり条例、一九八一年制定）の適用を見送っている。

おわりに

神戸型テクノクラートはどうやら時代の流れを読み違えたらしい。先進国大都市ではすでに一九七〇年代後半から成長管理政策による都市計画コンセプトの転換が始まっていたし、従来の成長拡大型の都市計画を均衡調和型（あるいは均衡縮小型）の「人と環境にやさしい都市計画」へ切り換えていこうとする試みが精力的に模索されていた。しかし、ひとり土建国家としての日本だけが突出した公共事業費によって経済成長を支え、二〇世紀型の旧態依然たるハコモノ中心の成長型都市計画を推進してきた（している）。神戸市もまた誕生以来の開発主義都市であったがゆえに、強固な開発軍団・テクノクラートの存在によって二一世紀都市に向かっての政策転換が出来なかった。「二一世紀モデル都市」を「二〇世紀型コンセプト」でもって展開しようとしたところに、神戸型テクノクラシーの不運があり限界があったのである。

神戸空港建設に関する住民投票条例案を否決することによって、神戸型テクノクラシーは取り返しのつかない深い痛手を被ったと思う。第一に、神戸市はテクノクラシーの存立基盤である「科学技術的合理性」を自ら否定することによって大きく市民の信頼を失った。空港建設に関する環境アセスメントの内容を見れば、地震学者の指摘した断層の危険性に対しても、海洋学者が懸念する広範な海洋汚染の問題に関しても、航空専門家が指摘する航空路の安全性の確保についても、ほとんど説明らしい説明がされていない。また空港建設の事業可能性の決め手となる経営採算上の根拠に関しては仮定の数字しか示すことが出来ず、そこには「株式会社」とまで称されたかつての敏腕の都市経営官僚の姿はない。「私的利害関係」にしか関心を示さないはずの市民が神戸市の「全体利益」を真剣に考え、市民の「全体利益」の擁護者たるテクノクラートが特定業界の「部分利益」を追求するという皮肉な逆転現象が生じているのである。

ここで再び「開発主義」の概念を最初に提起した村上の言葉を想起しよう。それは彼の「もしも官僚制が開発主義の生み出す種々の利益集団と一体化して巨大な利益集団となり、議会の政治勢力（政党）がそのような官僚の組織利害を抑える力を失えば、開発主義は潜在的な成長能力の実現という元来の特徴を発揮しえずに空洞化するか、あるいは遂にはその既成利害からの疎外者の反乱をひき起して議会政治を機能不全に陥れるだろう[41]」との警告の言葉である。

この光景は、いままさに眼前でくり拡げられている神戸型開発行政・テクノクラート行政そのものの姿ではないか。開発行政がもはや都市成長の推進力を喪失しているにもかかわらず、官僚機構が議会与党と一体化して巨大開発プロジェクトを推進し、疎外された市民が一斉に抗議と市政改革運動に立ち上がっているのである。

結局のところ、テクノクラシーはどのような形にせよ市民の合意と支持がなければ存続することができない。神戸型テクノクラシーは阪神・淡路大震災の危機管理計画でもあり、起死回生策でもある震災復興計画によって市民の同意を調達しようとしたが、その旧態依然たる開発コンセプトによって失敗した。その象徴が神戸空港建設問題であり、その是非を住民投票によって決めようとする三十数万人もの巨大な直接請求署名運動であった。神戸型テクノクラシーは、漸くにして本来の姿である「近代社会と民主主義への対抗勢力」であることをあらわにすることによって、確実に「終焉への道」へと歩きはじめた。二一世紀都市においてテクノクラート行政の未来はないのである。

注

(1)『大月経済学辞典』、一九七九年、六七六ページ。
(2) 小野清美『テクノクラートの世界とナチズム—「近代超克」のユートピア—』ミネルヴァ書房、一九九六年、四四、五二、二〇四ページ。以下の記述は主として小野の研究に負っている。
(3) 同右、六六—六八ページ。
(4) 同右、二〇—二一ページ。
(5) 大嶽秀夫「テクノクラシー論の再構成」『レヴァイアサン』第四号、一九八九年四月、七—八ページ。
(6) 梶田孝道『テクノクラシーと社会運動』東京大学出版会、一九八八年、七八ページ。
(7) 原田純孝編『日本の都市計画法、構造と展開』東京大学出版会、二〇〇一年、四八、六〇、六三ページ。
(8) 国土政策機構編『国土を創った土木技術者たち』鹿島出版会、二〇〇〇年、二六三—二八〇ページ。
(9) 原田、前掲、四六—四七ページ。
(10)『内務省史』第一巻、地方財務協会、一九七一年、六〇〇—六〇一ページ。
(11) 秦郁彦『戦前期日本官僚制の制度・組織・人事』東京大学出版会、一九八一年、一〇二ページ。

(12) 国土政策機構編、前掲、二七〇ページ。
(13) 山本有造編『満州国の研究』緑蔭書房、一九九五年、四〇四ページ。
(14) 芝村篤樹「関一における都市政策の歴史的意義」大阪歴史学会編『近代大阪の歴史的展開』吉川弘文館、一九七六年、一〇七―一〇八ページ。
(15) 原田、前掲、七四―七六、九九ページ。
(16) 建設省都市局都市計画課編『都市計画法解説』中央法規出版、一九七〇年、一六ページ。
(17) 大村謙二郎・有田智一「地方分権と都市計画の行方」日本都市計画学会地方分権研究小委員会編『都市計画の地方分権』学芸出版社、一九九九年、一六ページ。
(18) 狩野学「都市経営と政策決定」財団法人神戸都市問題研究所編『都市経営の理論と実際』、一九七七年、九〇―九一ページ。
(19) 宮崎辰雄『神戸を創る―港都五〇年の都市経営』河出書房新社、一九九三年、五一ページ。
(20) 宮崎辰雄『市民都市論』日本評論社、一九七一年、五ページ。
(21) 同右、一三六ページ。
(22) 高寄昇三『宮崎神戸市政の研究―企業的都市経営論』第一巻、財団法人神戸都市問題研究所、一九九二年、はしがきiiiページ。
(23) 同右、第一巻第一章、都市経営の基本理論、一六〇ページ。
(24) 大島太郎「革新自治体と官僚制」渓内謙他編『現代行政と官僚制（下）』東京大学出版会、一九七四年、二九三ページ。
(25) 高寄、前掲、第四巻第一章、都市経営と都市政治、四七―四八ページ。
(26) 宮崎、前掲『市民都市論』、二一二―二一四ページ。
(27) 高寄、前掲、第二巻第三章、公共デベロッパーの検証、四七一―四七六ページ。

(28) 同右、第三巻第一章、都市経営と行政運営、七五－七六、七八－七九、八四－八五、八八ページ。
(29) 同右、第三巻第二章、都市経営と財政運営、四七四、四七七、四八七、四九一ページ。
(30) 同右、第四巻第三章、都市経営と経営者像、二〇三ページ。
(31) 同右、第四巻第二章、都市経営と政治支配、一二七－一二八、一三二－一三三ページ。
(32) 大森光則『神戸市都市経営は間違っていたのか—市職員にも言い分がある』神戸新聞総合出版センター、二〇〇一年、一九－二〇ページ。
(33) 毎日新聞、一九九五年三月三〇日「記者の眼」。神戸市編『阪神・淡路大震災—神戸市の記録　一九九五年』、一九九六年一月、六三二ページ。
(34) 神戸まちづくり協議会連絡会等編『震災復興まちづくり、本音を語る』学芸出版社、一九九九年、四七ページ。
(35) 神戸市編『阪神・淡路大震災、神戸復興誌』、二〇〇〇年一月、七〇五ページ。
(36) 小林郁雄「震災復旧過程と復興まちづくり」日本建築学会編『阪神・淡路大震災調査報告書』建築編第一〇巻『都市計画・農村計画』丸善、一九九九年、二四四－二四五ページ。
(37) 前掲、『震災復興まちづくり、本音を語る』、一六－一七ページ。
(38) 土木学会土木計画学研究委員会編『阪神・淡路大震災に学ぶ—土木計画学からのアプローチ』資料集、一九九七年、四ページ。
(39) 神戸新聞、一九九七年九月五日。
(40) 同右、一九九八年三月一七日。
(41) 村上泰亮、前掲、一四ページ。

第3章
神戸型都市経営の源流と経営システムの検証

はじめに

かつて筆者は、神戸市の開発行政が環境破壊だけでなく、収益面からみても長期的総合的にはプラスよりマイナスの方が多く、採算性重視の開発が市民主体の理念を空洞化させ、行政主導と官僚主義さらに財界主導へと傾斜していく危険性を内在させていると批判した。さらにインナーシティにおける狭小過密な住宅が災害に対する脆弱性を有することなど問題点を指摘した(1)。本章の目的は、筆者がすでに明らかにしていた論点が、阪神・淡路大震災後（以後、大震災と呼ぶ）に目に見えるかたちになったことから、歴史的、実証的にその問題点を考察するものである。

大震災は、産業革命以来の近代化の象徴であった大都市を襲い未曾有の大被害を出した点において、明治以降の近代化と近代都市の問題を根本的に問い直すべき事件であった。近代社会は、人々が豊かになるには限りなき成長と地域の都市化が必要との思想のもとで大都市化を進めてきた。神戸市や国も、資本の集積利益を図るべく、戦前、戦後一貫して周辺町村を合併して都市の大規模化を図ってきた。神戸市は、集中化された行財政権限と都市の官僚制によって、ウォーターフロントを造船、鉄鋼、化学などの重化学産業をはりつけ、都心にはオフィス空間を集中させる一方で、市民の居住地を外延的に拡張してきた。しかしこのような都市政策は、旧市街地の産業やコミュニティの衰退などのインナーシティ問題をひきおこし、市民の職住空間の分離は、通勤など大量の自動車交通と道路整備の必要性を高め、資源やエネルギーの多消費化をひきおこすものであった。

さらに都市の官僚制は、狭域的な住民生活や自治にとって大きな問題を有していた。たとえば大震災後、多くの人々は住みなれた地域に仮設住宅を建てることを望んだが、「市が管理するのに手間がかかる」「個人の土地の上に仮設住宅を建てれない」「土地がない」などの理由で、市街地から遠く離れた六甲山の裏側や人工島などの郊外地に大量に建設された。そのために日常生活の人と人との絆が断ち切られ、仕事場やかかりつけの医者、学校などへ行くために多額の交通費と労力を必要とし、生活が困難となり多くの孤独死や自殺者を生み出した。

問題の根本に、人間的な住みよい空間よりも資本の集積利益を優先する近代の都市思想と大都市官僚制の問題とがある。それゆえ人間的な都市づくりには、地方自治体と住民が心を通い合わせ互いに理解しあえる都市や自治体のシステムが求められる。その意味で、明治以来、町村合併を繰り返し大規模化してきた近代都市形成と、都市づくりにおける公共的意思決定のあり方が問われているのである。

ここでは、以上の問題意識のもとに神戸市の都市経営を検証する。なぜなら神戸市の都市経営は、自治体主導による起債主義、公共デベロッパー方式、外郭団体、基金制度などによる「自立」的行財政運営、ポートアイランド人工島の建設、ポートピア博覧会などの「成功」にみられるように独自の経営システムを開拓し、戦後の都市史のなかで最も高い評価を受けたからである。さらに神戸市の開発方式は、一九八〇—九〇年代に展開された東京都臨海副都心計画、大阪府の臨空タウン、泉佐野コスモポリス計画など全国の大型プロジェクト推進に大きな影響を与えた。

しかし神戸市の都市経営は、過去の「成功」にもかかわらず、いや「成功」ゆえにか、大震災後において評価は大きく変化した。なぜなら「最小の経費で最大の市民福祉」を大義名分としたにもかかわらず、神戸市都市経営の延長線上にバージョンアップされた神戸市の復興計画のもとで、被災市民の人間復興や被災地経済の再建が遅々として進まず、市財政も極度に悪化しているからである。戦争や大災害に直面したとき、その社会が抱えていた政治・行政・経済システムや都市システムの矛盾が顕在化する。神戸市の都市経営も、内在していた問題が大震災によって明らかになったのである。それでは神戸市都市経営の本質とシステムとは、いかなるものであったのか。そのことを解明するには、神戸市都市経営の源流にまでたどり都市思想と都市経営システムの形成過程を検証することが必要である。なぜなら今日の神戸市都市経営は、歴史的に形成されてきたものであり、内在する問題も形成プロセスのなかで生まれてきたからである。

神戸市都市経営の源流は、ハワードの『明日の田園都市』、片山潜の『都市社会主義』など都市社会主義の思想に求められるとする議論がある。[2] しかし筆者は、神戸市都市経営の源流は、第一に港湾開発競争を基軸とする都市間競争、第二にフランスのル・コルビュジェに代表される大都市化を積極的に肯定する近代的都市思想、第三に戦前の満州、朝鮮などで展開された植民地型都市計画にあると認識している。さらに神戸市都市経営のシステムは、元神戸市長原口忠次郎（一九四九－六九年在任）と宮崎辰雄（一九六九－八九年在任）など官僚テクノクラートとしての「個性」の影響を強く受けて形成されてきたのである。第一については、拙稿『神戸都市財政の研究』（学文社、一九九七年）で考察したので、この章では第二と第三、及び神戸市都市経営システムについて検証する。

筆者は、神戸市の都市経営を神戸型都市経営という言葉で表現する。その理由は、神戸市の市街地が「山と海に挟まれた」狭域的な特性を有し、都市形成が近代港湾都市という歴史的性格を刻印されていること、さらに神戸型都市経営が、戦後神戸市政をリードしてきた原口忠次郎と宮崎辰雄の影響を強く受けているためである。

一　都市経営の源流(1)―近代的都市思想

1　近代的都市思想

近代都市思想は二つの潮流に大別される。一つは、大都市否定の立場で一九〇二年に公刊されたハワードの『明日の田園都市』と、マンフォードの『都市の文化』に代表される流れである。もう一つは、大都市の意義を積極的に肯定する立場でコルビュジェの近代的都市思想と、アテネ憲章（一九三三年）やデロス宣言（一九六三年）などに引き継がれ近代的都市計画に大きな影響を及ぼす流れである。この二つの潮流は、産業革命以後の近代的都市の問題を、誰がいかなる立場から何のためにどのように解決するのか、という点で異なる位置にある。

近代的都市思想の起源は、ロンドンなどの大都市において産業革命期に集積した悲惨な居住環境の告発に求められる。エンゲルスはロンドン市街地を綿密に調査し、労働者や貧民層の居住環境の劣悪さを次のように指摘した。「排水溝も下水溝もなく……悪臭のする汚水たまり……多くの地下室の狭い住宅……市区全体の建築の仕方が悪く通風が妨げられている」大都市は公共政策がなければ「社会戦争」の「るつぼ」のなかで「強者が弱者をふみにじり、少数の強者、すなわち資本家があらゆるものを強奪するのに、多数の弱者、すなわち貧民には、ただ生きているだけの生活も残されない……いたるところに野蛮な無関心、利己的な残忍が一方にあり、言語に絶する貧困が他方にある(3)」。

ハワードは、以上のような資本主義のもたらす問題を改良するため、「精力的で活動的な都市生活のあらゆる利点と、農村のすべての美しさと楽しさが完全に融合した」都市と農村の結婚ともいうべき「田園都市」を構想し、同時に都市のデメリットである醜さ・害悪と農村の単調な生活を克服しようとした。人口五万人程度の中心都市とそのまわりに人口三万人の田園都市をつくり、これをつなげて社会都市を建設する計画である。

田園都市は、資本主義のもたらす弱肉強食の問題を改良しようとする社会改良運動も有していた。大地主や特権的な一部大企業の横暴を規制し、住居と商業、工業、農業を結合することによって、不健全なる環境と、地主による高価な家賃とに悩む勤労者に対して、低廉にして住み心地よき衛生的な住宅と働き場所を与える自給自足の可能な新社会建設を目指すのである。特に重要なのは、住民とコミュニティを代表する自治体は、田園都市の計画・開発権とともに、土地保有税、および人口増大や企業集中などにともなう地価上昇を吸収する土地増加税の徴収権を有することであった。つまり「開発利益の公的還元」をシステム化した自治体経営を行うのである。これらの収入によって土地購入のための借金を返済し、各種の都市施設（上下水道、電気、交通、ガスなど）や高水準の社会サービスを提供するものであった(4)。

以上のようにハワードが中小都市に未来をみいだしたのに対し、フランスの都市計画家ル・コルビュジェは次のように大都市の存在理由を強調した。「大都市は、国という動物の主要な器官であって、それに依存して国家組織があり、そして国家組織は国際組織をつくる。経済的なもの、社会的なもの、政治的なものは大都市にそれぞれの中心をもつ(5)」。コルビュジェの大都市思想は、つぎのマンフォードの言葉からも明らかなように二〇世紀における近代的都市計画に決定的な影響を与えた。「指導的な都市宣伝家コルビュジェが、官僚やテクノクラートの――なによりも金融の――支配的な金銭・権力的経済要件に大いに歓迎された超高層建築をはやらせ」たため、「コルビュジェの官僚的な現代のメトロポリス観――『輝く都市』ともっともらしく偽装して――は一時的な勝利をおさめた(6)」。

コルビュジェは、ハワードの「田園都市」を批判して「これからなすべき改革は、水平な庭園都市の代わりに、垂直な田園都市を建てることであろう(7)」として次のような都市計画を構想する。人が生きていくために必要な「太陽、空間、緑」の都市を、都心と郊外に用途純化し、その間を自動車高速道路や地下鉄など水平的交通で連結する。そして都心は、エレベーターなど垂直的交通による高層建築物（行政機関や博物館、大学など）や大公園をつくるなど機能的・効率的な都市を構想したのである。それは、石油と鋼鉄、ガラス、鉄筋コンクリートを素材として成り立つ、自動車、高速道路、高層建築物などで構成される都市でもあった。「鋼鉄と、ガラスと、鉄筋コンクリートの時代……建築上の業績は、都市と国との生命を表すもの(8)」だからである。彼は、「摩天楼の内部構成は、事務活動でなければ負担できないような費用のかかる恐るべき交通方式と構成を示す。まさに空中駅ともいうべき交通手段を利用することは、家庭生活に適さないであろう(9)」と述べ、高層建築によって誰からも干渉、拘束されないプライバシー空間を設計しようとした。しかしそれは、生活とコミュニティの場としての都市を放棄するものでもあった。

以上のようなコルビュジェの都市構想は端的に言って、機械文明のもたらした機能主義、技術主義を都市計画に応用しようとしたものである。すなわちコルビュジェは、一九二〇年代に米国で確立されたフォードシステム、大量生産システムを都市計画に適用しようとしたのである。いうまでもなくフォードシステムは、生産の効率性を最優先し企業の大規模化と科学的管理法、オートメイションによる画一的な商品の大量生産、そして「構想と実行の分業[10]」にみられるトップ・ダウン方式を採用した。コルビュジェはフォードシステムを賛美し、「大量生産がすべてを支配する。大量生産なくして、もはや正常な値段で工業生産することはできない。……そこで、健全な建築的、都市計画的機能が働きを示すことができる[11]」として工業における大量生産システムを都市計画の手法とした。このような効率優先のコルビュジェの都市思想は、都市づくりにおける官僚的意思決定と都市の大規模化を促進する役割を果たすのである。

コルビュジェは摩天楼を「機械文明時代の都市表現である[12]」と評価し、「大都市の中心は最高の時価を示すため、都心を収用し取り壊し、六〇階もの高層に建て直す再開発計画は、人口密度を高め、地価を上昇させ、膨大な富を開発者にもたらす[13]」と述べ、都市を金儲けと投機の対象にした。

マンフォードは、コルビュジェの都市論を「都市のすべての本質的活動を、都市計画の行政担当者、テクノクラートと官僚、統計家と数学モデル家コンピュータにまかせ、都市の生態学的・文化的現実に背を向ける[14]」と批判したが、テクノクラートや官僚による機能的・効率的な都市づくりの有する問題が、阪神・淡路大震災によって顕在化するのである。

2　官僚・原口忠次郎の都市思想

元神戸市長の原口忠次郎は、神戸市街地の戦災復興区画整理事業や再開発事業、ポートアイランドを手がけ、六甲アイランドそして明石架橋や神戸空港を構想するなど、戦後神戸の都市づくりの骨格をつくった人物である。その後の市長である宮崎辰雄や笹山幸俊（一九八九年－）の都市づくりも、基本的には原口忠次郎の青写真を下敷きにしているといってよい。戦後の神戸の都市づくりに決定的な影響を与えたのが原口忠次郎であるが、コルビュジェの大都市思想は、近代都市である神戸の都市づくりにも影響を与えずにはおかなかった。それは、以下のように原口忠次郎がコルビュジェの都市思想を高く評価していることからも推察できる。

原口は、「都市の土地がもっているすぐれた値打ちにふさわしい土地利用のために、天を摩する現代のバベルの塔が、日本の都市にも建設されねばならない[15]」と都市の高層化を積極的に評価し、「都市過密論、大都市分散論に対し、私は都市行政の実務家の立場から大きな疑問をもっている。大都市への人口、機能の集中は抑制すべきではないという考えである[16]」と大都市を賛美するのである。「大都市に人間と経済の集中が起こるのは、二次産業、三次産業など多いことから産業構造に根本原因がある。」「これら産業では、一定の面積に労働と資本を投じた結果、どれだけの経済機能や所得が得られるか、が問題となる。土地は有限であるので、一定の土地面積にできるだけ多くの人と資本を投じなければならない。それゆえ、大都市の人口、経済機能を抑制し、分散し、平面的な土地利用をするのは経済の発展法則に逆行する」と大都市化を積極的に肯定する。[17]

神戸市の大都市構想は、戦前の一九一七年に日本海員協会理事長であった斎藤千次郎が「神戸都市経営にとって大神戸計画」が最も必要と述べたことからも推察されるように長い歴史をもっている。一九四〇年に閣議決定された「国土計画設定要綱」にも神戸市を中心とする大神戸が構想されている。このように都市の大規模化は、近代都市神戸の目標であったのである。[18] それゆえ戦後神戸の都市づくりに求められたのは、戦災復興土地区画整理事業によって大都市神戸のインフラを効率的につくるということであった。この事業の基本的性格は、「被災市街地を土地区画整理事業によって街区を整え、公園や幹線道路等の公共施設を整備する」ことである。市街地整備と幹線道路や公園などのインフラストラクチャー整備を同時に進める一石二鳥の手法として位置づけられたのである。この戦災復興基本計画で重要な役割を果たした人物が、原口忠次郎（当時、復興本部長）と前神戸市長の宮崎辰雄（当時、庶務課長）である。

基本計画は、戦災復興の都市ビジョンを「国際貿易海運都市」におき、その実現に必要な主要事業として、①港湾、幹線道路、高速鉄道などのインフラストラクチャーの整備、②都心商業業務地域の再開発、③周辺市町村の大合併による市域大拡張と特別市政実施を掲げた。特に幹線道路や商業・業務地域に必要な用地は、土地区画整理の方式によって捻出する。神戸市は、市街地面積の約七割に当たる二二四〇ヘクタルを戦災復興土地区画整理事業区域に指定し、一九四六年度から五カ年計画で実施したのである。復興計画の目的は「個人的、村落的な古来からの通路あるいは街路等の狭小なために生ずる近代都市的弊害を、この戦災を契機として根本的に区画整理して除去」し「中央東西幹線を計画して産業交通の利便をはかると共に……土地の立体的使用を考慮して、将来の高層ビル街の建設敷地造成に力をそそぐ」ことであった(19)。

原口忠次郎は戦後神戸の都市づくりの背景を次のように述べている。「神戸は、市街地の過密と六甲山系の裏側に広がる広大な農村地帯の過疎など、日本が直面する地域開発の課題を抱えており、その意味で日本の縮図である」。そして「神戸は背後に標高千メートルの六甲山系が迫り、前面は水深十数メートルの海にさえぎられている。東西二〇キロ、南北二～三キロの細長く大陸棚のような市街地に百万の人がひしめき、数万の企業が活動している。このような苛酷な自然条件が山を海に動かし、海に都市を築かせた(20)」。すなわち市街地の過密は埋立てによる海上都市の建設や建築物の高層化によって、農村地帯の過疎は山を削った跡地のニュータウン建設による人口増大により解決しようとしたのである。さらに神戸は、経済基盤が沈下する衛星的大都市の悩みがあり、企業や管理機能が集中する東京や大阪と対抗・競争するためにも、自治体が中心となって企業誘致のための都市基盤を整備する必要に迫られた。そして原口は神戸の都市を次のように構想した。

「世界の貿易港をもち、国際空港をもち、そして循環道路でつながれるならば、瀬戸内圏は一つのまとまりある広域経済圏として集積の力を十分に発揮できるであろう。海に直結する高速道路、背後へつなぐ六甲トンネル、そして近代的港湾都市をめざし、海にポートアイランドを築く。そして日本の成長のため、私は『水のメガロポリス』を橋と道路と船と飛行機で結びたい。都市の本質は自由な交通にあるという学者さえいる。効率的な都市をつくることは、その意味で都市づくりのいちばん大切な課題である。[21]」「都市活動の効率化を図るため……都市の資本、空間、エネルギーを超高密度に集約し、そこから生み出される余裕の資本と空間とエネルギーを道路、公園、都市施設に振り向けることにより都市発展が期待できる[22]」。

ここで表明されている内容は、同時期の自民党「都市政策大綱」が打ち出し、田中角栄の「日本列島改造論」が強調する全国交通ネットワークの結節点に神戸を位置づける構想である。この効率的都市は、市街地の拡大膨張とセットになっている。原口は次のように述べている。「日本の都市は貴重な空間、高い土地を十分に開発しているとは言えない。山をひらき、海をひらき、道をつけ、橋で結び、空間をフルに活用すれば、物理的にも機能的にも国土空間はどんどんひろがっていくであろう[23]」。このような効率的都市づくりを基調とした市街地拡大論により「山を削り海を埋立てる」都市経営がおこなわれる。

原口の都市づくりを継承・発展させた宮崎辰雄も、コルビュジェを評価し次のように述べている。「ル・コルビュジェは『輝ける都市』において、用途地域制、隣棟間隔、立体交差、緑地の設定など機能主義による現代都市の基本手法を展開した。戦災復興計画に基づく神戸の都市計画は、ある意味ではこのような機能主義の忠実な踏襲・遂行であったといえる。区画整理による山手・中央・

浜手の三大幹線、高速鉄道、高層ビルによる立体不燃化、郊外の団地開発、用途制の純化などによって都市を復興し開発してきた」[24]。さらに宮崎は、町村合併が大都市問題を「より広い区域での解決策がより好ましく展開する素地をつくりだし」[25]、「町村の合併によって、行政能力を飛躍的に上昇させ、都市づくりの最前線に多くの行政手腕を遺憾なく発揮」[26]として、合併による大都市化を高く評価する。確かに神戸市による「山を削り海を埋立てる」大規模開発は、町村合併など市域拡大による大都市化なくして遂行されえなかったのである。

二　都市経営の源流(2)―植民地型都市計画

神戸型都市経営の「成功」は、右肩上がりの経済成長と地価上昇を条件としていた。だが、日本経済のグローバル化とバブル崩壊後の大不況のなかで、例えば人工島のポートアイランド二期が売却可能面積の五・七％、内陸部の神戸複合産業団地も一〇・九％しか売却できていないことに見られるように（九七年度末）、神戸の都市づくりの行き詰まりは、誰の目から見ても明らかになっている。にもかかわらず、神戸市は、バブル時期の一九九〇年に決定された神戸空港を、バブル崩壊と大震災後の時期においてさえ強行し、「大事なことは皆で決めよう」とする神戸空港の住民投票条例の制定を求める住民の願い（約三一万人の署名、有権者の約三分の一）に背を向けた。神戸市が従来型の開発方式を改められずに、今回のように空港建設を強行しているのは、歴史的に形成されてきた都市経営のノウハウや技術と体質が、その根底にしみついているからではなかろうか。

岡崎哲二らの研究によれば、現代日本の経済や経営のシステムは、第二次世界大戦時の官僚主導による戦時統制経済に根をもち、植民地・満州国で実験された強力な統制経済システムを日本に導入したものであった[27]。戦時統制システムは、一党独裁のもとで策定されたナチス・ドイツの戦時経済体制と、計画と指令によって重化学工業化をめざしたソ連の社会主義的計画経済に範をとったものである。つまり、自由な市場システムを排し、日本経済を官僚統制による指令経済システムに変革されたのである。そして戦時統制経済は、植民地である満州国で実験された強力な統制経済システムを日本に導入したものである。戦後の産業政策などを担った官僚や技術者たちは、戦時に統制経済とその修正を実行した人々であった。

経済システムと同様に、戦後日本の都市計画もまた、植民地・占領地における都市計画の影響を受けている。越沢明の研究によれば、満州国の首都新京は日本政府の直轄事業として都市建設が実施されたが、この事業は当初から土地経営の方法が採用され、地価上昇による開発利益が公的に還元されるシステムをつくりあげていた。日本政府は、事業当初に事業区域を農地価格のままで全面的に用地買収し、これを市街地として計画的に整備した後、その造成地を売却し、売却収入をインフラストラクチャーの整備事業の財源としたのである。これは、戦後日本の臨海工業地帯造成やニュータウン建設に広く採用された手法であるが、戦前は満州でしか実行されなかった事業手法である。[28]
植民地満州の都市計画において重要な役割を果たしたのが、満鉄（南満州鉄道株式会社）初代総裁の後藤新平である。後藤は、台湾総督府民生局長として台北などの都市整備を行い、その経験を満州付属地での都市計画事業に活かしている。後藤が植民地で実践した経営思想は、「文装的武備論」であった。彼によれば、行政の秘訣は「人間の弱点に乗ずる」ことであり、「王道の旗を以て覇術を行ふ」ことである。鉄道や石炭採取などによって経済発展を図るとともに、都市計画に基づいて教育、衛生、道路などを整備して近代的都市をつくる。そしてその巨大な都市という装置で威信を示すことにより、植民地住民を支配しようとしたのである。[29]

表 3-1　国都建設事業執行区域内の用地買収・土地売却（1932-36 年 7 月）

買　　収		売　　却	
面　積	9,270ha	面　積	1,289ha
買収・補償費	8,015 千円	売却収入金	19,966 千円
平均単価	0.09 円/m²	平均単価	1.5 円/m²

出所：越沢明『満州国の首都計画』日本経済評論社，1988 年，117 ページ.

満州の都市計画の特徴は、公共部門が計画区域を全面買収し、道路、上下水道などの社会資本を整備し、そうすることで地価上昇した土地を売却ないし貸付けし、その収益を都市計画事業に充当し採算を重視したことである。問題は、格安の価格で買収されたことである。表3-1のように一平方《メートル》当たり〇・〇九円で極めて低い。問題は、この強権的な都市計画事業によって現地の農民たちは土地を失い「生業的に方向転換或いは移住の要[30]」ありと指摘されるなど問題は多かった。つまり、植民地の都市計画においては住民の人権尊重の法制度や感覚は欠如しており、ましてや住民参加のまちづくりは望むべくもなかったことは言うまでもない。以上のように国内で困難であった都市計画が満州国で実現できたのは、植民地支配を背景にしていたからに他ならない。日本軍国主義の植民地経営、占領地支配政策の一環として都市計画が行われたのである。

戦前・戦時の都市計画官僚が、戦後の日本国内の都市計画に携わった人が多いといわれるが、原口忠次郎もそのうちの一人であった。原口は、内務省の土木技術者であったが、満州国の国土計画に必要な人物として満州に招聘される。「満州国の国土計画は『産業立地計画』とそれを支えるための基盤整備として『建設事業計画』から成っている。さらに『建設事業計画』は鉄道・道路建設、河川、都市計画及び建築活動から構成されていた。これらの建設事業を行うには、優秀な技術者・プランナーが必要であり、満州国側は技術者・プランナーを関東軍を通じて日本の内務省に指名したが、そのうちの一人が原口忠次郎であった[31]」。原口は植民地満州国の首都新京にわたり、満州国土木局の都巴科、河川科の責任処長となり、都市計画や広大な遼河改修を手がけた（図3-1）。原口は、「満州国は果てもなく広く大きい。大陸の広大な自然をキャンパスに、日本でもまだ使われていない最新式の土木機械を取り入れ、私は思う存分筆をふるって、道を敷き、橋をかけ、堤防を築くのに熱中した[32]」と述べているように、スケールの大きいプロジェクトに打ち込むのである。

原口の満州での体験が、戦後の神戸市の都市づくりに決定的な影響を与えたことは、次のような彼の回想録からもうかがえる。「在満六年……私の後半生を支配するような幾多の貴重な経験を積み重ねることができたのは確かだ。[33]」「私の頭の中には新京の都市計画の思い出があった。私の目に

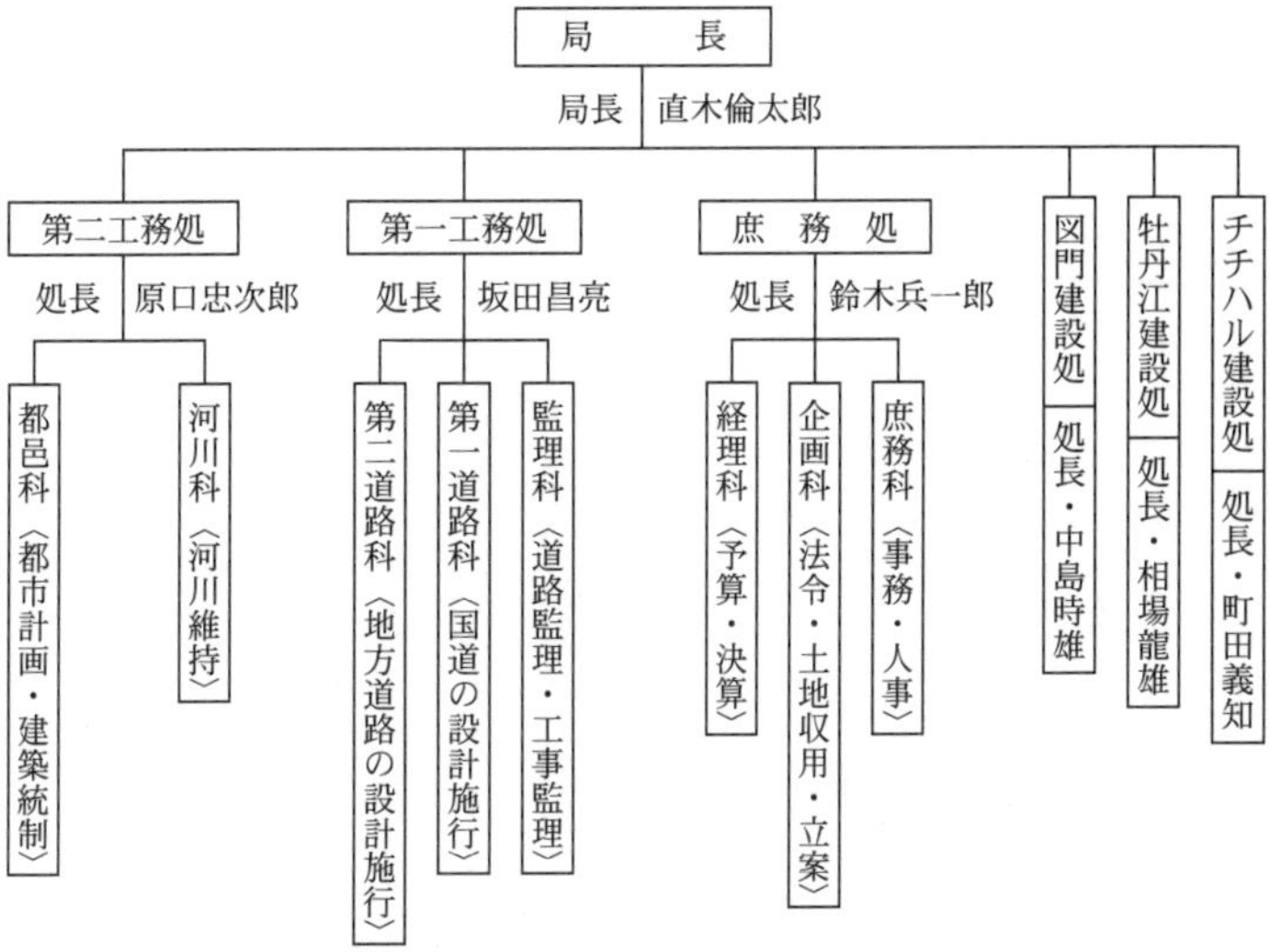

注：『満洲国史』各論，999 ページにも組織図が掲載されているが，建設処の名称が本図とは異なる．

資料：『政府公報』832 号（1936 年 12 月 28 日）514-6 ページ，同 833 号（1937 年 1 月 4 日）29，32 ページ，同 835 号（同月 6 日）73-4 ページ．

出所：西澤泰彦「満州国の建設事業」山本有造編『「満州国」の研究』緑蔭書房，1995 年．

図 3-1　土木局の組織図

は焼け野原と化した神戸の町が満州の荒野に映った。（中略）私の持っている技術と経験のありったけを満州に続いてこの神戸につぎ込もうと考えたのである(34)」。

神戸市の公共デベロッパーの手法である「山を削り海を埋立てる」一石二鳥方式も、例えば朝鮮総督府時代の港づくりにその源流を見いだすことができる。戦後、神戸市の初代埋立事業部長・局長の宗宮義正は次のように述懐している。「戦後、各港湾とも港づくりが急ピッチでね、神戸が立ち遅れないためには年間一〇〇〇立法メートルの埋立土量が必要だった。（中略）原口さんは神戸土木出張所時代、和歌山の紀ノ川河口の浚渫土砂を利用した経験があり、そういう方法を考えようとおっしゃった。私は山土を主張した。内務省時代ならともかく、現在は市域の中で解決していかねばならん時代です。もう一つ、戦後は港づくりのスケールが違う。一〇倍、二〇倍のスピードが必要です。遠いところから運んでいるうちに神戸港は荷物をとられてしまう。私は朝鮮総督府時代、釜山や麗水の港づくりに山土を利用した経験があった。花崗岩で六甲と同じ土質です[35]」。

戦後の港湾開発は、港づくりの速さと規模の大きさを競うことが強化されたが、それに対応できる最適システムが、朝鮮植民地時代に開発された「山を削り海を埋立てる」公共デベロッパーによる都市経営であった。神戸市の公共デベロッパー方式とは、山林を格安の価格で買収し、海面埋立ても漁業補償を支払うのみで膨大な土地を造成し、行政主導の都市計画を実行するものである。この方式は、市街地の再開発のような権利調整などの難問は少なく、行政主導で効率的に事業が行え、インフレメリットで収益をあげることができた。原口が開発した、この公共デベロッパー方式は、宮崎辰雄や笹山幸俊など戦後の歴代市長に受け継がれていくのである。確かに市域の外延的拡張をおこなった公共デベロッパー方式は、地域の土地、水、労働力などの資源を総動員することが求められる高度成長期には適合的に作用したかも知れない。しかし同時にそうした都市経営は、あまりにも経済的効率性を重視したため公共投資の多くは、インナーシティに暮らす低所得者の住宅や福祉そして防災施設などよりも、新規の開発地域に向けられた。大震災でインナーシティに住む低所得者の高齢者に被害者が数多く発生したのは、こうして形づくられた都市構造のゆえである。

一方、植民地の都市計画をてがけた後藤新平は、この手法を日本に導入しようとして内務大臣の時代に旧都市計画法（一九一九年公布）、東京市長時代に「東京市政要綱」の立案を行い、そして一九二三年九月の関東大震災後の帝都復興総裁として復興計画を作成する。後藤総裁の「帝都復興の議」は、帝都復興院（省と同格）、帝都復興審議会として実行された。人事は、理事兼計画局長に池田宏、理事兼建築局長に佐野利器（東京大学教授）、技監に直木倫太郎（東京市土木課長）であった。後藤は、震災復興事業で満州の都市計画のように既成市街地の全面買収を計画したが、財源の制約のため郊外地の宅地開発技術であった土地区画整理を既成市街地に導入する。この土地区画整理は、東京の大地主などが区画整理によって地価上昇の莫大な利益を生じるとの思惑から導入された側面も無視できない。その結果、東京の焼失地約一〇〇〇万坪のうち約七〇〇万坪の既成市街地に区画整理が実行され、約七〇万坪が特別都市計画法第八条の規定によって無償収用される。復興事業に必要な公共用地の約七割を無償収用した土地区画整理の手法は、住民の負担によって全面買収方式と同様の効果をもたらしたのである[36]。

しかし、土地利用の更新を促した区画整理事業の完成は、零細土地利用権者を駆逐し東京の都市構造を大きく変化させた。復興事業の直前（一九二二年）と直後（一九三〇年）を比較すると、下町（土地区画整理実施地域）の人口は、一四七万人から一一九万人へと大幅に減少し、郊外人口は一四三万人から二八九万人へと急増し、都市のドーナツ化を促進したのである。区画整理は「表通り及び準表通りのみの市街地を形成し、従来の露地、裏店と称せる消費的客人即ち商品に対する純需要者を排除」したのである。さらに「狭小な地面に工夫して建てられた家なので、実に手狭に建て込まれている上に、高価な家賃と敷金を請求」されるとあって、住民たちは郊外へと移転するようになった。その一方で、大会社、中堅商店主などによる土地利用更新が急速に進行した。つまり関東大震災復興計画は、経済成長と都市の基盤となる道路整備を目的としつつ、都市の肥大化に対して工業、商業、住宅地域の都市機能の地帯分化を促したのである[37]。このように関東大震災後の復興計画で、はじめて導入された市街地での土地区画整理の方式は、原口忠次郎や宮崎辰雄などのテクノクラートを媒介として、戦後の神戸市の大規模な区画整理へと受け継がれている[38]。

神戸市の都市計画は、以上の検証から明らかなように三つの流れによって形成されてきた。第一は、コルビュジェのテクノクラートや官僚による機能主義・技術主義にもとづく大都市化思想である。戦後神戸市の都市づくりを担った原口忠次郎や宮崎辰雄も、町村合併による大都市化による行財政能力の向上を評価したのである。

第二は、満州や朝鮮などの都市計画に直接携わった原口忠次郎や宗宮義正らによって展開された「山を削り海を埋立てる」公共デベロッパー方式である。これらに共通する特徴は、社会資本整備による地価上昇を条件とした官僚主導の都市づくりであったということである。

第三は、後藤新平などによる満州の都市計画に源をもち、関東大震災後の復興計画や、戦後の神戸市の戦災復興計画へと連なる流れである[39]。

戦前の植民地における都市計画や都市経営で腕を磨いた官僚テクノクラートは、戦後に建設省や地方自治体で活躍するが、神戸市にその影響が端的に現れたのは、神戸の地域的特性と産業構造の性格によるところが大きい。戦後、港湾都市神戸は、港湾開発競争に優位にたち、企業や人口の集中・集積によって発展しようとした。都市拡張のためには、山と海に挟まれた狭域市街地という障害を打開しなければならず、「山を削り海を埋立てる」公共デベロッパーが求められた。第二に、神戸の産業構造が重厚長大型に偏し、他の大都市に比べ民間部門の活力に乏しく、それだけ公共部門の役割が大きくなったことが考えられる。

三　神戸型都市経営

1　都市経営の背景

神戸市の産業構造は、神戸港をインフラストラクチャーとして発展し、造船、鉄鋼、化学など重化学工業に偏したものであり、すでに一九二〇年代にその骨格はできあがっていた。その後、日本全体の産業構造の転換にもかかわらず、この構造は一九六〇年代まで変わらなかった。そのため六〇年代からの日本経済の本格的な高度経済成長にもかかわらず、神戸経済は十分な成長を果たすことができなかった。

戦前から貿易において圧倒的な地位を誇っていた神戸港も、戦後の他港湾の建設・拡張によりその比重を低下させている。例えば一九五五年の輸出入貿易額の全国比が四二％に対し、六五年は二二％に半減している。さらに六六年に戦後初めて人口の社会減が生じ、人口停滞の兆しが見えてくる。とくに六〇年代に市内中核産業である鉄鋼業も豊富で安価な土地、水、労働力を求め、水島、千葉などへ大規模な工場を移転建設し主力を移す。その結果、五大企業（神戸製鋼所、川崎製鉄、川崎重工、三菱重工、三菱電機）の市内工場の従業者は減少しはじめ、この過程で多くの下請関連企業と地域商店街が打撃を受け、生活保護者の増大や市民税などの低下により財政が悪化していく。このような地域経済の停滞と財政悪化が、公共デベロッパーを中核とする神戸型都市経営の背景にある。

2　宮崎辰雄と都市経営のシステム

地方自治体の運営は首長の個性が色濃く出る。原口忠次郎は内務省の技術官僚であるが、法科優先の中央官僚組織では技術者はいくら優秀でも昇進に限度がある。それゆえこの制度にコンプレックスを抱いていた原口は、戦後、神戸のトップリーダーとして国に伍する壮大なプロジェクトを計画するのである。(40) 他方、宮崎辰雄は昭和一二年に市職員となり、戦災復興計画をてがけ、昭和二八年に助役、昭和四四年に市長と、助役一六年、市長二〇年の経歴を持ち、戦前、戦後の神戸市政を担ってきた都市官僚テクノクラートである。宮崎辰雄は原口忠次郎のもとで戦災復興計画や臨海コンビナート、そしてポートアイランドなどのプロジェクトを経験する中で、原口忠次郎の「開発主義」を継承しつつ経済的合理的な都市経営の手腕を発揮していく。中央官僚出身の原口が、気宇壮大な土木技術屋であったのに対し、宮崎は都市官僚テクノクラートとして中央官僚と一線を画する立場で市政を運営する。しかし市役所生え抜きというキャリアは、必ずしも宮崎辰雄が住民自治に徹する政治姿勢を有していたことを意味しない。なぜなら官僚テクノクラートは、議会や住民自治の制約から自由なところで行政手腕を発揮するところにその特徴を見出せるからである。神戸市が起債や外郭団体（第三セクター）を他都市以上に駆使したのもテクノクラート主義のあらわれなのである。

原口忠次郎が、高度経済成長の形成期に市政を担当したのに対して、宮崎辰雄は高度経済成長の矛盾に直面し、大都市化の問題を意識せざるをえない時期に市長となっている。確かに、宮崎辰雄が市政を担当する一九六〇年代末から七〇年代にかけて、神戸では重化学工業のもたらす大気汚染や水質汚濁が問題となり、公害反対運動や老人医療無料化の署名運動など環境や福祉要求が渦巻いていた。それゆえ宮崎は、「大都市の経済的社会的な価値を正当に評価し……大都市のもつ膨張のエネルギーを計画と規制」によって誘導することが「過密都市を救う唯一のきめ手をにぎっている」(41)として都市経営を展開するのである。原口が大都市化を楽観的にみていたのに対し、宮崎は大都市化そのものを否定したのでなく、大都市化の価値を高めるためにも、その歪みを是正しなければならないと考えたのである。原口忠次郎は、港湾や道路などハードな都市計画を中心にして都市づくりを考えていたが、宮崎辰雄は都市を宅地造成、市街地改造、街路計画、下水道建設など、ばらばらな空間開発の集合体としてでなくシステムとして把握した。そして都市経営を「都市全体の空間システム（都市計画）、経済システム（財政）、社会システム（行政）を如何に最適なシステムに組み合わせ、効率的な福祉総量を拡大さすかという総合科学」と定義し、「都市経営論は、このような三つのシステムの交差・循環過程の中で市民福祉を目標とし、戦略的には都市自治体を中核に据えた理論(42)」と把握した。

ここで注意しなければならないのは、都市経営は企業経営と異なり、都市計画など空間システムの改造を行える権限を有していることである。だからこそ「山を削り海を埋立てる」一石二鳥の都市経営を行えたのである。自治体の権力を条件にした経営こそ神戸型都市経営の特徴であった。神戸型都市経営では、図3-2のように空間システム、経済システム、社会システムの三つのシステムを最適に組み合わせる主体は都市官僚であり、官僚主導の都市経営が展開されることになる。しかしこの三つのシステムの最適な組み合わせは時代とともに変化する。

たとえば一九六〇年代から七〇年代にかけて、公害反対や福祉要求運動が時代の大きな流れになったとき、宮崎辰雄は都市政策の方向が「空間システムにあっては、機能主義から環境主義へ、経済システムにあっては市場メカニズムから公共メカニズムへ、社会システムにあっては官僚支配から市民統制へと流れを変えつつある(43)」と見て、都市経営の三つのシステムの組み替えを行う。このような政策の軌道修正は、政治的動機に基づいていたことも指摘せねばならない。市長という権力の座をとるには、いままでの開発・成長中心の原口市政を批判し、新しい政策を打ち出す必要があった。その目玉が、市民の願いであった老人医療無料化などの福祉行政であり、公害防止などの環境問題であり、「市民参加型」のまちづくりであった。

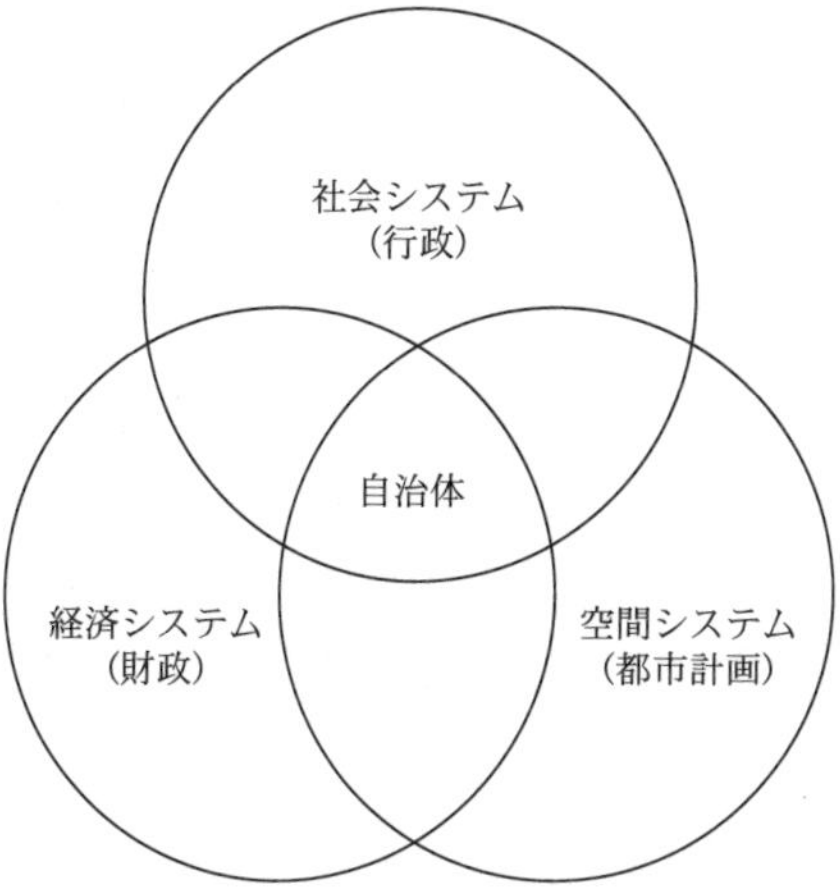

資料：宮崎辰雄「都市経営運営論」前掲書，18ページ.

図 3-2 都市経営のシステム構造

しかし宮崎辰雄は、市政第二期を担当する直前に岐路に立たされる。神戸空港反対の住民運動のうねりが大きくなり、空港建設の強行策では市長選挙を戦えない状況にあって、これまでの保守勢力から「革新」勢力に鞍替えし、公共デベロッパー重視の自らの信念を曲げてさえ神戸空港反対を主張し、福祉や環境を重視し市民参加のまちづくりを進めることを表明する。だが宮崎辰雄は、八〇年代に至って環境基準の規制緩和やジャピックなどの民間活力を唱える勢力が強まるようになれば、ポートアイランド博覧会などのイベントや、六甲アイランド、ハー

表 3-2　普通建設事業費の市民所得に対する割合（5 大都市比較）

（単位：%）

	1970 年	1980 年	1990 年
神 戸 市	4.31	5.58	4.45
横 浜 市	2.05	3.20	3.60
名古屋市	2.49	3.62	2.68
京 都 市	1.82	3.24	2.24
大 阪 市	3.35	2.92	3.07

資料：大都市統計協議会『大都市比較統計年表』各年版より作成．次表も同じ．

バーランドの民間活力型再開発、そして明石架橋などのプロジェクトを推進し都市政策の方向を軌道修正し、都市経営のシステムを変えていくのである。さらに神戸空港反対の自らの言説を翻し空港建設を表明し、一九七二年に神戸空港反対を主張したのは「一世一代の不覚」と述懐する。宮崎辰雄によれば、空港問題は「生涯かけて取り組んだ『理想的な街・神戸』実現に、画竜点睛を欠いた」ものだったのである[44]。

このように宮崎市政の五期二〇年は、宮崎辰雄の官僚としての「個性」の影響を強く受けている。すなわち宮崎辰雄は、その時代の政治的・経済的・社会的状況に適応するのに巧みな能吏であり、神戸型都市経営といわれる開発主義を基軸として市民大衆を統合管理するテクノクラートであった。それゆえ神戸型都市経営は、開発行政における収益主義の徹底など極めて近代的で合理主義的であった。しかしそのことは、必ずしも福祉を重視したものであることを意味しない。なぜなら神戸型都市経営は、収益性の高い開発事業の裏付けがあって初めて福祉向上や環境改善ができるシステムと位置づけられるため、まず収益をあげる開発主義こそ都市経営の目標となるからである。

神戸型都市経営の開発主義は、表3-2のように普通建設事業費の市民所得に対する割合が、他の大都市平均よりも約一・七倍ほど高くなっていることからも明らかである。また神戸市は開発関連の外郭団体の比重が他の大都市よりも圧倒的に多いが、普通建設事業費が外郭団体（第三セクターなど）を含まないので、実際の建設事業費は普通建設事業費より多くなる。それゆえ神戸市の実際の建設事業費の対市民総所得に対する割合は、統計的データ以上に高くなる。

開発主義は、その裏面として「収益」を生まない福祉に対する配慮を欠きがちとなる。神戸型都市経営は「最小の経費で最大の市民福祉」を理念に掲げたが、実際は表3-3のように、一九七〇年、八〇年、九〇年とも市民福祉の都市財政に占める割合は五大都市中最低である。確かに神戸市民の公害反対や福祉要求が高まった七〇年代は、七〇年の一一・六％から八〇年の一八・三％とその比重を増している。しかし八〇年代に入るとその割合は減少している。九〇年の神戸市財政に占める市民福祉の割合は一六％で他の大都市との格差は縮小しているようにみえる。だが神戸市は、八〇年代に他の大都市を大幅に上回る開発関連の外郭団体（第三セクター）をつくったため、外郭団体を含めた都市財政のなかで市民福祉の割合を考慮すれば、格差は縮小しているとはいえない。

神戸市の福祉水準が低いことは、たとえば大震災時の神戸市における在宅福祉サービスが、全国都道府県・一二政令指定都市の中でも最下位クラスの水準でしかなかったことからも推察できる。ホームヘルパーやデイサービス、シ

表3-3 市民福祉の都市財政に占める割合（5大都市比較）

（単位：％）

	1970年	1980年	1990年
神戸市	11.6	18.3	16.0
横浜市	14.1	22.7	18.0
名古屋市	13.1	19.7	17.5
京都市	24.4	24.0	19.4
大阪市	12.2	18.3	17.3

注：市民福祉は普通会計の民生費，衛生費，教育費，消防費の合計，都市財政は一般会計，特別会計，企業会計の合計.

ヨートステイを合わせた在宅福祉サービスの指標は五七位で下から三番目であった。もし既成市街地で特別養護老人ホームやデイサービス施設が整備充実されていたならば、避難所などの劣悪な生活条件のために死亡した多数の震災関連死者は救済されていたのである(45)。

さらに都市の安全の指標である消防や公園などの水準も低かった。今回の大震災の悲劇は、大量の住宅の延焼と焼死者を出したことである。被災地の一〇市一〇町の焼失棟数七一一九のうち、九九%の七〇四六棟が神戸市であった(46)。神戸市での死者は四三一九人、うち一二%にあたる五二六人が焼死者であった。なかでもインナーシティの長田区で二五九人、兵庫区で一〇六人もの焼死者を出している。火災発生件数一五一、焼失面積は一〇〇ヘクタールに及ぶ。市内全体の死者のうち五八%が六〇歳以上の高齢者であったことも今回の大震災の特徴である(47)。多くの消防士が現場に駆けつけたが、水が出なかったのである。神戸市の消防水利は水道管に依存していたため、震災で水道管が破裂し使用できなかった。耐震防火水槽は、東京都など他の大都市に比べて装備が圧倒的に少なかった。さらに神戸市の木造密集地の火災に対応する消防ポンプ車の配備が六四台と、国の定めた消防力基準一四五台の四四%、消防職員数も一三六八人で同基準の二〇〇〇人の六八%に過ぎなかった(48)。

長田区などインナーシティでの延焼の原因は、市民一人当たり公園面積が少なかったことがあげられる。神戸市の一人当たりの公園面積は一五平方メートルで、大都市でトップレベルといわれていた。だがそれは、六甲山の中の森林公園やニュータウンなどの広い公園をいれた数値で、住宅街の公園(住区基幹公園)は全体の二二%に過ぎず、一人当たり三・三平方メートル、長田区では一・六一平方メートルし

かなかったのである。(49)

確かに福祉や消防充足率を低い水準に置くならば、その分だけ自治体財政は潤い開発のための財源が確保できる。神戸型都市経営は「福祉のための開発」を掲げながら、実際は「開発のための開発」となり、目標であったはずの市民の福祉や市民生活の安全を保障する防災体制は、基準以下となり大震災で多くの二次災害を出す要因となったのではあるまいか。

かつて神戸市は、一九六〇年代後半から七〇年代にかけ都市問題に対処すべく生活環境基準（シビルミニマム）を掲げ、下水道や公園整備、五歳児全員就園、亜硫酸ガス発生量二〇％削減などを実践していった。神戸市のシビルミニマムの特徴は、下水道や公園などをニュータウンなど大規模開発とセットとなって整備されたことから明らかなように、公共デベロッパーなど都市経営によって実現しようとしたところに見出せる。したがって神戸市のシビルミニマムは、人口の高齢化したインナーシティにおける公園や消防などの整備、特別養護老人ホームなど福祉対策としては不十分だったのである。

さらに神戸型都市経営の合理的収益主義は、かならずしも民主主義的であることを意味しない。神戸市の官僚テクノクラート主導の計画や条例・制度の枠組みの中での「民主主義」、「住民参加」は許容されるが、それを乗り越えて進む住民の内発的な要求や運動をも認めるものではないからである。宮崎辰雄が、市民の主体的・自主的参加に対しては消極的であったことは、つぎのような言説からもうかがえる。「住民・自治体の間に権限ある市民参加が成熟していないのは、自治体側の官僚制とか制度上の不備だけでなく、住民運動側に抵抗型・要求型のタイプがこれまでに多く、参加・協力型の住民運動が低調であったからだといえる。……住民運動のアキレス腱は、自治体側からみれば責任なき市政参加であった[50]」。このような住民参加に対する消極的行政姿勢は、大震災後の都市計画や市営神戸空港を強行したことと無関係ではないであろう。

神戸市の公共デベロッパーの起債による収益主義は、大規模開発の長期的継続が不可欠の条件であるため、長期的安定政権が求められ、大規模開発に批判的な市民運動や市民参加は軽視される。つまり、神戸型都市経営の官僚主義や市民参加の軽視、そして福祉の遅れは、公共デベロッパーに内在した問題なのである。その意味で神戸型都市経営の理念とされる「最小の経費で最大の市民福祉」、すなわち目的である福祉、環境、市民参加の都市経営は宮崎市政の本質ではなく、むしろ手段であるべき公共デベロッパーに代表される開発・成長こそが眼目であったといえるのではなかろうか[51]。

このような神戸型都市経営のシステムは、地元の経済界などとの連携や巨大な官僚的組織を条件としていた。このことを検証しよう。

第一に、神戸経済界などとのネットワーク・システムである。神戸の産業構造は、いわゆる重厚長大型を特徴としている。その中核を担っているのが神戸製鋼所、造船と重機械の川崎重工業、これらの企業とメイン銀行並みの関係にあるさくら銀行である。さくら銀行は、神戸市や兵庫県の公金取扱指定金融機関である。神戸における最大の経済的圧力団体である神戸商工会議所（会員約一万四千人）の会頭は、神戸製鋼所、川崎重工業、さくら銀行などの出身で占められている。つまり、さくら銀行を中心として神戸の有力企業と神戸市が連携するシステムがつくられ、神戸型都市経営の意思決定もこのシステムの中で形成されている。例えば、神戸型都市経営を一躍有名にさせたポートアイランドの建設は、巨額の投資を必要とするためマルク債など外債に依存しなければならなかった。マルク債発行は、当時の神戸銀行（現在のさくら銀行）頭取の石野信一（元大蔵省事務次官、神戸商工会議所会頭）の援助なくして実現しなかった。つまり大蔵省など中央省庁の人脈を有する神戸財界との協力関係こそ都市経営の条件であった。さらに地元や大手のゼネコン、マリコンとの関係も無視できない(52)。

第二に、神戸市役所の約一万八千人もの職員と住民の統合システムである。神戸型都市経営のシステムは、日本型企業集団にたとえられる。日本の大企業は、すべての事業分野を内部化すると組織が肥大化しコストも上昇し、管理不能状態に陥る危険性を有している。そのため大企業の多くの事業分野を系列・下請会社にやらせ低賃金労働などの活用で国際競争力を強化したのである。

大企業は、持ち株比率一〇－二〇％と役員派遣などの方法で、系列・下請会社を支配している。高寄昇三は、神戸型都市経営の強みを図3-3のように松下グループになぞらえ説明している。「日本企業の強さは資本系列による企業集団としてのグループの協力・補完体制によるところが大きい」が、神戸型都市経営もグループ体制をとり「一般会計を太陽の中核になぞらえると、その衛星として特別会計、企業会計、地方公社、財団・社団、第三セクター、補完協力団体と連なっている。

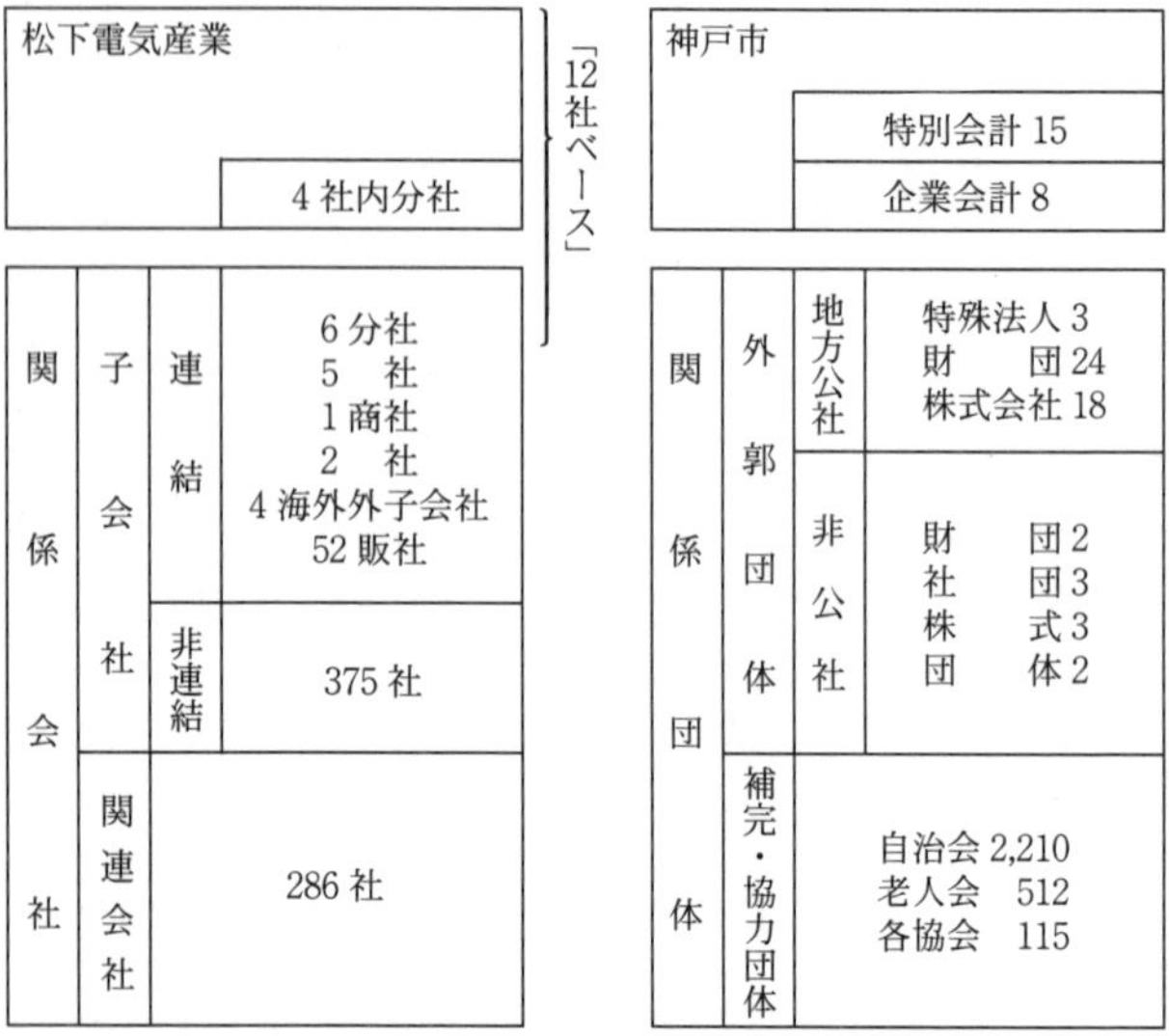

資料：松下グループの構成図は坂本和一・下谷政弘編『現代日本の企業グループ』東洋経済新報社，1987年，82ページ.
出所：高寄昇三『外邦団体の経営』学陽書房，1991年，87ページ.

図3-3　神戸市経営グループ構成図

そして各惑星がそれぞれ行政系列を形成することとなる[53]」と述べる。

神戸市の外郭団体の固有職員の賃金・労働条件は、大企業の下請会社と同じく市の職員より低く、低コストによる運営となっている。さらに住民団体を市官僚制に統合することで、福祉や教育などの社会的コストを市が負担することを回避している。神戸型都市経営は、都市官僚を頂点として住民を最下層に置く垂直型の統合システムを形成した。このような巨大な官僚的システムこそ、都市経営の条件であり結果でもあった。しかし現在、低経済成長と社会の成熟化にともなう市民の個性や自立欲求が高まり、日本企業の強みであったタテ型経営システムの行き詰まりが明らかとなっている。神戸型都市経営も、住民を自治の主体としてではなく、都市経営の補完・協力団体として位置づけているところに、環境変化に適応しえない限界を有している。以上のように、問題の根本に都市の大規模化と官僚制があり、人間的な都市づくりには地方自治体と住民が心を通い合わせ互いに理解しあえる、地域や自治体のシステム、そして適正規模の都市自治体が求められている。

四　神戸型都市経営の評価をめぐって

宮崎辰雄は、神戸型都市経営の理念である「自治体が都市づくりの主導的役割をもち、都市全体としての活動の質を高め、福祉を拡大していく」という点を、明治の片山潜の『都市社会主義』、阿部磯雄『都市独占事業論』そして関一の『都市政策の理論と実際』という歴史的流れのなかに位置づけた(54)。

宮崎辰雄市長のもとで活躍した元助役佐野雄一郎も「土地の公有、都市施設の公営化、都市規模の適正なコントロールといった命題は、公共デベロッパーでなければ果たし得ない課題」として、神戸市の公共デベロッパーの源流をハワードの『田園都市』に求めた(55)。高寄昇三も、神戸市の公共デベロッパーが造成土地を原価でなく時価によって売却した結果、ポートアイランド（第一期）も、大幅な収益を獲得したと評価した[56]。

宮本憲一は、主に一九七〇―八〇年代はじめに展開された神戸型都市経営の特徴を「最小の費用で最大の市民福祉」の理念と、開発利益の公的還元システムにみいだし、その源流を「田園都市」を主張した都市社会主義者ハワードの思想と実践に求めた。さらに神戸型都市経営を、日本における社会主義思想家片山潜や、都市経営の実践家でもあった関一などの都市経営論の本流の中で位置づけ、「『神戸市株式会社』という比喩は、片山の考えた『社会主義』実現の独立の法人という理念の上にあるのであって、たんに、神戸市が利益追求の民間法人と同じといういみではないであろう」と評価した。さらに宮本憲一は、神戸市都市経営の長所として、公共デベロッパーによる開発利益と、丸山や真野まちづくりや環境、福祉条例などソフトな内容を評価しつつも、短所として「山を削り海を埋立てる」自然環境破壊やインナーシティ問題、そしてテクノクラートによる官僚的な市政運営にあるとして批判した[57]。

宮本憲一による神戸型都市経営の評価は、宮崎辰雄や佐野雄一郎、高寄昇三らと異なる点がある。だが宮本憲一が神戸型都市経営を一定の留保つきではあるが「評価」したのは、一九七〇年代の石油ショック以降、地方自治体の財政危機にあって革新自治体が次々と崩壊する中で、神戸市が他の革新自治体とひとあじちがった行財政運営をおこなっている点に着目したからであろう。その核心は、神戸市が他都市と異なり開発利益を捻出し、福祉施策を推進し、まちづくりなどで市民参加をすすめていることにあった。果たしてそうであるのか検証しよう。

第一の論点は、神戸型都市経営の核心部分である開発利益の問題である。開発利益による財政自主権の拡充といわれるが、果たして開発利益を捻出していたのか。捻出しえたとしていかなる方法、手段によっていたのかが検討されねばならない。

一九五〇－六〇年代に開発された神戸市埋立事業（表3－4）は、大阪府埋立事業（表3－5）に比べ開発利益を出したといわれるが、果たしてそうであろうか。[58]

表 3-4　神戸市の埋立事業の財政

全体事業費（億円）	売却収入（億円）	事業収益（億円）	埋立面積（ha）	単位面積当り収益 円/3.3m²
311	389	78	543	4,730

出所：佐野雄一郎「公共デベロッパー論」神戸都市問題研究所「都市経営の理論と実践」勁草書房，1977年，144-147 ページより作成.

表 3-5　大阪府埋立事業財政

全体事業費（億円）	売却収入（億円）	事業収益（億円）	埋立面積（ha）	単位面積当り収益 円/3.3m²
1,004	1,048.7	44.6	1,701	865

出所：宮本憲一編「大都市とコンビナート・大阪」『講座地球開発と自治体 I』筑摩書房，1977 年，128-130 ページより作成.

神戸市開発局の損益計算書（表3－6）によれば、神戸市埋立事業の全体事業費（表3－4）は、建設のための支払利息などの金融費用や雑支出を含んでおらず、これらは営業外費用として扱われている。「神戸市公営企業会計決算審査意見書」（昭和四六年神戸市監査委員）は「支払利息及企業債取扱諸費の三二億八八七八万円は、第一期事業全体に係わる企業債の支払利息等で四五年度までに発生した分を計上したものである。これらは、建設利息として、資金の使用実績に応じてそれぞれ土地売却原価および受託工事費に配賦するのが原則である」と述べている。つまり神戸市の第一期埋立事業の全体事業費

表 3-6　損益計画書構成比率

（単位：金額千円，比率%）

科目	金額	構成比率 費用	構成比率 合計	科目	金額	構成比率
営業費用	39,474,184	81.4	79.8	営業収益	47,636,356	96.3
土地売却原価	35,882,137	74.0	72.6	土地売却収益	43,115,977	87.2
埋立地	29,346,904	60.6	59.4	埋立地	35,112,576	71.0
宅地	4,912,828	10.1	9.9	宅地	5,987,276	12.1
関連土地	1,622,405	3.3	3.3	関連土地	2,016,125	4.1
受託工事費	3,592,047	7.4	7.2	受託工事収益	4,158,577	8.4
				その他営業収益	361,802	0.7
営業外費用	8,998,786	18.6	18.2	営業外収益	1,813,298	3.7
支払利息及企業債取扱諸費	3,288,785	6.8	6.7	受取利息及配当金	936,202	1.9
				雑収益	877,096	1.8
記念事業費	962,976	2.0	1.9			
繰延勘定償却	95,255	0.2	0.2			
雑支出	4,651,760	9.6	9.4			
小計	48,472,970	100.0	98.0			
当年度純利益	976,684	—	2.0			
合計	49,449,654	—	100.0	合計	49,449,654	100.0

資料：昭和 45 年度神戸市公営企業会計決算審査意見書，神戸市監査委員．

（表3－4）には、支払利息などが含まれていないので厳密な収益・原価の比較になりえないのである。したがって正確な全体事業費は、営業外費用を含めたものでなければならない。

第一期の総決算である表3－6の純利益九億七六六八万円が、かりに埋立事業からだけ生まれたとして見積もり、建設利息など営業外費用を土地売却原価に含めて単位面積当たり収益を比較すれば、五九九円となり大阪府の八六五円より少なくなる。つまり神戸市の第一期開発事業は、大阪府よりも開発利益が少なくその分一般会計に繰り入れる財源が少なくなり、世評でいわれるほど財政的貢献はなされなかったのである。(59)

さらにポートアイランド（埋立造成費

二三〇〇億円、埋立期間一九六六－八〇年）は、造成地を時価で完全売却し「神戸市株式会社」と名を馳せさせた。果たしてポートアイランドは神戸市の言うように開発利益をあげたのであろうか。あげたとしても、その秘密は何だったのか。

ポートアイランドの主要な売却先の件数五四件中、神戸市が二三件と四三％、主要な売却先の売却金額九六八億円中、神戸市分が四五七億円と四七％、同販売面積二〇一万平方メートルに対し神戸市分が一四八万平方メートルと七四％を占める。主要な売却先以外の小中学校用地、市立病院用地などを含めると、ポートアイランドの販売先の過半は神戸市関係で占められているのである。つまり神戸市株式会社である企業会計の開発局が、神戸市の企業会計である港湾局や一般会計の衛生局、教員委員会、住宅局などと、外郭団体である神戸港埠頭公社などに販売したことが完売できた主要な要因である。ポートアイランドに比べ販売先の神戸市分が圧倒的に少ない六甲アイランド（埋立造成費五四〇〇億円、埋立期間一九七二－九二年）は、二〇年以上経過しても販売可能面積二七九万平方メートルに対して九六・五万平方メートル（三五％）が売れ残っている。[60]

このことからみても、ポートアイランドの完売は、神戸市に売却できたことが大きく寄与している。さらに開発利益の一般会計への還元といわれるが、バブルの一九九〇年度決算の時でさえ、企業会計から一般会計への繰入れ八九億円に対して、それ以上の三八〇億円を一般会計から企業会計に繰出している。それ以外に大規模開発に伴う上下水道、小中学校や保育所などの建設維持費などコストが一般会計や企業会計の負担となっている。表3－7のように七五年の神戸市の公債費比率

表 3-7　公債費比率（7 大都市比較）

（単位：％）

	1975	1980	1985	1990	1993	1995	1999
神戸市	7.2	10.9	14.4	16.1	19.4	20.6	29.9
横浜市	7.1	7.3	8.4	9.1	12.9	14.9	19.1
名古屋市	4.9	6.5	9.9	9.2	10.9	12.1	16.6
京都市	8.5	10.2	13.1	14.7	16.4	17.0	18.1
大阪市	13.0	16.4	17.0	14.6	15.1	14.4	17.8
北九州市	9.2	9.9	14.4	13.8	13.6	13.2	13.9
福岡市	7.0	11.3	15.5	14.4	14.9	17.3	20.5
7大都市平均	8.1	10.4	13.2	13.1	14.7	15.6	19.4

資料：神戸市会事務局『調査資料―決算審議参考資料各年版』より作成.

七・二が大震災前の九三年には一九・四まで上昇し、七大都市で最高になっている。このように神戸型都市経営が成功したといわれる八〇年代から九〇年代にかけて、公債費比率が他の大都市以上に高まっているのは、神戸の開発行政が一般会計、特別会計の負担（それは公債費比率の上昇となってあらわれている）によって成立していたことを示している。その分、福祉や衛生、医療、教育などが抑制されるのである。

さらに問題点をみてみよう。神戸型都市経営が特に評価されるのは、造成した土地を時価に近い価格で売却し、開発利益を捻出したからであると言われる。しかし企業に負担を強いる時価方式は、明らかに企業誘致競争に不利であり、それをカバーするため「租税の軽減措置、支払い条件の緩和、切り売り方式」など、誘致企業のための優遇措置をとったことが考えられる。しかしこれらは、他の地方自治体も採用した戦略であり、それらと異なる神戸市の独自な脱税措置による企業誘致政策があったために、時価に近い価格で売却できたのである。このことをつぎに検討しよう。

不動産登記法や公有水面埋立法によれば、神戸市から埋立地を買収した企業は、登録免許税を支払わねばならないが、その税を支払わずに済む方法（脱法、脱税措置）を神戸市がとったことである。不動産登記法一〇四条、公有水面埋立法二七条によれば「埋立地の場合、表示登録及び所有権保存登記の申請権は、埋立権者でありかつ原始取得者である神戸市にあり、当然神戸市は、自らの権利保全のため表示及び所有権保存登記を申請すべきである」。つまり法に従う正規の手続きは

表示登記→保存登記→処分制限登記→所有権移転登記→買戻特約登記
神戸市　神戸市　神戸市　企業　神戸市
（譲渡等に登録免許税が課税される）

東京、横浜、大阪などの他の都市の埋立地において、以上のとおりの正規の申請がなされ、企業は登録免許税を納めている。にもかかわらず神戸市は、誘致企業に対し買戻特約を代位権として嘱託代位登記することで、登録免許税を免れる脱税措置をとっている。神戸市のとった手続きは

表示登記→保存登記→処分制限登記→所有権移転登記→買戻特約登記
企業　企業　なし　なし　神戸市

つまり、神戸市の時価売却による開発利益捻出の秘密は、企業の登録免許税を脱税し、固定資産税を軽減し、支払い条件を緩和するなど実質的に企業の便宜を図った結果であると言える。登録免許税の脱税問題を告発した当事者によれば、ポートアイランドだけでなく、神戸市の過去の埋立地（東部工区、西部工区など）も同様の措置がとられている。[61]

第二の論点は、「最小の経費で最大の市民福祉」という、宮崎市政の一期から二期にかけての福

祉や環境そしてまちづくりの問題である。福祉は、第三節で検証したように、開発の普通建設事業費の増大に比して抑制され、特に一九八一年のポートアイランド博覧祭の「成功」後は、政党のオール与党化もあいまって後退していく。

市民参加のまちづくりはどうか。神戸市が市民参加で評価されてきたのは、いうまでもなく「神戸市まちづくり条例」(一九八一年制定)に基づく市民参加による「まちづくり協議会」方式である。「まちづくり協議会」は、「居住者、土地・建物の所有者等が構成員となって、住民自らが自らのまちの将来像について話し合い、まちづくりに取り組むための組織」であり「住民参加・住民主体を基本とする市民・事業者・行政によるいわゆる『協働のまちづくり』を推進する」母体であるといわれている。(62)

しかし神戸市の市民参加のまちづくりは、神戸市の計画する基幹道路や大型プロジェクトを認め、それらを前提としたうえで狭域的な市民参加は認めるが、神戸市の骨格を決める道路計画やプロジェクトに反対する市民参加をも認めるものではない。たとえそれが、市民の生命や健康に重大な影響を与える恐れがあるとしてもである。ここに神戸市の市民参加の限界がある。

例えば神戸市の「西須磨地区まちづくり懇談会」は、地区住民の圧倒的多数を代表する住民組織であり、当然「神戸市まちづくり条例」にもとづいてまちづくりのための助成金が支給されるべきである。だが同地域でのまちづくり助成の窓口となっている都市計画局の幹部が、「市の方針に反対する団体には助成できない」(63)と言明している。このことは、市の方針である西須磨地区での都市計画道路建設を前提としたまちづくり以外は認めないという意味である。したがって「神戸市のいう『住民参加』は、自治会、婦人会等の既存の団体の役職者を住民代表とみなして、その方たちに既定の計画を説明し、とくに反対がなければ住民の合意がえられたものとする[64]」方式でしかなかったのである。

スウェーデンなど民主主義が成熟化した国では、「『国や自治体を批判する組織運動は民主主義を擁護するために必要なのだ』との立場を貫き、政府や自治体を批判する自主的な団体にも助成金を出している[65]」ことをみれば、神戸市の市民参加制度は世評でいわれるような住民主体の自治的なシステムとはいえないであろう。なぜなら西須磨まちづくり懇談会のように、既存の団体以外で自主的に地区を組織し神戸市の方針に従わないものを市民参加の組織体として認めないからである。つまり神戸市の官僚的な姿勢では、自治や公共性を担うべき自主的なボランティアやＮＰＯなどは地域に根づかないのではないか。

以上のような低水準の福祉や市民不在の官僚的市政運営などの問題が、大震災と復興計画・事業の過程で顕在化し、神戸型都市経営に内在していた問題が明らかになる。その意味で神戸型都市経営は、ハワードや片山潜らの都市社会主義者が主張した、「特権的な大地主や大企業の暴利を規制し、市民生活や環境、市民参加を重視した都市経営」とは異なる質を有していたのではなかろうか[66]。

確かに一九七〇年代、宮崎市政は、公害反対や福祉や市民参加に対する市民運動や世論の高まりの中で、環境や福祉、市民参加で斬新な政策を打ち出した。しかしこれは、市民が憲法を暮らしに生かす統治力量を発達させる過程であると同時に、都市官僚テクノクラートが市民運動とそのエネルギーを吸収統合化し政策化する過程でもあった。神戸型都市経営は、七〇年代の石油ショックによる地域経済の衰退に直面して、福祉や環境、市民参加を都市官僚主導の開発主義の枠組みのもとで再編成し、ポートピア博覧会など各種イベントなどを通して都市経営をはじめとする統治力量を高めていったのである。つまり都市官僚テクノクラートは、七〇年代後半から八〇年代にかけて、地域経済危機をバネに地域活性化政策を展開することで、市民の自治的な運動とのヘゲモニー争いで優位な位置を占めていくのである。

おわりに

神戸型都市経営は、大震災前までは多くの研究者、専門家、マスコミ、国や自治体官僚、企業経営者などに高く評価されていた(67)。この経営は、「最小の経費で最大の市民福祉」の理念を掲げ、自治体主導の経営を展開したことから、一見すると福祉を最優先し、企業的手法による効率的な行政管理と、中央政府から自立し産業界主導でない都市経営である、との印象を多くの人々に与えた。しかし神戸型都市経営を、近代的都市思想と都市計画のなかで位置づけ評価しなおしてみると、意外にも植民地型都市計画に歴史的起源をもっていたことであった。自治体主導の公共デベロッパー方式も、資本や人口の集中・集積によって都市発展を図ろうとする大都市思想のもとで展開され、福祉と両立しえない構造を有していたのである。下水道や公園などのシビルミニマムも、ニュータウンなど大規模開発と一体となってすすめられたため、インナーシティにおける公園や高齢者施設などの整備は不十分なものとなった。

さらに神戸型都市経営を高度成長期における地価上昇などの社会的・経済的環境のなかで位置づけると、起債や外郭団体の活用などの企業的手法も、日本の下請制度などとの共通性や地価上昇に依存したキャピタルゲイン期待型の経営であり、住民主導といっても実際には都市官僚主導のまちづくりであり、建設・不動産資本との関係も密接であることが明らかとなった。

神戸型都市経営における積極面（「効率的・合理的経営」など）と限界面（環境破壊、インナーシティ問題、福祉や市民参加の軽視など）も、表裏一体で不可分な関係にあることも明らかとなった。神戸型都市経営は、港湾開発を基軸とする都市間競争に優位にたつために開発されたシステムである。この戦略目標を達成するには、公共デベロッパーによる「山を削り海を埋立てる」外延的拡張政策や起債、外郭団体など「効率的・合理的」経営方式が必要とされた。しかし大型プロジェクトは、「効率性」が過度に重視されるため、市民の意思による経営は、「合理性」の名のもとに軽視されるのである。さらにこの方式は、大規模な環境破壊をともなうため、公共デベロッパーは「福祉」のために推進するという大義名分が求められ、「最小の経費で最大の市民福祉」というイデオロギーが強調されたのであった。つまり神戸型都市経営は、官僚的中央集権制度のもとで都市間競争に優位にたつために形成されたシステムであり、それゆえ市民参加や福祉が軽視される構造を内在化していたのである。

以上を要約すれば、神戸型都市経営は、官僚テクノクラートが官僚的中央集権制度のもとで港湾開発を基軸とした都市間競争に優位に立つために、満州や朝鮮など植民地における都市計画の技術やノウハウを継承しつつ、市民運動のエネルギーを吸収統合化し開発したシステムであった。それゆえ神戸型都市経営は、市民参加やまちづくり、福祉などを、港湾開発とそれに関連して展開された都市計画による「開発主義」の枠組みのもとで再編統合したシステムといえよう。そしてそのシステムは、原口忠次郎や宮崎辰雄など官僚テクノクラートの「個性」が、強く刻印されたものになるのであった。以上のように神戸型都市経営は、歴史的全体的な文脈から把握されてこそ、その本質が解明されるのではなかろうか。

注

(1) 池田清「政府・財界の大阪湾『埋立て開発構想』批判」瀬戸内の環境を守る連絡会『瀬戸内海』第一八号、一九八六年八月。この時期、インナーシティ問題は一般的に論じられていても、筆者のように災害に対する脆弱性として問題にする論者は少なかった。

(2) 宮崎辰雄「都市経営運営論」神戸都市問題研究所『都市経営の理論と実際』勁草書房、一九七七年。宮本憲一『都市政策の思想と現実』有斐閣、一九九九年。

(3) エンゲルス『イギリスにおける労働者階級の状態I』国民文庫、大月書店、一九七一年。

(4) ハワード『田園都市』一八九八年出版、鹿島出版・SD選書28、訳者・長素連、一九六八年。
(5) ル・コルビュジェ『ユルバニスム』樋口清訳、鹿島研究所出版会、一九六七年、九一ページ。
(6) ルイス・マンフォード『都市の文化』生田勉訳、鹿島出版会、一九七四年、VI。
(7) ル・コルビュジェ『輝く都市』坂倉準三訳、鹿島出版会、一九六八年、八八ページ。
(8) 同右、一九三ページ。
(9) コルビュジェ、前掲『ユルバニスム』、九八ページ。
(10) ヴレイブファマン『労働と独占資本』富沢賢治訳、岩波書店、一九七八年。
(11) コルビュジェ、前掲『ユルバニスム』、二一一－二一二ページ。
(12) 同右。
(13) コルビュジェ、前掲『ユルバニスム』、二七二－二七三ページ。
(14) ルイス・マンフォード、前掲『都市の文化』。
(15) 原口忠次郎『技術屋の夢』ダイヤモンド社、一九六五年、四八ページ。
(16) 同右、はしがき。
(17) 同右、三七－四六ページ。
(18) 詳しくは池田清『神戸都市財政の研究』学文社、一九九七年を参照。
(19) 建設省『戦災復興誌』(第一〇巻) 都市計画協会、六一八－六一九ページ。
(20) 原口忠次郎『過密都市への挑戦』日経新書、一九六八年、三－四ページ。
(21) 同右、三九ページ。
(22) 同右、六一－六四ページ。
(23) 同右、一八〇ページ。
(24) 宮崎辰雄『市民都市論』日本評論社、一九七一年、六〇－六一ページ。

宮崎辰雄は、道路、交通体系の整備を中心とした戦災復興計画について「よく神戸の将来の発展動向を見極め、大筋において誤るところがなかったと自負している」と評価している（宮崎辰雄『神戸を創る―港都五〇年の都市経営―』河出書房社、一九九三年、七九ページ）。

(25) 宮崎辰雄、前掲『市民都市論』、二四八ページ。

(26) 同右、二三六ページ。

(27) 岡崎哲二・奥野正寛編『現代日本経済システムの源流』日本経済新聞社、一九九三年。

(28) 越沢明『満州国の首都計画』日本経済評論社、一九八八年。

(29) 鶴見俊輔『後藤新平』（第二巻）一九三三年、八一四―八一七ページ、持田信樹「大正期・東京の都市形成について」神戸都市問題研究所『都市政策』第三五号。

(30) 石田頼房『日本近代都市計画の百年』自治体研究社、一九八七年、二〇四ページ、「第二回満州都市計画問題研究会会報」一九三九年四月。

(31) 西澤泰彦「〃満州国〃の建設事業」山本有造編『「満州国」の研究』緑蔭書房、一九九五年。

(32) 原口忠次郎『わが心の自叙伝』のじぎく文庫、一九七一年、三八―三九ページ。

(33) 同右、一九七一年、四二ページ。

(34) 同右、五五―五六ページ。

(35) 阿部環「続神戸市長物語（五）―原口忠次郎―」『神戸の歴史』第一六号、一九八六年。

(36) 持田信樹、前掲「大正期・東京の都市形成について」。

(37) 児玉徹『欧州住宅政策と日本―ノン・プロフィットと実験―』ミネルヴァ書房、一九九六年。

(38) 終戦直後の一九四五年、原口忠次郎は当時神戸市長であった中井一夫の要請で戦災復興本部長となり、戦災復興基本計画を立案する（原口忠次郎、前掲『わが心の自叙伝』、五五ページ）。原口の下で復興本部の企画課長兼庶務課長をしていたのが宮崎辰雄で、「神戸市復興基本計画要綱」の原案作成を担当し、戦災復興事業の進め方を区画整理事業でやると主張した（笹山幸俊「戦後復興と街づくり」財団法人神戸都市問題研究所『都市経営の軌跡―神戸に描いた夢』、一九九一年）。

神戸の戦災復興における区画整理事業方式が、関東大震災のときの区画整理によることは、宮崎辰雄のつぎのような言葉から推察できる。「都市復興事業など神戸は初めてで、日本でも関東大震災のときの区画整理による都市計画の経験しかない。私は古本屋で『東京復興史』を買い求め、自分なりに勉強した」（宮崎辰雄『私の履歴書―神戸の都市経営』日経事業出版社、一九八五年、七九ページ）。

(39) 島恭彦はその著（『財政学概論』岩波書店、一九六三年、六二ページ）において、戦争によって技術や生産力が発展することを述べたが、戦争と同様に植民地や関東大震災などの都市計画においても、政府「経営体」における都市計画技術やノウハウが発展するのであり、神戸市の公共デベロッパー方式などの都市計画もそのような文脈で把握される。

戦前の日本における植民地経営のノウハウや技術が、戦後の臨海コンビナートなど地域開発に生かされていったが、企業経営においても植民地経営の体質がもちこまれた例にチッソ株式会社がある。原田正純によると「チッソは昭和にはいるや大陸の植民地経営にのりだし、一九二六年に朝鮮水電を設立、一九二七年には朝鮮窒素肥料、江南工場の建設に着手するなど、発電所の電気を利用した化学コンビナートの建設をおこなっていった。それは、わが国の植民地支配をすすめるための工業化政策に率先してのり、総督府や軍部と一体となったものであった。興南工場の用地買収には警察官や憲兵も立ち会ったと記録されており、それから想像するときわめて強制的なものであったと思われる。植民地支配は差別の構造の上に成立するのであって、朝鮮人の賃金は日本の三分の一以下であった。……差別的な経営体質は敗戦後、水俣工場と地域社会にもちこまれ、水俣社員（大卒・高専卒）―工員（高小卒）―農民・漁民という差別構造がつくられた」（原田正純『水俣が映す世界』日本評論社、一九八九年、一三―一四ページ）。

そして差別構造の最底辺に位置づけられた貧しい漁民が、水俣公害の最大の犠牲者であったのである。以上のように戦後日本の地域開発の本質は、植民地経営の問題をぬきに解明されない。

(40) 原口忠次郎の法科に対するコンプレックスはつぎのような言辞となってあらわれている。「私が京都帝国大学土木科を卒業して、内務省に入ったとき、技術者の地位の低さをひしひしと感じさせられた。官界は法科万能で専門技術者は職人あつかいである」(原口忠次郎、前掲『技術屋の夢―都市づくり・人づくり』、八一ページ)。

(41) 宮崎辰雄、前掲『市民都市論』、六六ページ。

(42) 宮崎辰雄、前掲「都市経営運営論」、一七ページ。

(43) 同右、一八ページ。

(44) 宮崎辰雄、前掲『神戸を創る―港都五〇年の都市経営―』、二一二ページ。

(45) 厚生省『老人保健福祉マップ数値表』平成五年版。

(46) 兵庫県・(財)二一世紀ひょうご創造協会『阪神・淡路大震災復興誌―第一巻―』。

(47) 神戸市『阪神・淡路大震災―神戸市の記録・一九九五年―』一九九六年。

(48) 産経新聞、一九九五年二月一九日、三月一日付、「神戸市は『地域防災計画』で規定された、地下に耐震防火貯水槽を設置した広域避難場所はひとつもなかった」「『横浜市には一一二カ所ある』」(市民がつくる神戸市白書委員会『神戸黒書―阪神大震災と神戸市政―』労働旬報社、一九九六年、二二ページ)。

(49) 同右、二二一―二三ページ。

(50) 宮崎辰雄「市民参加と政策決定」神戸都市問題研究所『都市政策』第三号、一九七六年、一九ページ。宮崎辰雄のテクノクラート型行政姿勢は次のような言説からもうかがえる。「私はあえて市民党とまでは言わないまでも、地方自治は既成政党によるイデオロギーではなく、あくまでテクノロジーと考えている。これだけは、終始一貫変わらない」(宮崎辰雄、前掲『神戸を創る―港都五〇年の都市経営―』、一三六ページ)。

(51) この点につき高寄昇三も次のように宮崎市政の本質を指摘している。「公共資本優先型の神戸市都市経営が、いわば政治的延命策として開発中心の市政の修正を図ったのか。それとも日本の地方政治にあってかつて存在しなかった手段としての開発と目的としての福祉を両立さすために、産業資本の利益を抑止しながら止揚させていくという類い稀な都市経営の創造をめざしたのかである。この点に関する限りおそらく前者が宮崎市政の実像ではなかろうか。それは宮崎市長の個人的官僚気質、神戸市がおかれた経済状況、そして神戸市政が展開してきた公共デベロッパーの継承という点からみて、本質的に福祉・生活優先の行政は不可能に近かった。たとえば『山を削る』ことはどのように弁明しても環境破壊であった。しかし、それをしなければ一度、動き出した公共デベロッパーの存続自体が不可能になり、市の行財政の破綻は歴然としていた」(高寄昇三『宮崎神戸市政の研究―企業的都市経営論―(第一巻)』勁草書房、一九九二年、一六〇－一六四ページ)。高寄によれば、開発優先の公共デベロッパーを推進している限り、本質的に福祉・生活を優先する行政は不可能であり、公共デベロッパーは一度動き出したら止めることができない、というのである。

(52) 『週刊ダイヤモンド』(二〇〇〇年九月一六日号)の「神戸を蝕む巨大利権の構図」によれば、神戸市官僚が建設関連企業に大量に天下りしていることを次のように述べている。「好不況にかかわらず大規模事業を途切れなく実施する神戸市は業者にとって、ありがたい存在だ。両者の関係が他の地方都市と比べ、より濃厚となるのも不思議ではない。そのひとつのあらわれが、《あかつき会》という団体だ。建設関連企業に天下りした市OBの親睦会で、かつては《みどり会》と称していた。あかつき会のメンバーは約二〇〇人。天下り先はスーパーゼネコンから地元大手ゼネコンまで、市発注の事業を受注している企業がズラリと並ぶ」。

神戸市の幹部職員OBとゼネコン、マリコンとの関係について、港湾整備局長の「空港・新産業に関する特別委員会委員」に対する「市職員OBの在職状況」の報告(平成一二年一〇月二五日付)は、ポートアイランド沖護岸築造工事及び係留施設整備工事の受注企業二七社に、退職時、部長級以上の市職員三〇人が在職していることを記している。

(53) 高寄昇三『外郭団体の経営』学陽書房、一九九一年、八七ページ。

(54) 宮崎辰雄、前掲「都市経営運営論」。神戸型都市経営を評価した著書に日本経済新聞神戸支社『六甲海へ翔ぶ、ポートアイランド誕生記』日本事業出版会、一九八二年、日本経済新聞社編『神戸』同社、一九八九年、地方行政を活性化する会編『株式会社神戸市』オーエス出版会、一九八四年などがある。
(55) 佐野雄一郎「公共デベロッパー論」神戸都市問題研究所『都市経営の理論と実際』一九七七年。
(56) 高寄昇三『宮崎神戸市政の研究―公共デベロッパー論―(第二巻)』勁草書房、一九九三年。
(57) 宮本憲一「都市経営の総括」神戸都市問題研究所『都市政策』第五九号、一九九〇年、宮本憲一『都市政策の思想と現実』有斐閣、一九九九年。
大震災前の時期に、インナーシティ問題など神戸型都市経営の問題点を的確に指摘された宮本憲一の見識は高く評価される。筆者も神戸型都市経営について大震災以前から疑問をもっており、宮本の神戸型都市経営に対する限界面の指摘に共感しつつも、積極面については手放しに評価できない点を感じていた。宮本の神戸型都市経営についての分析は、宮本が評価する積極面(開発利益、福祉やまちづくりなど)の実際についての検証に不十分な点があること、積極面と限界面が並列的に述べられ、その内的連関や構造が明確に論じられていないという問題を有している。確かに千年に一度といわれる活断層による大震災は、「平時では見えなかったものを顕在化」させたのであり、大震災前に問題のすべてを洞察するには自ずと限界がある。
(58) 宮本憲一、前掲「都市経営の総括」。宮本憲一、前掲『都市政策の思想と現実』。
(59) 以上の私の考察(拙稿『神戸都市財政の研究』学文社、一九九七年)に対し、神戸都市問題研究所『都市政策』第九〇号掲載の拙稿『神戸都市財政の研究』紹介の中で、「大阪府と神戸市の埋立事業の全事業会計を比較しながら、突如として神戸市の単年度会計で収益を割り出しているのは、大きな疑問である」と批判されている。しかし、私が引用した神戸市監査委員による開発事業会計の損益計算書は、神戸市監査委員報告で「昭和四五年度における開発事業会計の経営収支は、収益四九四億四九六五万円、費用四八四億七二九七万円で差引九億七六六八万円の純利益が生じている。決算規模がこのように膨大になったのは、昭和二八年以来継続して行われてきた第一期事業を四五年度で一度に精算したためであり、いわば第一期の総決算ともいうべきものである」と述べられているように、単年度会計で収益を割り出したものでなく「事業全体の収支に着目」したものである。したがって私の考察に対する批判は当をえていない。

(60) 木村中『崩壊の危機に立つ《神戸市株式会社》』兵庫県震災復興研究センター、二〇〇〇年一一月、八号。

(61) 松本巧原告「労働者の地位確認等請求事件」訴状、一九九三年九月六日付。訴状によれば松本巧は、神戸市一〇〇%出資の外郭団体である神戸港埠頭公社の職員で、神戸市の開発行政にかかわる登記事務を担当していた。神戸港埠頭公社労働組合ニュース「一九九〇年一〇月―一九九二年一月」。

(62) 神戸市『阪神・淡路大震災、神戸復興誌』二〇〇〇年、七一六ページ。

(63) 西須磨まちづくり懇談会編著『住民主体への挑戦』株式会社エピック、一九九七年、七〇ページ。

(64) 西須磨まちづくり懇談会編著、前掲『住民主体への挑戦』、六九ページ。

神戸市の自認する市民参加・市民主体のまちづくりは、神戸市の骨格を決める都市計画や大規模な開発計画に住民の参加を保障するものではない。このことは、市営神戸空港の住民投票条例を求める三〇万以上の署名に神戸市が反対し、大震災後に都市計画を強行決定したことからも明らかである。

たとえば野田正彰は、「森南町・本山中町まちづくり協議会」の住民の意思が、神戸市東灘区の森南町・本山中町における神戸市の都市計画に反映されていないことを、次のような地区住民の言葉で述べている。「わかったことは、災害もない平穏なときにも、きっと同じようなことが各地で行われてきたのだろうということです。事前に根回しが行われ、蓋を開けたら、もう手続きのステップを踏むだけで、有無を言わせない段階になっている。説明はすんでいる、知らなかったとは言わせませんよ、と強引に進めてしまう。それが《神戸方式》と持ち上げられてきたやり方の実態なんです」（野田正彰『わが街―東灘区森南町の人々―』文藝春秋、一九九六年、二二六ページ）。同様の指摘は、西山康雄『「危機管理」の都市計画』彰国社、二〇〇〇年にもある。

(65) 訓覇法子『現地から伝えるスウェーデンの高齢者ケア―高齢者を支える民主主義の土壌―』自治体研究社、一九九七年、一二六ページ。

(66) ハワードは大都市における地価上昇の不労所得を大地主が独占することを批判し、地価上昇による所得を自治体の財産として、地方税の軽減など市民に還元すべきと主張した（ハワード、前掲『田園都市』、九九―一〇〇ページ）。

片山潜も「都市をして少数強欲なる資本家などの銭儲けの場所たらしめず、一般市民の家庭たらしむるため市政に社会主義を応用して都市問題を解決すべき」と述べ、都市に寄生する特権的な地主、資本家の行動を批判した（片山潜『都市社会主義』明治三六年、復刻版一九九二年、学陽書房、［三］ページ）。さらに片山は「市政府は一個の株式会社の如し、市長及市会議員は一大会社の頭取重役にして、市民は会社の株主」とする市政株式会社論を主張する。だが市民は行政サービスの単なる受益者でなく、「家屋納税者等、総て東京市に納税する者には東京市政の選挙権を与うべし」（一一ページ）とする納税主権者であった。「吾人は固より普通選挙権を絶叫する者なり都市社会主義を主張する者なり」（一三ページ）「都市的生活の完美を欲せば、市民は負担を増加せざるべからず、市民が市の入費を支払ひ、其報酬を正当に且つ充分に得るとせば、市民は喜んで納税するや論を待たざるべし」（一六ページ）と述べる片山にとって、都市社会主義は納税者主権に基づく市政株式会社の経営であった。

(67) 大震災前に、神戸市都市経営が高く評価されたのは、都市経営の矛盾を顕在化させない政治的メカニズムが働いていたことも見逃せない。そのメカニズムとは、都市官僚主導の都市経営が、婦人団体や自治会、労働組合などを統合化し、政党をオール与党化し、さらには学者やマスコミまでも体制内化するパワーである。その帰結は「市行政に対するお任せ意識」をもった市民輩出の土壌の育成であり、自治の主体としての市民ではなくクライアント化であった。その意味で神戸型都市経営は、都市政治の問題でもあった。この点についての考察は次の研究課題としたい。

第4章
神戸市都市計画における参加と協働

はじめに

神戸市は行政のさまざまな分野で住民参加が進んでいる自治体と目されている。都市計画・まちづくりにおいても例外であるどころか、むしろこの分野でこそ最も先進的な自治体であるとの評価が高い。このことは、全国に先駆けて制定された、いわゆるまちづくり条例にみるように、震災以前から世評は高く、震災後、さまざまな曲折は経つつも、復興都市計画を「協働のまちづくり」として推進してきたことによって、いっそう評価が高まった感がある。震災から六年半を経た今日、神戸市自身による『復興誌』も刊行され、復興過程の検証も行われた。そこでは、行政と市民による協働の復興まちづくりが大きな成果をあげ、発展していることが随所で強調されている。そして、いまや震災後の「協働のまちづくり」が定着し、「市民まちづくりムーブメント」ともいえる「歴史的に特筆すべき」状況を呈していると総括するに至っている。(1) しかも、それは震災前からの協働のまちづくりの蓄積の上になし遂げられたものとして描かれている。

しかし、こうした、「総括」は震災後の復興都市計画をめぐる反対運動やその後の経過を多少とも知るものにとっては、あまりにも「きれいごと」であり、事実に反するか、もしくは事実の一部でしかないとの印象をぬぐいきれない。震災復興まちづくりにおける参加の実態は、行政と市民が協力して和気藹々と進んできたわけではなく、そこには幾多の軋轢や葛藤があり、その中から苦渋の選択として事業に取り組んできたという側面を見落としてはならない。未曾有の大災害による必死のもがきの中で突然の都市計画決定がふりかかり、避難所での苦難、仮設住宅をめぐる諸困難、住宅再建、営業再開の苦労・苦闘の連続の中でまちづくりを進めてきたのが実態である。大震災という困難を行政と市民が手を取り合って乗り越えてきたといえば美談ではあるが、それが事実でないかまたは事実の一部でしかないとすれば、その「美談」は後世に震災の教訓を正しく伝えるものとはならない。

神戸市の開発主義戦略は震災によって突然、純朴な美談の主人公へと変身したわけではなく、従来路線を踏襲しながら復興を乗り切ろうとしたのではないか。

都市計画における住民参加は、現代開発主義にとって市民包摂の重要な環であり、その今日的到達点が「協働のまちづくり」だったのではあるまいか。

本章では、神戸市都市計画における参加の系譜と、震災復興まちづくりにおける参加の実態を検証する。

一　神戸市都市計画における参加システムの系譜

1　住民参加の系譜と展開

神戸市における、まちづくりへの住民参加は宮崎助役時代に始まる。

宮崎辰雄は一九六九年一一月に市長に初当選し、以来五期二〇年にわたって、神戸市政を独特の都市経営路線によって推進することとなったが、前任の原口忠次郎市長のもとで助役として活躍しており、住民参加の芽はその時代に現れている。

原口市長は戦前・戦中に満州における植民地経営で大土木事業に携わった経歴を持つ土木市長であった。本四架橋やポートアイランドなどのビッグプロジェクト構想をいち早く打ち上げたのも原口であった（実際、原口市長は早くも一九六〇年の『神戸の都市計画』に明石海峡大橋の完成予想図を掲載している）。そして、これらのアイデアを巧みな経営感覚で実行に移していったのが、宮崎助役であり、のちの宮崎市長であった。

土木市長の下で、宮崎は居住環境改善や住民参加を標榜し、当時盛り上がってきた丸山地区や真野地区の住民運動に対応していった。一九六九年、宮崎助役は自ら中心となって、神戸市・神戸新聞社・関西学院大学で構成する「住みよい神戸を考える会」を組織し、住民の意識・ニーズ、住民組織の調査、住民懇談会や各種都市計画の展示会・説明会の開催、行政担当者・学者・新聞社・地域リーダーの意見交流、問題地域の視察などを展開した。「同会は、当時の先進的住民運動であった丸山地区のまちづくり運動や真野地区の公害反対運動との積極的な接触を行い、その状況を神戸新聞に特集記事として掲載するなどのキャンペーンを展開し、宮崎市長誕生の実質的準備を担っていった[2]」。

かくして、原口土木市長から宮崎環境市長へとバトンタッチされ、誕生の当初から「住民参加」はひとつのセールスポイントだったのである。

2 『神戸の都市計画』にみる住民参加

神戸市都市計画における住民参加がどのように登場してくるのかを、神戸市都市計画局の発行する冊子『神戸の都市計画』によって見てみよう（表4-1）。この冊子は、神戸市の都市計画の状況を表す市民向けパンフレットであり、一九五九年に原口市長の下で創刊されて以来、これまでに二三回発行されている。

「協働まちづくり」があたかも長い伝統をもつものであるかのような言説がある中で、そのよって来たる道を歴史的にたどってみることが重要な意味を持つ。その際、過去の事業を概括した文書ではなく、ほぼ定期的に刊行されてきた公式文書としての『神戸の都市計画』は、それぞれの時期の起状を示す資料として有用である。

『神戸の都市計画』に住民参加が登場するのは一四号（一九七四年）からである。それ以前には、一二号（一九七〇年）の「はじめに」で宮崎市長が「市民の皆さんと共に考え、そして話し合って都市計画を進め、緑と太陽に囲まれた人間性豊かな街〝神戸〟を築いてゆく」と述べているくらいで、中身にはまったく住民参加の記述はない。一四号では、「はじめに」で「市も市民も事業者も一体となって人間環境都市〝神戸の町〟を築きあげなければならない」と市長が述べ、「第X章 これからの都市計画」の中に「市民参加」の一節をもうけ、以下のように述べている。

「都市計画は市と市民が一体となって長期的見通しの下に辛抱強く勇気をもって取り組んでいくことが必要です。そのためには、都市計画への住民参加の方途が拡充されなければなりませんが、この問題はいつの場合にも試行錯誤を繰り返すことによってのみ解答を得ることができる性質のものだと考えられます。」

『神戸の都市計画』はほとんど事務的な項目が列挙された、いかにも役所の文書といった感じのパンフレットであるが、住民参加に関する部分は、担当者の思いが伝わってくる文章となっている。そして、当時の住民参加の事例として、板宿地区で市と市民と専門家の三者による協議会がつくられたこと、垂水区商大線の計画変更で一週間にわたって現地相談所を開設したこと、都市高速道路北神戸線の問題では二五日間にわたって、全市民に意見・提案を求めたことなどをあげている。

レット『神戸の都市計画』における住民参加の記載状況

住民参加に関する記述	記載された住民参加の地区事例
市民と共に考え,話し合って都市計画を進める	
住民参加の方途拡充必要，コミュニティ計画	板宿，商大線，北神戸線，丸山
常に参加の場提供必要，現地相談所，都市計画協議会，意見提案募集，コミュニティ計画，環境カルテ方針，コミュニティカルテ	高速２号線，丸山
市民参加３つの視点，都市計画協議会，環境カルテ	高速２号線，上沢，板宿，東灘山手
現地相談所，説明会，提案制度，住民アンケート，協議会方式のまちづくり，新しいタイプ真野，環境カルテ，街づくり助成	高速２号線，上沢，板宿，東灘山手，真野
協議会方式のまちづくり，新しいタイプ真野，まちづくり条例，環境カルテ，街づくり助成，コンサルタント派遣	高速２号線，上沢，板宿，東灘山手，六甲道，真野
協議会方式，現地相談所，説明会，新しいタイプ真野，まちづくり条例，街づくり助成，環境カルテ，コミュニティカルテ	上沢，板宿，東灘山手，六甲道，真野，丸山，御菅，ポートアイランド
現地相談所，説明会，住民アンケート，協議会方式，新しいタイプ真野，まちづくり条例，環境カルテ，街づくり協定等計画助成制度，街づくり助成	上沢，板宿，東灘山手，六甲道，真野，丸山，御菅，新開地，岡本，ポートアイランド，ハーバーランド
協議会方式，住民中心の総合的まちづくり真野，まちづくり助成，環境カルテ，まちづくり条例，コンサル派遣	上沢，板宿，東灘山手，六甲道，真野，丸山，御菅，新開地，岡本，東川崎，西神戸，北須磨
協議会方式，住民中心の総合的まちづくり真野，まちづくり助成，環境カルテ，まちづくり条例，コンサル派遣，アドバイザー派遣，区民まちづくりトーク，まちづくり協定	上沢，板宿，東灘山手，真野，丸山，御菅，新開地，岡本，東川崎，西神戸，北須磨，浜山
協働のまちづくり	
住民主体のまちづくり，協働のまちづくり，協議会方式，まちづくり助成，環境カルテ，まちづくり条例，コンサル派遣，アドバイザー派遣，区民まちづくりトーク	上沢，板宿，東灘山手，真野，重点復興地域

合○，参加に関する章がある場合○とし，それぞれない場合は×.

表 4-1　パンフ

号	発行年月	市長	はしがき	章	節
1	1959	原口	×	×	×
2	1960・6				
3	1960・10	原口	×	×	×
4	1961・10	原口	×	×	×
5	1962・8	原口	×	×	×
6	1963	原口	×	×	×
英語版	1963	原口	×	×	×
7	1964・8	原口	×	×	×
8	1965・11	原口	×	×	×
9	1966・10	原口	×	×	×
10	1967	原口	×	×	×
11	1968	原口	×	×	×
12	1970	宮崎	○	×	×
13	1971	宮崎	×	×	×
14	1974・3	宮崎	○	×	○
15	1975・11	宮崎	○	○	○
16	1977・11	宮崎	○	×	○
17	1979・11	宮崎	×	×	○
18	1982・3	宮崎	×	○	○
19	1984・3	宮崎	×	○	○
20	1986・11	宮崎	○	○	○
21	1988・12	宮崎	○	×	○
22	1992・3	笹山	×	×	○
23	2000・7	笹山	×	×	○
白表紙	2000	笹山	×	○	○

注：はしがきに参加に関する記述がある場

さらに一九七五年の一五号では、宮崎市長は参加についてこう述べる。「都市計画が本質的にもっている長時間性とそのなかでの大きく振幅をもって変化する市民の要求をうまく調和させることができるものはなにか。私は、これを計画における正確な見通しと事業におけるきめ細かさ、および、その過程における十分な対話によってのみ可能であると考えています。」

この号では「都市計画と市民参加」という独立した章が立てられるに至る。わずか一ページではあるが、一章を起こしたことの意味は大きく、「常に都市計画への市民参加の場が提供されることが必要です」と言い切っている。そして、市民参加の具体的実践として、一地区を対象とした事業では現地相談所や都市計画協議会、広域の事業では全市民からの意見・提案募集というように整理している。

一九七七年の一六号では、市民参加における三つの視点として、①市民との対話、②実行への対話、③政策決定への参加をあげている。

一九七九年の一七号にいたって上沢、板宿、東灘山手の事例を「協議会方式によるまちづくり」として定式化し、他に評議会による計画案の検討（六甲道駅前再開発）もあげると同時に、はじめて真野地区に言及する。その際、真野は市、専門家、学識経験者によるまちづくり検討会議を行っていること、「市民が主体」であることから「新しいタイプの住民参加方式」であるとしている。

一九八四年一九号は、再び「住民参加とまちづくり」という章を設け、一三ページを割いているが、中身的には事業説明などが大半を占めている。ひとつの特徴は、真野地区が「新しいタイプ」という位置づけで再び取り上げられ、真野ハイツなどが紹介されていることである。かくして真野地区は住民参加の一典型としてとりあげられるようになるが、それは次の二〇号（一九八六年）までである。

二一号（一九八八年）では、「住民参加とまちづくり」という章は消え、Ⅳ章の六節に四ページ記載されるが、文章は簡略化され、過去のものと同じ記述も見られる。住民参加のまちづくりが行われている地区の配置図や年表が掲載されている。

二二号（一九九二年）は笹山市長になってからはじめてのものであるが、体裁がA４判になり、区民まちづくりトークなどの記述が増えたが、あまり新しい展開はみられない。

震災後の二〇〇〇年に出された『神戸の都市計画』(二三号)は二種類あり、一つは、文字通り簡単なパンフレットで「協働のまちづくり」という項目が設けられ、理念、経過、現状を述べている。もう一つの白表紙本は、文体が「である」調に変わり、市民向けと言うよりは内部文書のような調子で書かれている。ここでは、「協働のまちづくり」という章が設けられ、「震災前の協働のまちづくり」「復興事業における協働のまちづくり」「安全・安心の協働まちづくり」等の節がたてられ、八ページにわたって記述がある。またこれとは別に、安全・安心のまちづくりの章にも住民主体のまちづくりという項目がある。この白表紙本では、協働まちづくりに関する記述は多いが、中身は『復興誌』からの引き写し、もしくはその要約といったものになっている。

以上の経過から、①住民参加を明示的に打ち出したのは一九七〇年代の前半からであること、②一九七〇年代は、板宿、上沢などの事例から、都市計画協議会を住民参加のまちづくりとしていたこと、③真野地区は当初、それとは異なるタイプと考えられていたこと、④まちづくり条例制定以降、真野地区を参加型のまちづくりと認識していること、⑤震災後は協働のまちづくりを前面に押し出していること、などが読みとれる。

これらを踏まえて、阪神大震災にいたるまでの都市計画・まちづくりにおける住民参加の経過は大きく五期に区分することができる。

第一期:六〇年代末—七〇年代前半。道路建設や区画整理などの公共事業への反対運動に対して、板宿の都市改造事業にみられるような「都市計画協議会方式」を生み出した時期。

第二期：七〇年代後半。居住環境整備への対応としてコミュニティカルテや環境カルテ作りが進められ、真野地区のまちづくりが住環境改善の模範的存在として認知されていった時期。

第三期：八〇年代。まちづくり条例の制定によって、住民参加のまちづくりが制度的裏づけをもつ時期。

第四期：八〇年代末ー九〇年代前半。インナーエリア全体を視野にいれたインナーシティ総合整備基本計画が作成され、そこでの住民参加のまちづくりが多様化した。

第五期：九〇年代後半以降。震災復興期。

3　住民運動と都市計画協議会方式（第一期）

昭和四〇年代以前は、公害反対運動や区画整理反対運動などに見られるように、全国的にも反対が主要な課題であった。しかし七〇年代に入ると、単なる反対から対案や提案を持つ運動の必要性が認識されるようになり、行政側にとっても何らかの接点を共有して事業を推進することが現実的な行き方になってきた。神戸市では宮崎市長が登場し、市民との共同が重要な課題となり、まちづくりにおいても住民を参加させていく方式がとられるようになっていった。板宿地区の都市改造事業はその先駆けとなった。

(1) 板宿地区都市改造事業における住民参加[3]

須磨区板宿地区は長田区と接する地区で、山陽電鉄と市営地下鉄の交差する地域一帯であり、板宿地区戦災復興土地区画整理事業（二一四・五㌶）の一部である。ここに昭和四六年、板宿地区都市改造事業（一五・三㌶）が計画された。事業の主要なねらいは、住環境および商業機能の改善、山下線・山麓線という都市計画道路の整備にあり、また、地区の北西端では市街地再開発事業が合併施行として行われた。

板宿地区都市改造事業をめぐる住民参加のポイントは都市計画協議会にあるが、それに先立っていくつかの組織が作られた。

計画発表の二ヵ月後、仮称・板宿地区都市公正化促進協議会が結成され、反対署名運動が展開されたが、その後、「板宿全地区都市計画対策協議会」の名称で地区住民大会が行われ、「絶対反対」の決議が採択された。四六年九月三日には、三一五七名の署名を添えた反対陳情書が宮崎市長宛てに提出された。陳情書は、住民参加に関して「住民による都市計画委員を委嘱し、計画・立案、遂行の全過程に参画させること」を要求した。

これをうけて、昭和四七年四月に計画案を総合的に検討するプロジェクトチームとして、板宿地区都市計画検討会議が設置された。メンバーは、市側委員二名（部長級）、住民側委員二七名、学識専門委員八名（うち二名は市職員）であった。検討会議は四七年八月に「板宿地区都市計画検討会議のまとめ」を全員一致で採択した。このまとめが全体の意向であることを証明するために、市

表 4-2　神戸市都市計画・住民参加 年表

年	全国	神戸市	住民参加	
			1947 年板宿事業計画決定	
1963			丸山幹線道路促進協議会	
1964	東京オリンピック			
1965		第 1 次マスタープラン	丸山文化防犯協議会，東灘事業計画決定	
1966		住みよい神戸を考える会		
1968	新都市計画法			
1969	都市再開発法	宮崎市長当選，人口 127 万		
1970	公害国会	開発指導要綱策定		
1971			真野公害防止協定，板宿都市改造計画発表，丸山モデルコミュニティ	
1972			板宿都市計画協議会発足，高速 2 号都市計画決定	第一期
1973	オイルショック	コミュニティ・カルテ	真野東尻池公園整備，宮崎市長，板宿で住民参加の決意表明	
1974			真野刈藻保育所の建設，高速 2 号事業計画決定，高速 2 号第三者機関設置	
1975			上沢相談所設置，東灘第 1 回協議会	
1976		第 2 次マスタープラン	真野公園整備，上沢アンケート調査	
1977		三者合意システム（神戸宣言）	上沢協議会の結成	
		街づくり助成制度	板宿開発株式会社設立	
1978		環境カルテ，コンサルタント派遣制度，都市景観条例		第二期
1979			上沢事業計画決定，板宿第 1 工区換地処分	
1980	地区計画制度，再開発方針，住環境整備モデル事業		真野まちづくり構想	
1981		神戸市まちづくり条例，ポートピア 81		
1982	木賃総合整備事業		真野丸山まち協認定，真野まちづくり協定，丸山コミュニティ基本計画，真野住環境整備モデル事業	第三期
1984			丸山コミュニティボンド発行	
1985		都市再開発方針策定		
1986		第 3 次マスタープラン	丸山コミュニティセンター開館	
1989		笹山市長誕生，インナーシティ基本計画，ハーバーランド住宅完成		
1990		各区にまちづくり推進課		第四期
1991		アーバンデザイン室	真野密集事業	
1993		新・神戸市基本構想		
1995		震災，都市計画決定，第 4 次マスタープラン，復興計画	森南地区への市長の回答書（3 月 13 日）	
1996			まちづくり協議会連絡会（7 月 24 日）	第五期
2001		地下鉄海岸線開業		

長決裁を求め、住民からも約八五%の同意押印を得たという。

また、住民側委員は「まとめ」とは別に「板宿地区都市計画の基本方針および運営について」という要望書を提出し、区画整理の問題点を指摘するとともに、事業の運営に関して市と住民で構成する「板宿地区都市計画事業協議会(仮称)」を設置することを求めた。

かくして、板宿地区都市計画協議会は昭和四七年一〇月二三日に発足するが、これは都市改造事業を実施するために具体的な研究・協議を行う組織であり、事務局を市の都市計画局に置くものであった。今日のまちづくり協議会は住民内部の組織であるが、板宿の協議会は住民と行政の協議の場であり、この点に大きな相違がある。

委員は市側六名(課長級)、住民側三一名であった。住民側委員が多数になったことについて、会長の枡田登氏(当時神戸女子短大教授)は、協議会を行政との対決の場と考える向きを払拭し得なかったためとしている。協議会はしかし、決定権限をもたないものとされ、具体的な問題についての研究・協議は四つの小委員会(住宅、福祉・商業、地下鉄、道路)に付された。協議会の設置によって、まちづくりに関する多面的な成果がもたらされた。昭和四八年に行われた地域福祉基礎調査は道路整備だけでなく、「住民のための福祉構想」をめざして、住宅・事業所の実態、住民意識などの実態調査を行った。また、同年七月の商業調査は、商業者の不安にこたえて小売商業の業種別適正規模算定・適正業種配置策定を行い、都市改造事業における商業近代化計画の指針となるものであった。さらに、会長の枡田氏自身が強く主張した板宿地区の未来像構想づくり(昭和五〇年一〇月）は地元一〇名、市・学識経験者六名による研究会を構成し、模型作りなどによってイメージが形成され、再開発、福祉施設、共同建築等について基本計画が策定された。

(2) 上沢地区

上沢地区は兵庫区北部、神戸電鉄湊川駅西側に広がる面積一三・五ヘクタルの細長い地区で、元々は戦災復興区画整理地区であったが事業の進行が遅れていた。高度成長期になって、住宅密集地の環境改善、山手幹線・湊町線の整備などをねらいに、都市改造土地区画整理事業（公共団体施行）として計画された。これに対して地元住民から強い反対運動が持ち上がり、神戸市は事態の打開のため、住民参加型の事業として昭和五〇年ごろから地元説明が行われた。

その際、事業推進にあたって、都市計画決定の幹線道路は変更できないが、街区内の生活道路や小公園などは住民と協議して決める、建築物共同化、商店街対策などを換地設計に織り込む、保育所・集会所などについては住民と協議する、話し合いの場として協議会づくりを進めるなどを基本方針とした(4)。協議会は、五一年一一月―五二年九月に丁目ごとに一一組織され、全体の上沢地区まちづくり連絡協議会が地元委員一八名、市三名で構成された。ここで示されている、「区画整理の骨格部分である幹線道路は変えないが、生活道路や小公園は話し合いによって具体化する」という方針は、震災後の「二段階都市計画決定」論で言われたことと同じであり、これが震災後の画期的な新機軸というわけではなかったことを物語っている。

(3) 東灘山手地区

東灘山手地区は石屋川から住吉川のあいだのＪＲと阪急にはさまれた地区（面積八三・七ヘクタール）であり、ここに山手幹線の整備を目的とした区画整理が計画された。昭和四〇年から事業を開始したが地元の反対が強く、長らく事業は進捗しなかった。市と地元とのながい交渉の結果、調査・研究する場として「東灘山手地区まちづくり協議会」の設置が合意された。地元住民代表二九名、市側二名の委員で構成され、第一回協議会が開かれたのは昭和五〇年五月のことである。

協議会は道路や公益施設などの事項別の小委員会をもうけ、それぞれの問題を検討した。住民側は地区ごとに住民会議を組織し、そこからの代表が事項別小委員会に入るという構造をとっていた。小委員会での検討結果は、「山手幹線の道路構造について」「弓場線の道路構造について」「東灘山手地区における公益施設のあり方について」などのレポートとしてまとめられた。そして、植樹帯による歩車道の分離や自転車通行帯の設置など、報告書に盛られた意見が実際の道路構造に生かされた。

(4) 高速二号線をめぐる参加と第三者機関

都市高速道路二号線は旧市街地と須磨ニュータウン・西北神地域をむすぶ幹線として昭和四七年九月に都市計画決定された。

これに先立って、昭和四三年に神戸市山手高速道路技術委員会が発足し、翌年答申を出した。当初高速二号線は明石から西宮まで山麓部を東西に貫く案であったが、この答申で須磨ニュータウンから板宿付近に至る案とされたため、地元から強い反対の陳情・請願が出された。こうした運動の中で、昭和四九年には第三者機関設置の請願が市会本会議で採択されることとなった。これによって、専門家一二名からなる「高速二号線再検討専門委員会」が設置されることとなり、委員は市側と地元側から半数ずつ推薦された。

昭和五〇年四月以降、十数回の委員会が開かれ、昭和五八年九月に市長への答申が行われた。

高速二号線の事例は、議会が第三者機関の設置を採択したところに特徴がある。その際、住民参加は、地域住民の健康・環境をまもるという立場の専門家を推薦するというかたちで展開された。(5)

これら四つの事例に共通する特徴は、神戸市が持ちかけた都市計画事業に対する住民の反対運動が参加の仕組みを生み出したということである。また、これら都市計画事業の推進にあたって、行政側はあらかじめ計画案を住民に提示し、それをめぐって議論するといった計画策定・決定過程における参加が実現したわけではなく、決定はすでに行われていたか、または参加の以前に強行されている。つまり、これらの事例における参加は結局のところ、行政が立案した都市計画事業を推進するための露払いという位置を占めている。もちろん、住民参加によってより良い内容が実現されたではあろうが、それは決して行政側が自発的に進めたものではなく、また決定を覆すことも含めた参加ではなかったことを明記すべきであろう。

4　居住環境整備とカルテ（第二期）

高度経済成長がもたらした木賃アパート群・ミニ開発地区・戦前長屋地区などの問題居住地への取り組みは、オイルショックをへて七〇年代中ごろから本格化していった。対策手法も不良住宅を根こそぎ除却するスラム・クリアランス型の手法ではなく、居住者が住みつづけながら住環境を整備する修復型の改善策が模索された。豊中市庄内地区では一九七二年から全国の先進を切って行政・住民・専門家の協議会による再開発計画作りがはじまっていた。神戸市においてもこの時期、居住環境整備への取り組みが都市計画の重要な課題となり、環境カルテづくりとそれを活用した住民参加によるまちづくりが指向された。

「市街地整備のための環境カルテ」は一九七八年に作成された。これはいわゆる「診断と治療の都市計画」（『神戸の都市計画』、一九七七年版）というコンセプトのもとに、どの地域にどんな疾患があるのかを明らかにするもので、①住宅過密の状況、②住工混在の実態、③道路整備状況、④コミュニティ施設の整備状況、⑤中心核の整備状況が指標化され、地域ごとに一枚の地図に示された。しかし、これによって行政が医者として一方的に治療するというのではなく、「住民発意を基調とする住民主体のまちづくりを行政が支援するという形の住民参加のまちづくり」（『神戸の都市計画』、一九七八年版）をめざすものであった。このため、市はリーフレット『環境カルテ市民版』を大量に作成し、また各区のカルテも作成した。

こうしたカルテづくりは、この時期に突然始まったわけではなく、古くは一九六七年の『神戸市街地生活環境図集』や『神戸市生活環境基準案』（一九七〇年）、『コミュニティ・カルテ』（一九七三年）などの蓄積のうえにできたものである。重要なことは、それを活用して住民主体のまちづくりを進めるという点にあるが、実際にこの『環境カルテ』が引き金となって、新たに住民主体のまちづくりが真野以外にどれほど始まったのかについては定かでない。

他方、この時期には、住民参加のまちづくりにとって大きな意味を持つ街づくり助成制度（一九七七年）やコンサルタント派遣制度（一九七八年）が始まっている。

街づくり助成は、整備予定地区団体[6]や市街地再開発事業の準備組合などにたいして活動助成の補助金や知識・資料提供、助言、会場の提供などを行う制度として始まった。これまでに五回にわたって要綱の改正が行われ、現在では、まちづくり協議会や優良まちづくりボランティア団体[7]も助成対象団体となっている。補助金の限度額は、大まかに言えば、整備予定地内団体一〇〇万円、準備組合一㌶当たり一〇〇万円、まちづくり協議会三〇万円、優良まちづくりボランティア団体三〇万円となっている。

なお、阪神・淡路大震災の復興まちづくりにともなって、平成七年四月には特例要綱が定められ、復興都市計画事業区域内の「まちづくり団体[8]」や準備組合を助成対象団体に加えられた。これは、復興都市計画事業地区内では必ずしも早期にまちづくり協議会が結成できるとは限らない状況のもとで、協働方式で事業を進めるために住民組織が未成熟な初期の段階でも助成が行えるように対応したものと考えられる。

　コンサルタント派遣は、建築物の共同化やまちづくり協定を行う場合の計画づくりに対してなされる。これも当初は都市計画事業等に関連して、建物共同化を行う場合や一㌶以上の区域でまちづくり協定や地区計画を住民団体が立案する場合に助成されていたが、現在ではさまざまなケースに支援が行われるようになっている。一九九二年度の『神戸の都市計画』によれば、まちづくり支援制度としては、①区民まちづくりトーク、②まちづくり助成、③まちづくりアドバイザー派遣制度、④まち・すまいづくりコンサルタント派遣制度（まちづくり協定等計画助成制度、建築物共同化計画助成制度）がある。マンション建替え、コーポラティブ、グループ再建など派遣の対象が拡大されており、コンサルタント一次派遣、二次派遣、アドバイザー一次派遣、二次派遣がある。

　街づくり助成やコンサルタント派遣の制度は、当初は再開発を促進する制度として創設されたものであり、必ずしも住民参加そのものが直接の目的とはいいがたいところがあるが、次第に住民参加の活動を支援する制度として発展していったわけで、この時期の制度創設の意義は大きいと考えられる。

5　まちづくり条例（第三期）

一九八一年、神戸市は「地区計画およびまちづくり協定等に関する条例」を全国ではじめて制定した。この条例は、その名称にも示されているとおり、一九八〇年都市計画法改正によって導入された地区計画制度を運用することを第一義的な目的としたものであったが、それだけでなく神戸市独自の住民参加のまちづくりのための諸手続きを定めたところに大きな特色がある。まちづくり条例はそれまでの住民参加によるまちづくりのノウハウを集大成したものであり、これまで任意団体であった住民のまちづくり組織に法的位置づけをあたえ、任意もしくは要綱にもとづく活動が明確な位置づけをあたえられた。その意味でまちづくり条例は、神戸市の都市計画・まちづくりにとってひとつのエポックといってよい。

この条例によるまちづくりの一般的な手続きは、以下のとおりである。

①まちづくり協議会：住民が地区のまちづくりを進めるために組織するもので、その活動が地区住民の大多数の支持を得ていることを条件に市長はこれを認定する。

②まちづくり提案：まちづくり協議会は当該地区の将来像を「まちづくり提案」として策定し、市長はこれに配慮して地区の整備を進めるよう努める。

③まちづくり協定：まちづくり協議会と市長は、まちづくりの目標、方針、その他必要事項を協

定として締結することができ、協定が結ばれた地区で建築行為等を行うものに対して、市長とまちづくり協議会は届出を要請し、協定に適合していないときは必要な措置について協議することとなる。

④地区計画：必要に応じて、地区計画として都市計画決定を行う。

⑤建築条例：地区計画で定めた事項について建築基準法に基づく条例で制限を定め、建築確認事項とすることができる。

以上が条例にもとづくまちづくりの流れであるが、地区計画に至るまでのあいだにさまざまの段階のまちづくりがあり、それを住民参加のもとで進めていくための枠組みに制度的な位置づけを与えたところに大きな意義がある。逆にいえば、国の制度として地区計画制度ができたものの、さまざまなまちづくりの取り組みはすべてが直ちに地区計画に乗るものとは言えず、条例は地区計画に至る多段階のまちづくりにおのおの位置づけを与える役目をはたすものとなった。

その際、要となっているのがまちづくり協議会である。住民参加のまちづくりを進めるに当たって、相手を特定しなければ行政は行いにくい。そこで、何らかの組織を結成することを前提としたのである。しかし、その組織自身に厳密な条件を適用すれば結成そのものが困難となる。そこで、まちづくり協議会の認定要件は、以下のようにきわめて融通無碍なものとなっている。

①地区の住民等の大多数により設置されていると認められるもの。

②その構成員が、住民等、まちづくりについて学識経験を有する者その他これらに準ずるもの。

③その活動が、地区の住民等の大多数の支持を得ていると認められるもの。
組織の実態をみて、認定するかどうかについては行政（市長）の裁量の幅を大きく取っておくことにしたのであろう。

まちづくり条例は、神戸市の都市計画・まちづくりにとってエポックメーキングな事柄であるという意味は、ひとつには阪神大震災の復興まちづくりを含む後の展開から見て、この時期にこうした条例をビルトインしたことの意味が大きいということであり、いまひとつは、この条例制定によって、真野地区がいわば住民参加型まちづくりの典型・模範と位置づけられたことである。真野地区は七〇年代初頭から公害反対運動で大きな成果をあげてきたが、行政との間で相対的に独自な立場をとってきた。リーダーの毛利芳蔵氏（故人）はそれを「我々のまちづくりは、住民主体のまちづくりだ。行政がそこに参加してくるべきであって、住民参加でなく、行政参加なのだ」と語っていた。こうした真野の運動は、神戸市の住民参加のまちづくりの流れの中で見ると、ある種独特のものと映っていたようである。したがって、七〇年代には住民参加の主流は板宿方式であり、八〇年代はじめにおいても真野は「新しいタイプの参加」と表現されていたのである。しかし、地区計画制度が導入され、実際にそれに適合するまちづくりを神戸の中で見出すとなると、真野をおいて他にない状況であり、その結果、真野まちづくり推進会が条例認定の第一号の「まち協」となったのである。つづいて丸山が認定「まち協」となり、八〇年代を通じてこれら住民主体型のまちづくり協議会が条例の想定する住民組織の典型と目されるようになった。

さきにふれたように、板宿方式における協議会と条例でいうところのまちづくり協議会とは、全く性格の違うものである。板宿におけるそれは「都市計画協議会」とよばれ、行政と住民と専門家が協議する場であって、住民組織ではない。神戸市における協議会方式は板宿にはじまったという記述がしばしば見られるが、この違いを混同したものである。板宿における協議会は、むしろ庄内方式のそれに近いものと考えられる（実際、当時、庄内への視察も行われた）。ただし、庄内の協議会とも異なる点は、庄内でははじめから住環境整備が主要テーマであり、修復型整備の模索のために行政がイニシアティブを取って住民参加の協議会を設定したのに対し、板宿では行政が持ち込んだ都市計画事業への反対運動が出発点となっている。その意味では、公害反対運動への対応策といってよい。

かくして真野は「黄金時代[9]」を迎えるが、とは言うものの、八〇年代を通じて条例によるまちづくり協議会が全市に大量に出現したわけではない。認定協議会は一九八二年三団体、一九八五年以降毎年一団体ずつ増え、震災直前では僅か一二団体という状況であった。

6　インナーシティ整備のまちづくり（第四期）

一九八〇年には地区計画制度が創設され、これを受けて神戸市ではまちづくり条例が制定されたのであるが、この年にはもうひとつ重要な出来事があった。都市再開発法の改正により、都市再開発方針の策定が神戸市を含む全国二一都市に義務づけられたのである。再開発はそれまで、駅前シリーズなど商業拠点を中心に行われてきたが、問題市街地は広範に広がっており、既成市街地全体の整備マスタープランが必要とされたのである。

神戸市では、これに対応して一九八五年に都市再開発方針を策定した。これは「診断と治療」の都市計画の一環として環境カルテを作成してきた経過からすれば、必然的な成り行きである。神戸市の再開発方針では、一〇地域を一号市街地（計画的な再開発が必要な市街地）とし、一八地区を二号地区（再開発促進地区）とし、独自の作業として、一号市街地の中に「効果期待地域」と「課題集中地域」を定めた。前者は三宮など八つの駅周辺地区であり、ここでは行政が主導的に事業を進める。他方、課題集中地域は生活環境改善が課題となっている二九地域二四三〇㌶で、ここでは住民参加によって整備をすすめることとした。つまり、行政主導でハードな法定都市計画事業を推進する地区と、住民参加で住環境整備のまちづくりを行う地区に仕分けたのである。したがって、一九八六年に発行された都市再開発方針のパンフレットでは、再開発方針の説明につづいて、住民参加のまちづくりについて八ページにわたって解説が行われている[10]。

こうして、一九八〇年代の中ごろから、住環境整備を全市にわたって住民参加で行っていくという志向が形成されたと思われる。一九八五年以降、まちづくり条例に基づくまちづくり協議会が少しずつ増加していくのはその効果であろう。

ところが一九八九年、市は「インナーシティ総合整備基本計画」を策定する。このインナーシティ計画は、灘区から長田区にいたる地域の南部を対象とするもので、おおむね再開発方針の一号市街地に旧埋立地のウォーターフロントを加えた地域に相当する。計画は、快適な居住環境の創造、都市型産業の育成、地域魅力の創出、地域福祉の推進という四つの基本方針をかかげているが、核となっているのはリーディングプロジェクトである。「インナーシティの活性化を図るには個別事業の限界を補完し、さらに再開発のエネルギーを高める大規模プロジェクトの導入が必要」とし、地下鉄海岸線、新長田駅前再開発、兵庫貨物駅跡地再開発など一九のプロジェクトを掲げる。ここでは、インナーシティの住環境整備は後景に退き、大規模プロジェクトが前面にでている。住民参加も一応テーマとして挙げられているものの、決して中軸ではなく、その表現も「市民の理解と参加」となっている。

インナーシティ計画によって、参加型のまちづくりはプロジェクトにリンクして進められる形となった。広原はこうしたタイプのまちづくりがインナーシティ計画以後登場したとして、「プロジェクトリンクモデル」と呼んでいる[11]。浜山地区はその典型である。新開地地区は、一九八五年にまちづくり協議会ができ急速に事業が進展した地区である。新開地は、一九八五年段階の再開発方針では全く登場しないのであるが、インナーシティ計画でリーディングプロジェクトのひとつとして取り上げられ、再開発方針の二号地区に指定されている[12]。

住民参加のまちづくりという点からみるならば、インナーシティ計画以後、相対的重点は再開発など法定事業に移っていき、参加型のまちづくりはそれとの関連ですすめられるという位置に置か

れたのではないか。(13)

7 「協働」の時代(第五期)

阪神大震災はこうした中で突然神戸を襲った。神戸市はいち早く復興の都市計画事業を立案し、震災の二カ月後に都市計画決定を行った。その間の問題については別途論じることとし、ここでは、復興まちづくりにおいて登場した住民参加のまちづくり=「協働のまちづくり」の位置について考察しておこう。

震災前は、丸山・真野の住民主体のまちづくりと板宿・高速二号などの公共事業をめぐる都市計画協議会型のまちづくりがあった。そして、一九八〇年代後半からは浜山地区や味泥地区などの「ポスト真野モデル」が始まった。

いま仮に、これらのまちづくり運動を事業の性格と対立関係という二軸で分類してみると、図4-1のように描ける。

丸山・真野は時期的に最も早くから展開された運動であるが、行政側は当初それを住民参加のまちづくりとして正当に位置づけることをせず、むしろ、板宿や上沢における都市計画事業で直面した住民運動への対応に力を注いだ。それが都市計画協議会方式であり、その役割は図中の下向きの矢印に示される。

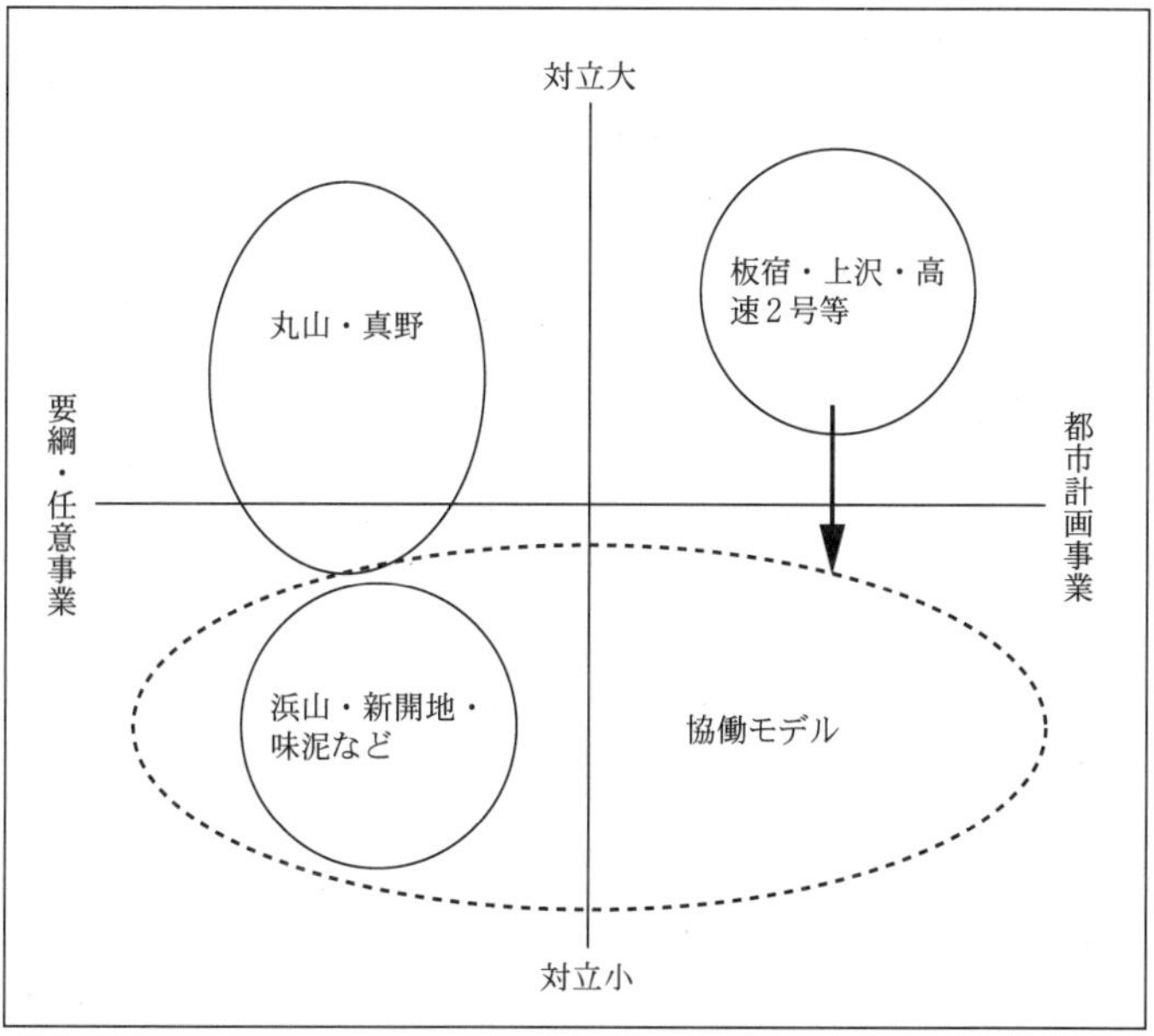

図 4-1　震災前のまちづくり運動組織の位置

真野のまちづくりは早い時期に展開されていたにもかかわらず、「新しい方式の住民参加」と表現されている。行政側の認識としては、参加型のまちづくりは行政の持ち込んだ都市計画事業の土俵の上で住民が参加した協議会をさすものであり、その埒外にあった真野は別個のタイプだったのである。

真野を正面から取り上げるようになるのは八一年のまちづくり条例によってまちづくり協議会が位置づけられて以降である。その後、真野地区でも住環境整備モデル事業が導入される。

しかし、住民主体型のまちづくりは具体的事業がなかなか進展せず、

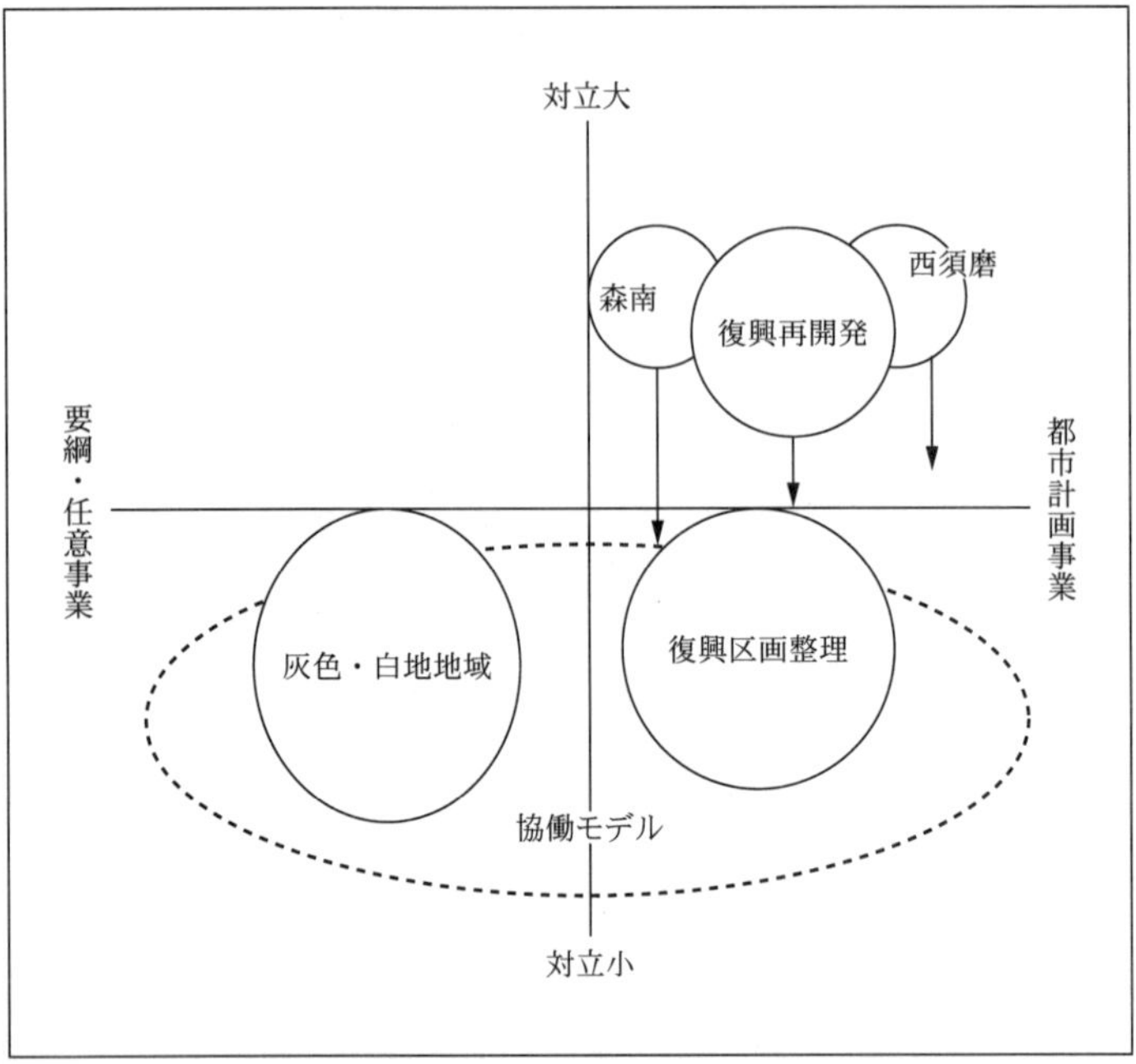

図 4–2 震災後のまちづくり協議会の位置

他方で「真野ショーウインドウ」論もあり、真野以外の地域にも目を向けるようになる。再開発方針やインナーシティ計画はその動きを推し進め、浜山や新開地、味泥地区などが取り上げられるようになった。これらの地区では、大きな対立もなく、行政と住民がいっしょになって地区の改善に取り組める条件があり、まさに「協働のまちづくり」のモデルたりえたのである。

震災後のまちづくり協議会・まちづくり組織の位置は図4–2のようになろう。黒地地域の区画整理事業地区は、森南を除けば本来対立要素は少ない。当初は、都市計画強行決定への反発や事業への誤解などがあったが、制度運用の改善もあり対立は小さくなった。それに比して復興再開発事業は、計画内容自体に問題が多く、対立を生じる必然性があったといえよう。

震災後の黒地地域におけるまちづくり協議会は、名前はまちづくり協議会ではあるが、活動の本質は板宿型都市計画協議会であった。すなわち、行政が持ち込んだ法定都市計画事業に対する住民の抵抗を解消していくための舞台装置がその役割であった。区画整理の多くの地区では、その対立が解消していくにつれて、次第に、「協働」のまちづくり協議会に移行していった。ただし、法定事業の合意形成にまちづくり協議会がどこまで責任を負えるかについては議論が残る。板宿の場合のように、ほぼ全住民の意見集約を徹底して行うことができたのか否かという点である。黒地地域でのまちづくり協議会の位置は、板宿型都市計画協議会としての側面とポスト真野型まちづくり協議会の側面の二面を混在させたものであり、かつ前者については、確たるアカウンタビリティを欠いたまま、合意形成の推進役を担わされたと言ってよいのではないか。

灰色地域や白地地域でのまちづくり協議会は震災復興という緊急課題を抱えながらも、本質的に対立の少ないポスト真野モデルに近い位置にあり、いわゆる「協働」モデルが当てはまりやすい。

二　「協働」理念の生成と変容

二〇〇〇年一月一七日に発行された『阪神・淡路大震災神戸復興誌』（神戸市）は一〇二七ページに及ぶ大部のものであるが、そのうちの一五〇ページは「第二一章　復興まちづくり事業」にあてられている。その第七節は「協働のまちづくり」という表題をもち、冒頭、協働のまちづくりの理念が次のように語られている。

「神戸市では震災以前より、『協働』の理念のもとに住民主体のまちづくりを進めてきた。『協働』というのは、住民、行政、事業者、専門家など、まちづくりに取り組むそれぞれの主体が、みずからの責任と役割をしっかり認識し、お互いに協力しながら物事をすすめていくことを意味する言葉である。」そして、復興まちづくりの重要課題は、避難している「住民や地権者にいかにして復興事業の情報を伝えるか、いかにして住民総意の復興計画をまとめるか、そしてこれらをいかにして速く進めるか」であったとし、そのため「二段階方式の都市計画」を導入し、まちづくり協議会の組織化、現地相談所、専門家派遣の三点を基本方針とした、という。

ここには、復興まちづくりの考え方が簡潔に示されているが、あまりにも整合性の取れた、美化した描き方になっている。はたして、「協働のまちづくり」とは一体何を意味するのか。そしてそれは震災前からどのように展開されてきたのか。

すでにみたように、七〇年代から展開されてきたまちづくりには、「戦う丸山」あり、「住民参加ではなく、住民主体の真野」があり、板宿や各地の都市計画事業に対する反対運動があった。それにたいして、神戸市はまちづくりに参加を取り入れざるを得ず、まちづくり条例の制定に至ったのである。まさに、神戸市の都市計画・まちづくりの歴史の中にこそ、批判や反対運動が参加を成熟させてきた過程を見て取ることができるのである。この点を捨象して、はじめから協働のまちづくりであったというのでは違和感を覚えるのは当然であり、一歩間違えば歴史の改ざんに陥りかねない。

1　参加と「協働」の理念

今日、神戸市の公式文書の中で頻繁に登場するキーワードとなった「協働」とは、そもそもいかなる意味であろうか。

協働とは、一般的には「協力して働くこと」(広辞苑)である。『神戸復興誌』は「それぞれの主体が、みずからの責任と役割をしっかり認識し、お互いに協力しながら物事をすすめていくこと」と述べており、そこでは目標の共有が前提されている。つまり、共通の目標に向かってお互いが責任と役割を認識して協力して働くのが協働である。

これに対して、参加とは列に加わることであり、一員として物事に関与することであって、必ずしも目標の一致が前提とは限らない。むしろ、どういう目標を持つべきかに関してともに議論し、模索するのが最も広い意味での参加といえよう。そして、目標の一致が得られたときに協働が始まるのであろう。

むろん、狭義には特定の活動に後から加わる場合も参加である。しかし、歴史的に使われてきた参加概念は、例えば、普通選挙権や女性の参政権のように主権者として政治過程に加わることであり、決して受身的なものではない。まちづくりへの参加もこうした文脈で市民の主体的なかかわりを意味するものと解すべきであろう。

広原はこの点についてこう述べている。「『参加』概念は、神戸市の解釈とは反対に、むしろ『協働』を含むより広義の概念だとみなせる」「『協働』は、まちづくりにおける市民、事業者、行政間の協調・共同面が主要な側面となっており、神戸市に対する市民、住民の異議申し立てや反対行動は入りにくい構造になっている」「『参加』はむしろ市民・住民の批判活動や反対運動のなかから育ってきた概念なのであって、国や地方自治体がそれらの批判を受け入れ譲歩する中で次第に協調・共同面の要素が加わってきたとみるのが実際の経緯に近い。」「批判・反対の自由」が保障されない場合には「『翼賛的協働』に陥る危険をなしとしない(14)」。

ところが阪神・淡路大震災の復興都市計画事業では、住民が参加する前に目標は決定されていたのである。そして、行政はその「復興事業の情報」を早く伝え、合意を得るために「協働」のまちづくりを進めたのであった。設定された目標を実現するためにともに働くことが求められたのであって、参加ではなかったのである。

2 「協働」理念の生成

「協働」の理念は、果たして震災前から存在し、それに基づいてまちづくりを進めてきたといえるものであろうか。

たしかに、震災以前から住民参加や住民主体のまちづくりという言葉は使われ、それに対応する実態がないわけではない。しかし、その内容はさまざまであり、確固たる理念が確立していたわけではない。一九八一年のまちづくり条例では、「協働」という語句はまったく登場してこない[15]。厳密に言えば、「住民参加」や「住民主体」という言葉も全くなく、ただ「住民等の参加による住み良いまちづくり」という表現が冒頭に一度用いられているのみである。したがって、震災前から「協働の理念のもとに住民主体のまちづくりを進めてきた」という主張は、条例に根拠を求めることはできない。

「協働」という文言が神戸市の公式文書に初めて登場したのは一九九三年九月二〇日に策定された「新・神戸市基本構想」においてであると思われる。そこでは、二〇二五年を目標として、「世界とふれあう市民創造都市」を基本理念とし、「ともに築く人間尊重のまち」「福祉の心が通う生活充実のまち」「魅力が息づく快適環境のまち」「国際性にあふれる文化交流のまち」「次代を支える経済躍動のまち」という五つの都市像をかかげているが、その第一に、「協働」が登場する。「まちづくりを進めるにあたって何よりも重要なのは、市民・事業者・市がそれぞれの役割を自覚し〝協働〟していくことである。市民は一人ひとりがまちづくりの主役であるとの認識に立ち、幅広い視野を持って、自立と連帯のもとに主体的に行動する。事業者は、事業活動を通じて住み良いまちづくりに努め、地域社会の一員として様々なまちづくりに参画する。市は、市民の信託に応え、市民・事業者のまちづくり活動を支援し、長期的・総合的・広域的な視点からまちづくりを進める。」そして、都市像実現のために市政への市民参加を積極的にすすめるとし、「市民・事業者・市の信頼関係をより一層高める」「市民と市の対話、市民の計画づくり・実行への参加など、多様な市民参加を促進する」「市民がまちづくりに参画できるよう「市政に関する情報を提供・公開する」といった項目が並べられている。

震災後の復興都市計画において、果たして「信頼関係を一層高め」「市民の計画づくりへの参加」や「情報公開」が保障されたか否かは重要な検討課題であるが、ここでは協働の理念がこのように述べられていることを確認しておこう。

ついで、「協働」の文言が現れるのは、震災後の「神戸市震災復興緊急整備条例」（一九九五年二月二六日）である。すなわち、第三条に「市長、市民、事業者は、災害に強い街づくりの形成を協働して行なうように努めなければならない」と定められている。この条文が基本構想と大きく異なるのは、災害に強い街づくりのために協働で取り組むことが市民の義務であると規定された点である。むろん、災害に強い街を望まない市民はいないと思うが、何をもって災害に強いというべきかについては必ずしも意見が一致するとは限らない。したがって、その具体的目標が一致しない場合にも「協働」が義務だとなれば、結局のところ、意に反して協力させられることとなる危惧が生じる。震災前の基本構想に登場した「協働」は震災直後に、被災者・市民総動員のキーワードに高められたのである。

そして、一九九五年六月に策定された神戸市震災復興計画では、枚挙にいとまがないほど「協働」の文字があふれる。さらに、同年一〇月に策定されたマスタープラン「第四次神戸市基本計画」でも、「協働」は随所にちりばめられている。その後、五年間にわたる復興事業の結果を『神戸市復興誌』は先に述べたように総括しているのである。

3　「協働」キーワードの変容

さて、この間の「協働」キーワードの使われ方をみてみると、一九九三年の新基本構想以来、微妙に変化してきていることに気づかされる。

第一は、すでに述べたように、当初は単に重要性を強調していただけであったが、震災を境に市民の義務に転化したことである。

第二は、当初、市民・事業者・市がそれぞれの役割を自覚して互いに協力するというものであったが、震災後は役割だけでなく「責任」が付加されるようになった。『復興誌』では「住民・行政・事業者・専門家など、まちづくりに取り組むそれぞれの主体が、みずからの責任と役割をしっかり認識し」（傍点、引用者）となっている。これと同じ表現は、都市計画局の平成一一年度「事業概要」にもすでに現れている。震災後、「協働」は市民の義務であり、責任を帯びるものとなったのである。

第三には、当初、市民・事業者・市の三者が「協働」の主体であったが、ここに専門家も加えられるようになった。

第四に、市の立場の相対化がある。「協働」に際して、市民・事業者・市それぞれの役割を具体的に列挙したのは、震災前の「新・基本構想」（一九九三年）と震災後の「第四次基本計画」（一九九五年）であるが、この二つの文書において市の立場は大きく変化している。

新・基本構想では「市は、市民の信託に応え、市民・事業者のまちづくり活動を支援し、長期的・総合的・広域的な視点からまちづくりを進める」としているのに対して、第四次基本計画では「市は、市民の自主的なまちづくりの調整者としての役割を果たすとともに、市が責任をもつべきものについては、先導的・創造的な行政を展開する」となっているのである。前者では、市は市民や事業者といっしょになって活動し、それを通じて長期的・総合的・広域的なまちづくりを実現していくという立場であり、しかも、その前提に市民の信託があるとしている。つまり、市は、市民の信託があってはじめて協働のまちづくりの一員として活動すると読める。しかし、第四次基本計画の立場は、それとは全く異なる。市民（なぜか事業者は欠落している）のまちづくりの調整者として一定の活動はするものの、中心的な役割は「先導的」行政に置かれているのである。市民や事業者は市に協力してともに働く義務があるとしながら、市はそれとは別に先導的行政を行うというのでは、「協働のまちづくり」は、まさに翼賛であることを宣言したに等しい。

『神戸復興誌』は震災前から協働のまちづくりを行ってきたと述べるが、「協働」の概念は一貫したものではなく、時間とともに変化・変質してきており、次第に住民参加から離れた独自の市の立場を強調するものへと変わってきているのである。

4　「先導」のまちづくり

このように見てくると、「協働まちづくり」は、はたして市民・事業者・市の三者が協力してまちづくりに取り組むというフレームになっているのかという疑問に突き当たる。

そこでよくみてみると、市の文書ではあちこちで「協働のまちづくり」以外に、「住民参加のまちづくり」「住民主体のまちづくり」などの言葉が使われており、「協働」についてもたんなる協働以外に「公民協働」や「市民協働」という言葉も使われている。これらを整理してみると、すべてについて三者が「協働」で取り組むというわけではなく、まちづくりの分野によって使い分けているように思われる。

例えば、第四次基本計画第三部第二章「市民の主体的な地域社会づくりを進める」では、次のように述べられている。

「第三に、まちづくりへの支援である。市民同士あるいは市民と事業者が協力し合ってまちづくりを展開する市民協働の分野においては、市は側面的に援助する必要がある。また、市民・事業者と市が相互補完的に活動を進める公民協働の分野においては、市は対等の立場で協力してまちづくりを進めることが求められている」。

すなわち、協働にも二種類あり、市が主体的に関与するのは「公民協働」の分野である。白地地域の共同建替事業などは市民が自発的に（勝手に）行う市民協働のまちづくりであり、それは側面から援助するというわけである。市民主体、住民主体のまちづくりという言葉は、まちづくりや都市計画を住民が主人公となってすすめるという意味ではなく、実はこういう市民・事業者の任意のまちづくりを指していると思われる。

一方、役所が関わらざるを得ないまちづくりについては「公民協働」で行う。復興都市計画の決定が行われた直後に神戸市が示した方針は、まちづくり協議会、現地相談所、専門家派遣という三点セットであったが、その表題は「住民参加と公民協働による復興まちづくり」（傍点、引用者）であった。つまり、区画整理や再開発などの行政がかかわる都市計画では、公と民の協働で進めるというのがその趣旨なのである。

ところが、実はこの二つの分野以外にも、もうひとつのまちづくりの分野がある。それが、市が責任をもつ「先導的行政」分野である。そこでは、参加も協働もなく、行政が文字通り先導的に行うということであろう。都市計画決定の強行はまさにそれであり、この文言はそれを正当化するものでもある。先導的行政分野として都市計画決定を強行しておき、その後のまちづくりは公民協働ですすめるというのが、震災後の「協働のまちづくり」なのである。都市計画決定直後の時点で「先導のまちづくり」を定式化していたかどうか定かでないが、同年一〇月の段階では、一連の経験を踏まえて、「先導のまちづくり」を明記しており、まちづくり全体を住民参加で行う趣旨ではないというスタンスが明瞭になっている。「協働のまちづくり」というスローガンは、先導的分野を除いた話なのである。

三　震災復興都市計画における参加

震災復興のまちづくりは「協働」の旗印で展開されることとなり、神戸市基本計画のいたるところに「協働」の文字が氾濫するようになった最大のきっかけは、震災復興都市計画決定そのものにあったといえよう。「協働のまちづくり」は、反対を押し切って強行決定した都市計画の事業推進にとって不可欠のキーワードであった。いわば「協働のまちづくり」は都市計画決定強行の落とし子であったともいえよう。では、震災復興都市計画の決定過程において、参加はどのように保障されたのか。

1　都市計画決定過程における参加

地震発生からわずか二カ月にして都市計画決定を行ったのであるが、この間、神戸市ではまちづくり相談の開始、まちづくりニュースの五号発行、現地説明会を行い、正式の計画図書を備えた縦覧はサンボーホール一カ所で行った。三月一四日の神戸市都市計画審議会には傍聴をもとめて多数の住民が押しかけ、審議会は職員の「人間バリケード」に守られて開かれるという異常な事態となった。もっともこのような状況も、戦災復興事業のプロとして流血の鯉川筋商店街強制撤去などの修羅場をかいくぐってきた笹山市長にとってはまだ穏やかなものであったのかもしれない。(16)

住民参加という点では、計画策定段階での参加が重要であることはいうまでもないが、三月一四日—一七日の決定過程への参加はまったく保障されなかったといってよく、「震災前から住民参加のまちづくりを行なってきた」という記述とのギャップは大きい。(17)

しかし、すべての被災地で三月に都市計画決定を行ったわけではなく、それを避けた例もある。液状化で大きな被害を受けた尼崎市の築地地区では住民との話し合いをつづけ、八月に決定を行った。尼崎市は、過去の経験からむしろ話し合いをせずに事業に突入すればそれこそ泥沼化すると判断したのである。その後、行政と住民は文字通り「協働」で事業に取り組み、区画整理と改良事業の合併施行の実施により被災者の住宅を確保し、従前居住者の八割がもとの居住地に住みつづけることを実現している。

逆に地元の実情を無視して三月の都市計画決定を強行し、その後の展開がずっと遅れたのは、東灘区森南地区や淡路島富島地区などである。

2　森南地区区画整理事業における住民参加

森南地区は、東灘区の東端で芦屋市との境にある面積一六・七ヘクタールの地区である。森南地区は他の都市計画地区とちがう特徴がある。ここでは六〇年前の区画整理によってほぼ全域が四メートル以上の道路で構成されており、都市計画事業の必然性が希薄である。このことが、反対運動にもその後の市との交渉経過にも大きな影響を与えた。都市計画の内容は区画整理事業区域の決定、東西方向の幹線道路（森・本山線）、南北方向の道路（本庄・本山線）、駅前に三〇〇〇平方メートルの交通広場を作るというものである。

しかし、基盤整備ができているこの地区にとって新たな道路の必要性はなく、逆に地域住民にとっては通過交通を招く危険性が危惧される。もちろん、ＪＲ甲南山手駅の新設に伴って駅前整備の必要性がまったくないわけではないが、しかし、それは震災の混乱時に住民の住宅再建を後回しにしてやらねばならないほどのものではなく、区画整理以外の整備手法もないわけではない。結局、この都市計画は、地域住民から見て震災の混乱時にどうしてもやらねばならない事業とは考えられなかったのである。

都市計画案に対する住民の反発は非常に強く、すぐに協議会ができて市に対して陳情を展開した。神戸市は二月一日に建築基準法八四条に基づく建築制限をかけるが、多くの住民は当時そのことを知らなかった。二月二一日、森公園に市の現地相談所テントが設置されて事業の説明が行われ、その場で大騒ぎとなる。翌日には「森南地区まちづくり案」が市から示されて紛糾し、地区のお寺に住民五〇名が集まる。翌二三日には区画整理や再開発の計画案が載った市の「まちづくりニュース」三号が配布され、住民七〇名がお寺に集まり、署名運動を開始。二四日、本山第三小学校で四〇〇名の住民が集まり、「森南町・本山中町まちづくり協議会」が結成される。縦覧の始まった二八日には住民二〇八〇名の署名をつけた「区画整理見直し要求」の陳情書が神戸市に提出された。こうして、最初に地元説明会が行われてからわずか一週間の間に、協議会をつくり、二〇〇〇名を越える署名を集めて陳情するという、驚異的なスピードの運動が展開されたのである。復興都市計画に対して、これほどすばやく組織的に対応した例は森南地区の他になかった。

このような精力的な反対運動にもかかわらず都市計画決定が行われたが、三月一四日の神戸市都市計画審議会では森南地区から五名の住民が意見陳述を行った。そして都市計画審議会の前夜、神戸市長から陳情書に対する回答書が届けられた。そこには、提案から決定にいたるプロセスに時間的余裕がなかったことを認めた上で、「住民の皆様方の合意のないまちづくりはありえません」と結ばれており、住民参加の保障というべき成果であった。

筆者は一九九五年六月からアドバイザーとして森南地区に関わるようになり、コンサルタントとして間野まちづくり研究所の間野博氏（現在広島女子大学教授）が参画した。この二人の承認には多少時間がかかったが、市の専門家派遣制度のなか地元主導で専門家を導入する実績となった。

住民側はワークショップなどで意見をあつめ、八月二四日に「道路はもとのまま、駅前広場は不要、減歩はゼロ」という対案を提出した。内容的には区画整理の撤回を求めたのと同然であった。

これに対して神戸市は都市計画決定を撤回することはせず、何とか事業をやりたいと要望した。選択肢は単純化していえば絶対反対と条件闘争の二つである。筆者は当初からこの地区の区画整理は震災直後にやる必要のないものだと判断したが、被災から立ち上がれないまま、見通しのはっきりしない白紙撤回運動に突き進むことはできない。住民の中にも裁判も辞さず白紙撤回闘争を展開しようという主張はなかった。結局、住民負担のない事業にさせることが次善の策であると考えられた[18]。

その後、約半年間協議が行われ、九六年二月はじめに「現時点での協議プラン」という案が生み出された。その主な内容は、東西方向の道路でなく南北方向に地区内幹線を通すことによって通過交通を早く排除するというものであり、市は当初の都市計画の内容を放棄した。減歩率について市は六－七％の腹案を持っていたが、住民集会で受け入れられず、再協議の中で最大二・五％という神戸市内で最も低い減歩率に引き下げたのである。

ところが、この協議プランに対する住民意向を集約するためのアンケートの扱いをめぐって、協議会役員の間で不正の嫌疑をかけるという事態が発生し、まちづくり協議会は一九九六年末に三つに「分裂」した。

その根本的な原因は、無理な都市計画事業を持ち込んだことにあるが、直接には住民内部の民主主義の問題である。様々な立場の人が一致点を見いだしていくという民主主義の実践は容易でなく、意見の相違を人間的な反目に転化させてしまった。会議や組織の正常な運営が保てなくなる。「分裂」の実際の原因はそうしたところにあった(19)。

ただ、分裂直前には四つのブロック会議で問題を煮詰めていくという方向が確認されており、まち協はブロックの連合形態に進んでいく状況にあった。分裂は不幸な事態であったが、各ブロックでの議論を個別にすすめる結果となった。「協議プラン」という全体計画案が一応できていたことは、ブロック間の食い違いを少なくした。

その後、一丁目、三丁目では住民集会やアンケートによる意見集約、総会を経て、都市計画決定の変更、事業計画の決定、着工に至り、区画整理の仮換地指定はほぼ最終段階にある。分裂後活動停止状態が続いた二丁目は全市の中で最も遅く、一九九九年一〇月事業計画を決定した。

森南地区では、本来緊急性・必要性の乏しい区画整理事業を行政が決定してしまったことに対して、住民が次善の策としてこれを受け入れ、可能な限り住民負担を小さくするという方針で市との交渉によって事業を進めてきた。当初計画案の変更や減歩率の大幅低減など住民参加によって獲得した内容は貴重である。他方、まちづくり協議会の運営をめぐる分裂は、住民の間に深い亀裂を残した。これは直接には分裂を引き起こした住民の問題であるが、この地区に神戸市が不要不急の都市計画を無理に持ち込んだことが根本原因であることはいうまでもない。住民参加抜きの都市計画決定の強行という先導的行政がもたらした悲劇のひとつである。

3　西須磨まちづくりにおける住民主導型協働

神戸市まちづくりにおける参加の実態を検討するうえで、欠かせない事例が西須磨地域である。(20)西須磨地域とは須磨区南部の山と海に挟まれた細長い地域であり、戦災復興区画整理が一部でしか行われていない基盤未整備の住宅街である。この地域もまた、阪神・淡路大震災でおおきな被害を受けたが、いわゆる黒地・灰色地区には指定されず、買収方式による幹線道路整備が事業計画決定されたのである。計画道路は、幅員二二―三六ヘクタールの三路線で、三〇年から五〇年前に都市計画決定されていたものである。

神戸市は、震災前にこの道路計画をふくむ地区整備計画を、地元有力者だけを巻き込んだ「まちづくり懇談会」（住民はこれを官製懇談会という）によって住民合意を取り付けた形で推進しようとした。しかし、住民からの反発をうけて一頓挫し、今後地域住民と道路づくりについて考えていくとの意思表示をしていた矢先に地震が襲ってきたのであった。ところが震災後、神戸市は住民と一緒に考えていくという前言をひるがえして、三月に事業計画決定を強行したのである。これらの幹線道路は、明石海峡大橋など大規模幹線道路につながり、密集した市街地に買収方式で道路だけを作るならば公害を引き起こすことが確実視されるものであり、住民の中には道路整備を含めた地域全体のまちづくりを望む声が強い。

西須磨地域の住民の活動は極めて水準が高い。震災後、直ちに住民集会を開き、西須磨まちづくり会議を立ち上げ、さらにそれを「西須磨まちづくり懇談会」に発展させてきた。これらの組織は、六〇〇〇—八〇〇〇部の機関誌を毎月発行・配布する力量を持ち、市に対して八〇〇〇人の署名を添えた陳情を行い、道路問題のみならず、「住民主導の総合的まちづくりプランの策定、行政への提案」、環境、福祉分野の活動も展開している。

住民側の陳情や質問は極めてまっとうであるが、それに対する市の回答は、アセスメントはしない、交通量予測はしない、まちづくり助成はしないなど、およそ「協働のまちづくり」とかけ離れたものであった。市の課長は「市の方針に反対する団体には助成できない」と言い放ったというから[21]、まさに「協働のまちづくり」は、少なくともこの課長の頭の中では市の方針に従う住民だけを対象としたものであったのである。

これに対して住民組織は、専門家の協力を得て自主アセスメントを実施するなどきわめて冷静で理にかなった活動を展開し、現在、申請人が三七〇〇名を越す全国最大規模の公害調停を行っている。これまでに八回の調停が行われたが、神戸市側の主張は住民側を上回ることができず、ついに簡易測定を含めた大規模な大気汚染調査を公民「協働」で実施せざるをえないところまで来ている。[22]ここでは、「協働」の調査を住民側が要求し、神戸市がそれをしぶるという構図となっているのである。

こうした調停における住民側の圧力もあってか、神戸市は次第に住民側の要求に応じざるを得なくなってきており、中央幹線の一部を二車線化し、その具体的な整備計画を住民参加でつくりあげること、そのため、まちづくり協議会を認定し専門家派遣を行うことに同意した。[23]これにより、事業計画決定した都市計画道路の車線削減や道路の断面構成を住民の直接参加で計画するという事態が生まれた。まさに住民が主体となって「協働」が実現しつつあり、板宿方式の発展型というべき展開であろう。このような動きの背景として全国的な公共事業の見直し機運や周辺道路の整備といった事情をあげる意見もあるが、[24]これらの点は事の本質とは思えない。公共事業の見直しが叫ばれている中で、神戸市は神戸空港や新長田再開発を推進しているし、需要面について市は予測交通量などを持っていないのである。結局のところ、やれるものならやりたいが、住民の抵抗が強くてできないというのが問題の核心である。「協働」を看板に掲げながら、この地域ではウソに近い発言や言い逃れを繰り返してきていることがそれを示している。大気調査や道路計画づくりが「協働」にたどり着いたことは喜ぶべきことであるが、それを実現に導いたのは、「協働」のスローガンではなく、住民の粘り強い運動の成果である。

西須磨地域の住民と市の対応関係をみると、神戸市全体の住民参加の発展過程が凝縮されているように思える。ここでは、行政の一方的な都市計画事業にたいする住民の反対運動が引き金となって住民組織がうまれ、反対運動から総合的なまちづくりへ発展していく姿が見て取れる。行政側は、硬直的・官僚的に事業を進めようとするものの、住民の反対運動と科学的な論陣のまえに徐々に参加を認めざるを得なくなっている。二〇〇一年二月の「第二回西須磨タウンミーティング」は、「真の協働について市民と行政の接点を探るはじめての試み」として開かれ、住民が主催するこの催しには、神戸市から三人がパネラーとして参加している。[25] まさに、行政がお膳立てした「協働」ではなく、住民主導の協働の芽が育っているのである。

4　まちづくり協議会と協働

震災復興の「協働のまちづくり」は、まちづくり協議会が「主役」となった。震災前にまちづくり協議会は三〇前後存在したが、震災後は一〇〇に達した。表4-3は震災前後のまちづくり協議会の数を表している（ただし、この種のデータはその時々に発表されており、微妙に数字が食い違う。[26] 最も公式のものとして『復興誌』を使用した）。

この表から読み取れることをあげてみると、

①まちづくり協議会は一〇〇近く誕生したが、その半数以上は震災後に都市計画事業区域（黒地

地域）にできたものである。

②灰色地域（黒地以外の重点復興地域）に二〇存在するが、その大部分は、震災前から活動していたまちづくり協議会である。これについては、若干の注釈がいる。灰色地域に震災前からのまちづくり協議会が多いのは、以前からまちづくり協議会の活動が活発であった地域を重点復興地域に指定したという事情がある。[27]

③白地地域やその他地域（震災復興促進区域外）におけるまちづくり協議会は少ない。しかし、その中でも一三のうち八つが震災後につくられたことは注目に値する。ここには都市計画事業や特段の要綱事業が導入されない地域でも、震災から立ち上がるために自発的にまちづくり協議会を結成した市民の力量が示されている。みずからの意思とは関係なく、都市計画事業がふりかかったがためにやむなくつくられた黒地地域の多くのまちづくり協議会に対して、むしろ自発的な要求から結成された白地地域のまちづくり協議会こそ、まちづくり条例が想定している姿である。しかし、実際には白地地域に対しては、人的・資金的な資源の投入は微々たるものであった。[28]

まちづくり協議会における参加の実態がいかなるものであったかは、「協働のまちづくり」を論じる上で中心的なテーマであるが、現時点では、その全体像を正確に述べることは極めて困難である。

表 4-3　震災前後のまちづくり協議会の数

	震災前	震災後	計
黒地地域	0	55	55
灰色地域	16	4	20
白地地域	5	8	13
その他地域	8	1	9
計	29	68	97

（平成 11 年 9 月末現在）
資料：『復興誌』738 ページより作成.

しかし、協働のまちづくりの主戦場となった都市計画事業区域（黒地地域）のまちづくり協議会について、考察しておくことは有意義であろう。

その際の議論の視角は、これらのまちづくり協議会がまちづくり条例において想定されているまちづくり協議会の性格とどの程度同じであり、また異なるのかということである。

第一に、黒地地域のまちづくり協議会は、復興都市計画の決定が先行した状況のもとで、行政側の要請によって結成されたという点に最大の特徴がある。住民がみずからまちづくりの要求をもち、自発的に組織を結成して、合意を形成していくといった筋書きとは全く異なったシナリオである。森南地区のように、いち早く自発的にまちづくり協議会を結成した例もあったが[29]、多くは行政がもち掛けたのである。都市計画決定後の都市計画局が準備した三点の基本方針の第一はまちづくり協議会の組織化であり、その文面はまちづくり協議会の「設置をお願いする」となっている[30]。しかし、まちづくり条例は、住み良いまちづくりを推進することを目的として住民等が設置した協議会を条件を満たせば認定できるとしており、市側は本来、受け身の立場である。この点、黒地地域のまちづくり協議会は、条例の想定外の存在であったといえよう。

第二に、都市計画決定が先にありきという状況では、まちづくり提案の内容たるべき「地区のまちづくりの構想」（条例七条）はあらかじめ決定されており、議論の末合意するといった目標物とはなりえない。

第三に、したがってまちづくり提案も合意が熟したから提出するというよりは、行政側から要請する形となる。区画整理そのものに反対であった森南地区では、市から「とにかくまちづくり提案を」と求められて区画整理撤回に等しい内容を提案した。これは、都市計画決定がなければ提案する必要もないものであった。このような市と住民の倒錯した関係もまた、条例の想定するものとかけ離れている。

第四に、多くの黒地地域では街区レベルの小さな単位でまちづくり協議会が結成された。これは合意形成にとって有利であるためと思われるが、このことも条例で想定するものとは異なる。なぜなら、まちづくり協議会は「地区のまちづくりの構想」を自分達で考え提案するものであるが、街区レベルの小地域を他と切り離して将来構想を描くことは原理的に意味がなく、また実際不可能である。このようなミニ協議会ははじめからまちの将来像をみずから描く条件を欠いていたのであって、まちづくり条例の趣旨とはまったく相容れない。

第五に、法定都市計画事業とそれに対する意思決定にかかわるまちづくり協議会の存立基盤やアカウンタビリティといった問題がある。まちづくり条例ではまちづくり協議会の認定条件をあまり厳密には規定していない。まちづくり協議会が自主的に自由に活動できるためには、そのことは積極面をもっている。しかし、まちづくりの将来構想といったいわば総論について合意を形成していく場合や、個々の私権に直接関係しない問題を扱う場合はそれでよいが、区画整理や再開発といった直接私権に関係する法定都市計画事業について意思決定を行う場合、まちづくり協議会はその資格を有しているのかという問題が問われよう。

5　神戸市の復興総括にみる都市計画決定

復興まちづくりにおける参加を考える場合、復興都市計画決定がきわめて重要な意味をもつが、六年間の復興事業の検証において、神戸市はこの点についてほとんどまともな総括を行っていない。『神戸市復興誌』は復興まちづくり事業に最大のページ数を割いているが、この都市計画決定問題に触れているのはわずか三カ所である。「各地区の土地区画整理事業、市街地再開発事業及び被災市街地復興推進地域の都市計画案の縦覧は、二月二八日から三月一三日まで実施し、三月一四日の神戸市都市計画審議会、三月一六日の兵庫県都市計画地方審議会での審議を経て、三月一七日に都市計画決定を行った。」「これらの都市計画決定にあたっては、（中略）あらゆる手段を講じて周知徹底をはかった。当初の都市計画案に対して二三六五通の意見書の提出があった。今回、震災から二ヵ月で都市計画決定を行なった」とし、都市計画を行った理由として三点を列挙している（七〇六ページ）。この他、土地区画整理事業の節（七一五ページ）と再開発事業の節（七二五ページ）に記述があるが、ほとんど同じ内容である。要するに、事実経過の一部が述べられているに過ぎず、「貴重な経験や体験を踏まえた反省、教訓を後世に伝える」（「刊行にあたって」、笹山市長）という『復興誌』の発刊趣旨にはまったくそぐわないものである。仮に事実だけを書くにしても、神戸市の都市計画審議会に多数の住民が反対や再検討を求めて押し寄せたこと、審議会傍聴の要求を退けたことなどは、市にとっても市民にとっても記録すべき貴重な経験・体験であり、欠かすことができない事実である。さらにいえば、神戸市審議会の前日に森南町・本山中町まちづくり協議会にとどけられた笹山市長の回答書（神都庶一一〇八号という公文書の番号がついている）は住民参加のまちづくりを確約した歴史的文書であるが、これについてもふれられてはいない。震災後の復興まちづくりを住民参加で進めざるを得ない事態に立ち至ったことを示す重要なポイントを欠いたまま、復興まちづくりは協働のまちづくりで行われ、それは震災前から行われていたと表現すれば、歴史を改ざんするに等しい。

神戸市は、また、「市民検証」と銘打った作業も行った。その報告書『すまいとまちの復興、総括検証』では、「都市計画決定にいたる一連の過程で、住民と行政の間で対立が生まれた」と対立状況が存在したことを極めて控え目に記述している。しかし、その原因は「当面のすまいの確保、生活や事業の再建に取り組まなければならない個人の再建」と「長い目で見た安全で、安心なまちづくり、市街地の復興に取り組まなければならない都市計画事業」の間のギャップにあったとする。(31) これでは、当時の対立はやむをえない不可避的なものということになる。しかし、対立の原因は被災者の現状をみず、きわめて官僚的・形式的に決定手続きを進めた行政側のやり方と、復興都市計画の内容そのものにある。仮に報告書がいうような「ギャップ」が問題であるならば、それを埋める「プロセス」が必要ということになり、そこにこそ住民参加の意義がある。築地地区はまさにそれを実行したのであり、神戸市ではそれを無視したところに激しい反発を招いたのである。この点の理解がなければ、教訓は後世に伝えることはできず、誤りは再び繰り返されることになるであろう。

さらに深刻な誤った教訓を伝えかねない危険性もある。報告書はいう。「しかし、まちづくり協議会の設立を契機に、住民と行政の話し合いで、根本的に将来のまちの基盤をこの時期につくっておくことの必要性が徐々に理解され、多くの地域において、最初の対立が協働の方向に向かった」。この楽天的な記述からは、少々対立があったとしてもまちづくり協議会さえつくれば、協働のまちづくりが芽生えてくるかのような印象をうける。これでは、どんな強行をしても最後はなんとかなるという、誤った教訓が行政内部に遺伝子として伝わることとなりかねない。そういう歴史の曲解を引き起こさないためにも、住民の反対・反発と「協働のまちづくり」生成の関係は明確にしておくことが重要である。

おわりに

神戸市は、宮崎市長以来今日に至るまで都市計画・まちづくりにおいてそれぞれの時代に住民参加を推進してきた。しかし、その内容は決して平坦であったわけではなく、またその功績は行政の先進性や優秀さに帰すべきものとはいえない。むしろ、神戸市都市計画における参加システムは、住民の自発的な住宅・環境改善運動や地域生活空間の破壊につながる都市計画に対する抵抗・批判運動への対応として登場し、行政と住民との葛藤の中で形成されてきたというべきものである。「協働のまちづくり」は神戸市の住民参加型まちづくりを言い表す言葉として広く用いられ、しかもそれは震災前からの伝統であるかのように総括されているが、「協働」の中身は一様ではなく、また、住民参加とはほど遠い官僚的行政が随所に存在している事実をみるべきである。

協働のまちづくりといわれることの実態は、住民との間に矛盾・対立のすくない事業では目標共有型の協働が成立するが、住民との対立が大きい都市計画事業などでは先導的行政を展開するという構造になっている。こうした参加システムの構造をひとまとめにして「協働」と呼ぶことは、意図的であるか否かはとわず、まちづくりにおける市民の合意調達・包摂につながるものである。そして、震災前から「協働」の理念でまちづくりが行われていたというのは、ごく一部の目標共有型の事例であって、実際には、三月一四－一七日の都市計画決定を強行し、西須磨地域では道路事業を強行推進してきたのである。これらの事実は震災前からの協働という文言がいかに限定的なものであるかを物語っている。いま、それらの事実に目をつぶり、全体を「協働」で塗り固めようとする意図が『復興誌』や市の総括文書にみられるとすれば、それは震災の教訓を正確に後世に伝え、真の意味で住民参加のまちづくりを発展させることに結びつかない。

都市計画事業を含むすべてのまちづくりがただちに目標共有型協働になることを前提にするのは無理があり、それにもかかわらず「協働」としてひっくくるのは欺瞞である。また、都市計画事業を最初は「先導的行政」で押し切り、その後をお抱えコンサルタントとまち協有力者の「協働」でまとめていくという路線は、住民参加でなく、まさに翼賛まちづくりである。

真の参加は、計画段階から不利な情報をも含めて情報公開を徹底して行い、行政担当者と住民が意見の対立をもちながらも議論を通じて解決策を見出していくというプロセスを経なければならない。そこでは、住民側に正当な代表組織としてのまちづくり協議会が形成され、行政との間で公聴会や公開審理といった場が設けられ、住民に対してはお抱えコンサルタントではなく中立的な専門家による支援が必要であり、決定過程への参加を保障するべきである。西須磨地域はこれまでのところそうした形態の萌芽を困難な運動を経て作り出してきているが、神戸市が、真に住民参加のまちづくりを推進しようとするのであるならば、市民包摂型「協働」、翼賛型「協働」ではなく、目標があらかじめ共有できない場合もふくめて、市民主導型協働の仕組みを制度化することが必要である。

それこそが、震災前後から今日までのまちづくりの教訓である。

注

(1) 震災復興総括検証研究会『すまいとまちの復興、総括検証報告書』神戸市震災復興本部総括局総合計画課、二〇〇〇年三月。
(2) 広原盛明『震災・神戸都市計画の検証』自治体研究社、一九九六年、四一ページ。

（3）神戸市都市計画局・板宿地区都市計画協議会編『住民参加の論理と心理（神戸市板宿地区の事例）』、一九七八年。
（4）神戸市都市計画局『都市計画事業のあゆみ』、一九八二年、一五八ページ。
（5）同右、一四〇ページ。
（6）整備予定地区団体とは「生活環境の改善のため、数街区の地区において、地区を代表しうる組織として地区住民または自治会等の組織によって構成され、規約または定款を定めて地区整備の基本構想の作成、事業手法の調査及び研究等の事業を行い、その事業の成果を地区住民に周知させることができる団体」とされている（神戸市街づくり助成要綱、第二条）。
（7）「長期にわたって組織的に活発な活動を行い、地域の環境改善、都市基盤の整備、良好な景観形成などに努めてきた団体であり、かつ他のまちづくり団体への啓発活動、人材養成活動を行うことができる資質を備えた、指導的立場にある優良な『まちづくり団体』」（神戸市街づくり助成要綱、平成六年改正）。
（8）「地区を代表しうる組織として、まちづくりの推進を組織的、継続的、計画的に行なおうとする団体」（阪神・淡路大震災に伴う神戸市街づくり助成の助成の対象となる団体及び助成の内容の特例に関する要綱、第二条）。
（9）広原、前掲書、七九ページ。
（10）神戸市『住民参加によるまちづくりの手引き―都市再開発方針とまちづくりの進め方―』一九八六年。
（11）広原、前掲書、八九ページ。
（12）一九八五年に策定された再開発方針（『住民参加によるまちづくりの手引き―都市再開発方針とまちづくりの進め方―』、一九八六年）と『神戸の都市計画』（二二号、一九九二年）に記載されている再開発方針説明図との間にはかなりの違いがある。一号市街地の順序（記号）が異なっているのはともかくとして、二号地区が、一八カ所から約二倍の三五カ所に増えている。また、一号市街地のうち、課題集中地域のエリアも変化（おそらく拡大）している。この改定は、その間に行われた第三次マスタープランの策定（一九八六年）やインナーシティ基本計画の策定と関係したものと推測される。

(13) ただし、この間、一九九〇年には各行政区に「まちづくり推進課」が設置されるという積極的な側面もある。

(14) 広原、前掲書、一七―一八ページ。

(15) 小西（震災当時のアーバンデザイン室長）はまちづくり条例の特色を七点にうまく整理しているが、その中の「市長と地元住民が協定を締結することで、市と市民が協働でまちづくりを進めていくことを明文化した」とのくだりは正確ではない（傍点引用者）。小西阿佐男「まちづくりとまちづくり協議会の現状と課題」（二一世紀ひょうご、Vol. 67、一九九六年）。ただし、この論文は、復興まちづくりとまちづくり協議会について初期にまとめられたものとしてきわめて的確で、優れた論文である。『復興誌』の中に、本論文とほぼ同一の表現が散見されるのもそれゆえか。

(16) 笹山幸俊「戦復時代あれこれ」（神戸市都市計画局『都市計画事業のあゆみ』、一九八二年）。

(17) 震災後のこの点をめぐる議論については、拙稿「3・17都市計画決定再考」（兵庫県震災復興研究センター『生活再建への課題』、一九九六年）参照。

(18) 最近知りえた情報であるが、神戸市職員労働組合都市計画支部は森南地区の事業撤回を当局に申し入れていたという。「森南地区はわずかな道路を広げるために、建物移転もあり、換地交渉もしなければならないことに、職員の中でも矛盾を感じた。都市計画支部は、震災後の体制を協議する局支部交渉の中で、事業の撤回も検討することを申し入れた」（神戸市職員労働組合『職場の思いを未来につないで』二〇〇一年三月、二三一ページ）。これが事実であるとすれば、なぜ当時地域住民と共同の運動をおこさなかったのかとの疑問がわくところである。市職員組合と住民組織の共同闘争が展開されていれば、事態は全く違った方向に進んでいったであろう。

(19) 拙稿「森南の真実」(『建築ジャーナル』一九九八年三月号)。
(20) 西須磨地域のまちづくりについては、西須磨まちづくり懇談会編著『住民主体への挑戦―被災地 須磨のまちづくり―』一九九七年、参照。
(21) 同右、七〇ページ。
(22) 西須磨都市計画道路公害紛争調停団事務局「調停団ニュース」第一一号、二〇〇一年三月一日。
(23) 神戸新聞、二〇〇一年五月二七日付。また、月見山連合自治会「月見山自治会報」第一二〇号、二〇〇一年六月一八日。
(24) 神戸新聞、二〇〇一年六月二二日社説。
(25) 西須磨まちづくり懇談会「西須磨まちづくり」第三三号、二〇〇一年五月一五日。
(26) 例えば、小西、前掲論文、足立吉之「協働の復興まちづくり」(区画整理、一九九七年五月)など。
(27) 「震災前からまちづくり協議会として活動していたことにより重点復興地域に指定されたのは味泥地区(灘区)、真野地区(長田区)など九地区である」(『復興誌』七三七ページ)。また、小西は「重点復興地域の選定にあたっては、一つは『被災の程度が大きくそのままでは自力復興が望めない地域』とされたが、二つには『従来から都市基盤や住環境に問題があり、まちづくり活動が進められていた地域』が挙げられている」と述べているが(小西、前掲論文)、神戸市震災復興緊急整備条例には「建築物の集中的倒壊及び面的焼失その他甚大な被害を被った地域であり、かつ、災害に強い街づくりの観点から特に緊急的及び重点的に都市機能の再生、住宅の供給、都市基盤の整備その他の市街地整備を促進すべき地域」を重点復興地域に指定することができるとしており、小西のいう二点目の要件は明示されていない。これらの指定は、条例に規定はないものの、協働のまちづくりを推進する上で有利な条件ありとの判断で行われたものであろうか。
(28) 震災一年目当時、神戸市のスタッフ配分は区画整理部二一六名、再開発部一一三名に比べ、要綱事業などを担当する住環境整備部はわずかに三四名であったという(平山洋介「被災地の住まいを再生できるか」

『大震災一年・住宅復興の課題』日本建築学会、一九九六年、一八ページ)。さらに白地地域では特段の事業も予定されておらず、共同再建などの話が地元からまとまってこない限り、役所から積極的に出かけることはほとんどない状況であった。

(29) 都市計画決定の前、二月二五日にはすでに「森南町・本山中町まちづくり協議会」を名乗っている(まちづくり年表、Vol. 1、森南町・本山中町まちづくり協議会)。

(30) この三点の基本方針は『復興誌』にも記載されているものの(七三〇ページ)、そこでは都市計画決定との前後関係は不明であるが、同じ内容が示された都市計画局の資料「住民参加と公民協働による復興まちづくり」は三月一四日付となっており、神戸市都市計画審議会の開催された日である(神戸市職労都市計画支部『都市計画』第二号、一九九六年二月二九日、六九ページ)。

(31) 震災復興総括検証研究会『すまいとまちの復興、総括検証(住宅・都市再建分野)報告書』(二〇〇〇年三月、四七ページ)。

第5章
震災後の神戸市都市計画・まちづくり事業

はじめに

震災後六年半が経過した。一九九五年三月一七日の都市計画決定の強行によって、住民と行政の対立から出発した復興土地区画整理事業は、早い地区では事業が完了し、多くの地区で仮換地の指定、建物移転、道路、敷地の工事が行われている。しかし、もう一方の法定事業である復興再開発事業、とりわけ新長田駅南地区の二〇㌶という大規模再開発は、従前居住者用住宅である受け皿住宅を主とするビルは完成しているが、いまだに事業計画すら決まらない地区が存在するなど展望のみえない状況にある。

震災では、こうした区画整理や再開発事業といった法定事業だけでなく、要綱等による柔軟な事業も行われた。法定事業は強い権限と大きい事業資金をもつが、住民からみれば、上からの事業という側面が強い。他方、要綱以下の任意事業は、住民合意が前提になる柔軟な事業であるが、資金、人的条件は豊かではない。そうした事業には、阪神間や淡路の自治体で行われた生活街路整備型の密集住宅市街地整備促進事業（以下、密集事業）、芦屋市若宮地区の修復型の住宅地区改良事業、神戸市湊川地区のミニ区画整理事業などがある。[1]

本章では阪神・淡路大震災後の神戸市の復興都市計画・まちづくりを「事業論」という点から検討する。震災復興都市計画事業の主柱である土地区画整理事業、市街地再開発事業、密集事業などに関する実態評価である。

復興都市計画事業が現行法上の特例措置も含めて多様な事業手法で展開されたにもかかわらず、被災者・被災地の生活復旧・復興を第一義としない現行事業の制約によって、またその制度的限界を被災者とともに運動的に打破しようとしないテクノクラート行政の限界によって、被災者の生活再建、被災地の市街地再生が著しく立ち遅れた状況を解明する。さらに住民主体のまちづくりの視点から阪神間被災都市の事例分析を通して積極的事例を評価するとともに、他都市との比較という視点から神戸市都市計画事業の問題点を明らかにする。

一　復興都市計画・まちづくり事業

1　震災後決定された区域区分と復興都市計画・まちづくり

震災後、神戸市では一九九五年二月一六日に震災復興緊急整備条例を制定し、被害の大きかった既成市街地の五八八七㌶を対象に「震災復興促進区域」を制定した。そして三月一七日の都市計画決定で区画整理、再開発等の都市計画地区と重点復興地域が決定され、被災地は以下の三区分とされた。

①都市計画決定地区（土地区画整理事業、市街地再開発事業等四・〇%、黒地地域と俗称）
②重点復興地域（一六・八%、灰色地域）
③震災復興促進区域（七九・二%、白地地域）

黒地地域の土地区画整理事業、市街地再開発事業は法定都市計画で強い権限をもつ事業であり、灰色地域の住宅市街地総合整備事業（以下、住市総事業と略称）、密集事業は要綱で弱い事業である。(2)さらに白地地域は震災復興促進区域という名称はついているが、特別の事業等は想定されておらず事実上の放置地域である。

これらの三つの地域、事業がどのように指定されたかをみたのが図5-1である。これをみると震災後、神戸市が意図した復興都市計画のねらいがよくわかる。市の「共同住宅建設などの助成制度のご案内」によると、住市総事業は、「一定の条件を満たす良好なマンションを建設する事業主」に対して補助することを主旨とし、密集事業は、「木造賃貸住宅、長屋、老朽住宅等を共同・協調建替え等に再建される方」に補助する制度とされている。住市総事業は新規住宅供給に主眼があり、密集事業は従前地区の改善に主眼がある。

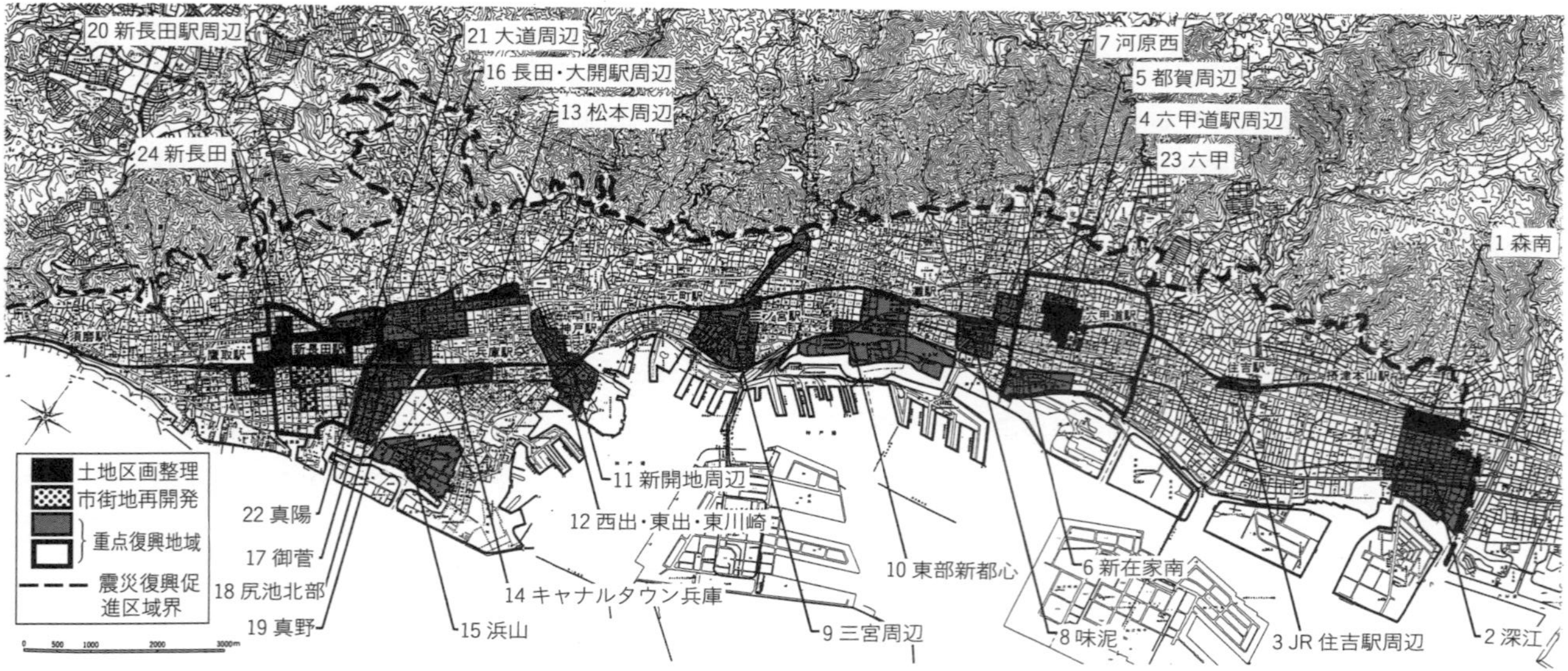

図 5-1　神戸市の重点復興地域一覧

震災後指定された重点復興地域について、区画整理・再開発事業および住市総・密集事業の関係を検討する。区画整理は当初、森南、六甲道駅西、松本、御菅、新長田・鷹取地区の五地区で再開発は六甲道駅南、新長田駅南の二地区であった。

住市総事業の指定地域は八地区で、震災前からの指定は三地区、震災後の指定が五地区と多い。しかも震災後に指定した五地区中、四地区は区画整理（森南を除く）や再開発地区を含む地区に指定されている。これは今回の区画整理等の地区での受け皿住宅供給に住市総を活用しようとしたためであるが、とくに六甲（二九六・七㌶）、新長田（二五一・五㌶）は、再開発、区画整理事業を核にしながら広大な住市総エリアを指定している。将来の神戸の副都心のための都市計画として大きな目的をおいていることがはっきりする。

他方、密集事業は一二地区が指定され、震災前からの地区が九地区と大部分である。神戸市では震災前から協議会方式による先進的な住民参加のまちづくりが行われていたといわれるのがこれであり、真野、浜山、東川崎地区等、インナーシティに位置する木賃住宅地区の改善型まちづくりが行われてきた。震災後、新たに指定されたのは、神前、湊川町東部、長田東部の三地区と少ない。しかもいずれの地区も震災後二年前後たってからの指定で、三月一七日に強行した区画整理や再開発とは好対照であり、密集事業等の任意事業に対する震災後の神戸市の消極的な姿勢を表している。

2　震災直後の都市計画事業の動向

三月一七日の都市計画決定にいたるプロセスはどのように推移し、いかに事業が選択されていったのだろうか。震災四年目の一月一七日の深夜零時から五時間にわたる「震災復興まちづくり―本音を語る」という徹夜円卓座談会が行われた。それをまとめたブックレットの「第二部 都市計画決定のプロセスの検証」で、小林郁雄は、「神戸市震災復興計画（激震復興重点区域）予定事業／神戸市都市計画局・住宅局（一九九五年一月二三―二六日）メモ」という重要な表によって（表5-1）、震災直後の状況を説明している。[3] 周知のように、小林は今回の復興都市計画・まちづくりのなかでコンサルタントのリーダーとしてコンサルタントを束ねる一方、神戸市と密接に復興事業にかかわってきた人物である。小林は「一月二三日の日付の入ったメモを神戸市と相談した時にいただきました。これは、誰がどういう状況でつくったのかは分かりません。同じようにいただいた当時のペーパーを整理したのが『神戸市震災復興計画予定事業』という表です。……結論だけ申しますと二六日にほぼ現在の事業決定の内容に近いものができあがっています」と述べている。つづけてその後の決定とは違う注目すべき点として三点をあげている。

第一は、住宅地区改良事業が当初は検討されていたことである。後の事業決定に近いという二六日時点でも六甲東、真野、大道、細田・神楽、鷹取東の五地区が上がっている。結果的に今回神戸

表 5-1 神戸市震災復興計画(激震復興重点区域)予定事業/神戸市都市計画局・住宅局(1995 年 1 月 23 日〜26 日)メモ

重点地区名(面積：ha)	事業メニュー等(予定事業等)			
	1/23	1/24	1/25	1/26
森　南　(50)	地区計画・街路事業	(同左)	(同左)	区画整理事業，地区計画
六　甲　(270)	———	住市総事業	———	住市総事業
六甲道駅周辺(30)	区画整理事業，地区計画・住市総事業，再開発事業	(同左)	(同左) ＋改良事業	区画整理事業，住市総事業，再開発事業，街路事業，地区計画
六甲東　(64)	———	改良事業	———	改良事業，住市総事業
東部新都心(300)	———	住市総事業	———	区画整理事業，住市総事業
三　宮　(160)	———	———	———	再開発事業，地区計画
神戸駅周辺(58)	———	住市総事業	———	住市総事業
兵庫駅南　(35)	———	住市総事業	———	住市総事業
上沢・松本(20)	区画整理事業	(同左)	＋住市総事業	区画整理事業，住市総事業
御　菅　(10)	区画整理事業	(同左)	＋住市総事業	区画整理事業，住市総事業
真　野　(40)	総住事業，区画整理事業	(同左)	総住事業，改良事業	総住事業，改良事業
新長田駅周辺(170)	———	住市総事業	———	住市総事業
大　道　(20)	地区計画，住市総事業	(同左)	＋改良事業	改良事業，地区計画，住市総事業
細田・神楽(20)	区画整理事業	(同左)	＋改良事業	区画整理事業，改良事業，住市総事業
五位池線沿道(30)	再開発事業	(同左)	＋住市総事業	再開発事業，住市総事業事業
鷹取東　(30)	区画整理事業	(同左)	＋改良事業	区画整理事業，改良事業，住市総事業
西須磨　(100)	街路事業，区画整理事業	(同左)	(同左)	街路事業，地区計画
計 (約 1,213)				

注：この表は担当レベルの検討メモを小林邦雄が整理したもので，神戸市が公表しているものではありません．

資料：『震災復興まちづくり「本音を語る」』阪神大震災復興市民まちづくり支援ネットワーク．

市は改良事業を行わなかったわけだが、小林は、今回の震災の被害が住宅被害だったことをあげて、なぜ改良事業を検討していたのにできなかったのかと、鶴来助役に質問している。助役は「そういう方法があったけれども……、他の地区計画とか住環境整備事業とかで進めればよいということです」「改良事業になりますと、ある程度まとまった範囲で、買収して、……時間的な問題がありますし、色々複合的な手法を重ねていく中で、住宅整備も合わせて行っていく……」といっている。改良事業を使わなかった理由は、端的にいえば同和地区事業というイメージの問題、低所得者階層の住宅供給を選択して将来的な負債をかかえたくない、できればやめたいということであろう。しかし、後述するように、今回、改良事業を創造的に適用した尼崎市築地地区や芦屋市若宮地区では、借家層のほとんどが元の地域に戻ることができており重要な役割を果たしている。

第二は、都市計画決定後最も問題となる森南地区は、区画整理ではなく街路事業で検討されていたことである。

第三は、真野地区、西須磨地区について当初は区画整理で検討されていたことである。とくに西須磨地区は一〇〇㌶という計画であり、実施されていれば最大の面積になっていたことになる。これは震災前に区画整理が計画され、地元有力者と市とで進めようとしていて問題となり頓挫していたことと関係があるだろう。この西須磨地区については、区画整理は当該地区住民の問題であるが、都市計画道路は神戸市民全体の問題であるという論理でもって、数十年前に計画された三本の都市計画道路が、三月末、報復的に事業計画決定されることになる。

小林が指摘する三点に加えて、新長田駅南地区の大規模再開発との関係で五位池線沿道の再開発事業の問題がある。現在行われている二〇㌶でも震災時には考えられないような大規模事業であるのに、それの一・五倍の三〇㌶で検討されている。おそらく本町商店街等まで区域に想定されていたのであろうが、驚くべき発想である。

二月一日には、「建築基準法第八四条に基づく建築制限区域の指定」を行う。この区域はのちに区画整理、再開発に決まる五地区と地区計画が行われる三宮約七五㌶を含む六地区約二三三㌶であるが、この区域がほぼそのまま三月一七日に都市計画決定されるわけであり、震災二週間足らずで神戸市は、従来の開発主義のまま復興都市計画を事実上決定したことになる。しかものちに大きな問題となる森南、西須磨、新長田駅南地区再開発なども検討したうえでの結果だったのである。

3 都市計画決定への道—神戸市の開発主義

本書の第二章で広原は、今回の三月一七日の都市計画決定が国や兵庫県の意向ではなく神戸市の強い要求によって強行されたことを明らかにしている。そのことを知れば、この間の各自治体等の当局者の発言がよく理解できる。さきの円卓座談会のなかで、建設省から兵庫県副知事になった溜水は以下のように述べている。「事業化への取組みについて申しますと、一週間経った一月二三日に、当時の小川助役が建設省へこられ……、何らかの創造的復興をしていく必要がある……色々な支援をお願いしたいということでした。その次の日から、私自身も神戸へまいりまして、……調整に入ったというのが経過です。ただ、この時はまだ、区画整理だとか再開発だとかの従来の仕組み……でどういうふうにやっていくのか、ということが前提であったわけです。ただ、その事業には、おそらく地元の反対があるだろう……特に減歩のわかりにくさがあり、過去の色々な災害復興の時には必ず問題になっているわけですから何とか事業を円滑に進める方法も必要だということで、新しい法律の仕組みの検討に入ったわけです。それが、震災後二週間目ぐらいからです。その結果できあがったのが被災市街地復興特別措置法です。その中で復興推進地域を設けました。この地域を都市計画で決定すると区画整理、再開発等の都市計画決定をするまでの間、最長二年間の建築制限ができます。その間にどのように事業を進めていくかなど、じっくり話し合う時間をとることができます。それから、その復興推進地域の中で行われる区画整理、再開発事業に対して、様々な特例を設けました。……たとえば、従来ですと土地区画整理事業等の事業認可をしないと、土地の買収とか、仮設住宅、店舗の建設等ができなかったわけですが、この復興推進地域の中では、減価補償金で土地を買収できるだとか、都市計画決定さえすれば、仮設住宅等の建設を認めるという措置を講じました。……。ただ、法律の原案は二月のはじめにできてきましたが、この新しい法律がいつ成立するのかという見通しは不明でした」と新法の意義を明快に説明している。

ここからわかることは、新法はまさに、震災二カ月後の都市計画決定を回避し、住民合意を先行させながら都市計画決定を行っていく道筋をつけるために制定された法律だった、ということである。

これに対して神戸市の鶴来助役は、「無秩序なまちの再生をふせぐために建築基準法八四条があります。しかし復興をやるには時間がかかりますから、何とか別の新しい法律を考えていただけないかと関係省庁（建設省）に御願いしたわけです（一月二〇日すぎ、筆者注）。その時は、帰って検討してみるということでしたが、翌週お電話がありまして、そういう新たな法律はできないというお話でした。そこで、既存の平常時の手法で突っ走るということしかできなかったわけです。建築基準法八四条の猶予が被災後二ヶ月間で、……その間に都市計画を決定する必要がありました。そういうことから、一月二五日から建設省の皆さんと、……一つの案を作りました」「平常時の都市計画法に基づく手続を進めていた最中の二月二六日に、被災市街地復興特別措置法ができました。これは、二年間地元とよく話し合いながら、事業化を進めていくという内容でした。……被災市街地復興推進地域がありました。これがかかりますと、区画整理などの事業に、震災バージョンの様々な恩典がかかります。……実は、この法律だけで進めていきますと、建物制限が二年間かかるわけです。二年間そういうものだけをかけて、事業をかけず、延ばしていくというのでは、地元の皆さんの生活再建、建物の再建が難しいということで、早く事業に着手した方がいいのではないかと判断したわけです。都市計画事業をおこすと、例えば、土地の買い上げ、あるいは事業用仮設住宅、事業用の仮設店舗が現地で建設できます。このように事業を起こした方が、新しい法律で二年間塩漬けにするよりもいいのではないかということです。こういう判断があって、従来の手法で手続きを進めていったという経過があります」と説明している。

この二人の発言をみれば事態は明白であろう。神戸市は特別立法を国に要請したが難しかったこと、そのため現行の区画整理、再開発事業で対処することを決め、案を作成し建築制限を行い、都市計画決定の準備をすすめていった。ところが無理だと考えていた被災市街地復興特別措置法が二月末に成立し、再び態度を迫られることになり、住民との話し合い・合意の道ではなく、事業による開発主義の道をとることになったのである。

貝原兵庫県知事は『大震災一〇〇日の記録』の「都市計画の二段階決定手続き」の項で「神戸、阪神間の中心市街地に面的に大きな被害を及ぼした阪神・淡路大震災からの復興を考える上で、早急に決断を迫られたのは、区画整理や再開発といった面的整備に向けての都市計画決定の問題である。これまで神戸市は、戦災復興を地道に進めてきた都市として、高い評価を受けてきた。いまだ戦災復興事業のすんでいない市街地がこの度被災したので、この機会に是非事業に着手したいという強い意向を、神戸市が持つのも当然であろう。わけても、笹山市長はその道の専門家である。若干の差はあるが、西宮市、芦屋市、北淡町も同じような状況にある」と述べているのも意味深長に読み取ることができる。(4) 二段階都市計画決定というのも苦肉の大パフォーマンスだったのであろう。

二　復興土地区画整理事業

1　震災前の土地区画整理事業の実績と役割

土地区画整理事業は、宅地の利用の増進を図ることを目的に換地によって区画形質の変更を行い、減歩によって道路、公園等の公共施設を整備する事業である。(5) 区画整理はかつて「都市計画の母」といわれ、わが国の市街地整備で大きな役割を果たしてきた。新市街地を対象とする区画整理と既成市街地を対象とする区画整理との二種類があり、主流は新市街地の区画整理である。市街化区域内農地や郊外丘陵地などを対象に地権者や開発業者が組合を設立して区画整理を行い、新たな宅地や住宅団地を数多く実現してきた。もともと道路・公園等がないところから整備するので減歩率は二五－四〇％などと高くなるが、地権者自らが納得して行う事業であり、そうした減歩があっても宅地化による土地利用の増進も見込めた。

他方、既成市街地の区画整理はかなり以前から停滞しており、平面的な土地利用の区画整理から立体的な利用の再開発という方向に動いてきた。とくに零細宅地の多い大都市密集市街地で土地区画整理を行おうとすると、大きな無理が生じる。そのため大都市の既成市街地では、震災以前には幹線道路の拡幅等の目的をもつ事例を除くと区画整理はほとんど行われていなかった。

そうした少ない事例の一つが神戸市上沢地区（今回の震災復興区画整理の松本地区に隣接する南側の地区）の区画整理であった。地区は山手幹線の拡幅という目的のために幅一〇〇メートル、長さ七〇〇メートルと非常に細長くなっている。幹線道路拡幅部分に充当するための用地を時間をかけて先行的に少しずつ取得して準備し、地元同意を図るための努力を事前に積み上げたうえで、一九七六年に事業を開始している。九五年の震災時点では、事業開始から十数年たっていたが、それでも進捗率はようやく三分の二程度という状況であった。[6] 平常時の区画整理では、少なくともそのような準備と時間がかけられていたのである。

土地区画整理事業が歴史上とくに大規模に行われたのは、関東大震災後の震災復興土地区画整理、第二次世界大戦後の戦災復興土地区画整理という非常時の時であった。関東大震災では、東京で約三六〇〇ヘクタール、横浜で二五〇ヘクタールという大規模な区画整理が行われた。[7]

戦災復興区画整理は一一五都市、六万ヘクタールで計画され、最終的には一一二都市、一万九六〇〇ヘクタールに縮小されて実施された。神戸市の状況をみると当初の事業面積二二四〇ヘクタールは一七四八ヘクタールに縮小され、それに戦後神戸市に合併した東灘の四二九ヘクタールを加えた二一七七ヘクタールが戦災復興区画整理面積になる。[8] 今回の震災で神戸市で計画された区画整理面積は、一二五ヘクタールであり、関東大震災や戦災による被害がいかに大きかったかが改めてわかる。

2　復興区画整理事業の問題点

今回の震災復興区画整理地区のまちづくりでは、多くの問題点が明らかになった。まず第一に、都市計画決定の問題、震災時に誰がいつどのように都市計画事業を決めていくかという問題がやはり大きい。端的にいえば、この都市計画決定がその後の区画整理地区のまちづくりのあり方を規定し、最も重要な合意に関わる前提条件を壊してしまったわけで、住民主体でまちづくりを行おうとしている地区ほど影響は大きかった。今回は二カ月で建築制限が切れ無秩序に再市街化する恐れがあるということから、住民不在で都市計画決定が行われ、その後まちづくり協議会が結成されて住民が参加する方法がとられた。後先が逆である。二月末にできた「被災市街地復興特別措置法」では、二カ年の範囲で建築制限が認められていたのに、である。

第二は、区画整理でつくる市街地空間のあり方に関する問題である。区画整理は都市基盤整備を主目的として行われる。そのため幹線道路や広い公園を主とし、末端の区画道路でも原則六メートルとされる。さらに減歩のため土地利用の増進が求められることから、平等で画一的な空間になりがちで、全国どこへ行っても同じという金太郎飴的な市街地をつくってきた。震災後の区画整理では市街地像をめぐって行政と住民で大きなギャップを生じた。行政は従来からの区画整理路線である空間一新型の計画を主張し、住民は、現在の生活をできるだけ維持していく現道を重視した区画整理を主張する。そのことは端的には、広い道路、広い公園は要らないという問題である。広い道路といっても幹線道路ではなく八メートルの歩車共存のためのコミュニティ道路や六メートルの区画道路といったレベルの道路の話である。通過交通の侵入、道路の駐車場化に対するアレルギーが強く、四メートル未満の路地等の居住者ほど現在の道路の方が安全で満足しているという意識が強い。

第三は、減歩すなわち住民負担の問題である。減歩は区画整理の本質と関係する。宅地が減っても土地利用が増進されるので釣り合うというのは土地を資産価値とみる論理である。大多数の人々は居住や商売のために土地を利用しているのであり、土地が減少すればその分だけ使用価値が下がることになる。こうした本質的な問題をもちながらも地価が常に上昇していた経済成長の時代には、区画整理の論理は一定の説得性をもっていた。しかし、右肩下がりの経済の時代に入り、加えて被災地では地価は下落しており減歩の論理は成り立ちにくい(9)。

第四は、借家層が元の地域に戻れない問題である。区画整理は土地に関する事業なので地主・家主と借家人の関係は事業前後で変わらない。しかし、震災では地主・家主の多くも被災して貸家の再建ができなかったり、再建される場合には家賃が従前より大幅に上がり、いずれにしても借家層は元の地域になかなか戻ってこれない。区画整理では、借家人は地権者ではないのでこうした問題は顕在化しない地区が多い。

3　震災後の区画整理事業の改善点

阪神・淡路大震災はわが国大都市で初の直下型大地震による被害であり、木造密集市街地の脆弱性を示すとともに整備・改善の緊急性を明らかにした。震災後、土地区画整理事業についても次の三点で改善が行われた。

第一は、道路についての補助の拡大である。既成市街地の区画整理では、幹線道路が整備されると総宅地面積が減少し、従前に比べて地区全体では減価になる。そのため従来から一二メートル以上の道路については補助対象とされていた（道路用地費、築造費、道路にかかる建物移転補償費）。今回の震災では、都市計画決定をした六メートル以上の道路に補助対象が拡大された。これは減歩率を軽減するのに大いに役立っている。

第二は、従来からの道路特別会計による区画整理に加えて、一般会計による区画整理が新設されたことが注目される。これによって、幹線道路の整備等がない地区でも区画整理ができるようになった。

第三は、神戸市の湊川地区でのミニ区画整理などの経験も踏まえ、安全市街地形成土地区画整理事業が震災後制度化されたことである。対象要件は、原則として「一ヘクタール以上の地区であること」「都市計画道路を含まないこと」などとなっている。これまでの区画整理が幹線道路を含む広い面積にわたる基盤整備事業であることから考えると、この制度化は、区画整理の基本的なスタンスにかかわる重要な変更・改善であるといえる。

4 復興区画整理事業の進捗状況

今回、震災復興区画整理事業が行われたのは、神戸市で九地区、一二四・六ヘクタール、神戸市以外で七地区、一一〇・五ヘクタールである。(10) 表5-2は、事業計画までの計画づくりの段階とそれ以降の仮換地指定・工事といった事業段階にわけて各地区を概観したものである。

事業計画までの段階をみると、九五年一一月最初に事業計画を行った鷹取東第一地区から九八年三、五月に事業計画を行った芦屋西部地区や途中で協議会が三つに分かれた森南地区（第三地区の事業計画は九九年一〇月）の間には進捗状況に大きな差がある。

事業計画以降の進捗状況はどうであろうか。神戸市では最も早く事業計画を決定した鷹取東第一地区が工事を完了し、六甲道西地区でもほぼ完了、御菅東地区でも九割がた工事が完了している。また、事業計画の遅れた森南第一地区、第二地区についても工事は順調に進行している。これに比べ、最大規模の区画整理地区である新長田駅北地区は、仮換地開始後四年以上経過するが、仮換地の指定が六六%で工事の進行も三〇%にとどまっている。かつて筆者は、計画段階で十分な議論や合意がされず事業が進んだ場合は、個人の利害と直接影響のある仮換地段階にいけば事業が進まない恐れがあると述べてきたが、新長田駅地区はまさしくそういう状況である。御菅西地区、鷹取東第二地区も遅くなっている。

神戸市以外では、西宮・森具地区で工事が完了し、西宮北口駅北東地区や芦屋・中央地区でも七割以上の工事が完了している。また、事業計画が遅かった芦屋西部第一・第二地区も順調に仮換地が進行している。神戸市以外で遅れているのは北淡町富島地区である。住民の反対のなかで事業計画決定が行われ、その後三年たった二〇〇〇年の段階でも仮換地は一三％までしか進んでいなかったが、ようやく動きだし仮換地が二六％まで進んだ。

なお、尼崎市築地地区だけが、三月一七日には都市計画決定を行わず、住民合意を先行させ、八月に都市計画決定を行った地区であるが、順調に事業が進行している。

5　神戸市の区画整理の取り組み

神戸市の復興区画整理事業にはみるべき点はあまりない。法定事業なので自治体の裁量でできる範囲は小さいともいえるが、従来型の区画整理事業を行政主導で行っている。

(1)　都市計画決定への経緯と計画内容

神戸市は、土地区画整理事業の都市計画決定を震災二カ月後に行った理由として以下の三点をあ

整理事業の進捗状況

進　捗　状　況					減歩率（%）	都市計画決定の内容，変更など
仮換地指定			工事進行			
H 10.7	H 12.3	H 13.7	H 12.3	H 13.7		
36%	87%	95%	60%	73%	最大 2.5 ①	道路 17 → 13m に変更．交通広場 0.3 → 0.27ha
仮開始 H 10.11	75%	95%	40%	84%	最大 2.5 ①	道路 17 → 9～12m に変更，道路 13m
分離 H 11.4	事業計画 H 11.10	56%	仮開始 H 12.5	2%	最大 2.5 ①	道路17→6～9m に変更．道路 13m．公園 0.5ha
28%	87%	92%	30%	50%	平均 9	道路 17m，公園 1.0 → 0.8ha に変更
86%	92%	100%	80%	95%	平均 9	—
39%	67%	94%	40%	60%	平均 9	道路 17m
23%	66%	85%	60%	90%	平均 9	—
22%	56%	66%	50%	65%	平均 5 ①	—
20%	45%	66%	10～20%	30%弱	平均 9	道路27，20，17m(3 本)．公園 1.0ha，0.24ha
94%	100%	—	ほぼ 100%	100%	最大 9 ②	—
24%	53%	75%	20%	35%	最大 9 ②	公園(1.3ha)変更(小学校統合移転に伴い)
70%	89%	94%	49%	72%	平均 10 以下	道路 18 → 15m，12 → 8m に変更，公園 1.0ha
92%（実質100%）	100%	—	96%	100%	平均 7.4 ②	—
53%	68%	96%	40%	77%	平均 4.8	道路 20m
仮開始 H 11.8	46%	86%	数%	22%	平均 6.3	道路 17 → 13m，12m に変更
仮開始 H 11.3	27%	72%	数%	13%	平均 2.7 ②	—
6.5%	13%	26%	12%	15%	平均 10 以下	町自ら幹線道路(15m)を現道拡幅に変更
36%	64%	70%	20%	40%	平均以下	道路16m，住宅地区改良事業との全域合併施行

千歳地区と呼ばれる．

加され，面積は各 59.6ha，19.7ha となっている．
は実質的な都市計画変更，●「事決」は事業計画決定，□「審会」は土地区画整理

表 5-2　復興土地区画

市町村		地区名		面積(ha)	事業経緯 平成7年 3	6	9	12	平成8年 3	6	9	12	平成9年 3	6	9	12	10年 3	6
神戸市	東灘区	森南地区	第一地区	6.7	○	▽						▽		◎	●	□	▲	
神戸市	東灘区	森南地区	第二地区	4.6	○	▽							▽				●	□
神戸市	東灘区	森南地区	第三地区	5.4	○	▽												
神戸市	灘区	六甲道駅西地区	六甲道駅北地区	16.1	○		▽				◎	●	□	▲				
神戸市	灘区	六甲道駅西地区	六甲道駅西地区	3.6	○	▽			●		□	▲						
神戸市	兵庫区	松本地区		8.9	○	▽			●		□	▲						
神戸市	長田区	御菅地区	御菅東地区	5.6	○	▽						●	□	▲				
神戸市	長田区	御菅地区	御菅西地区	4.5	○	▽							●	□	▲			
神戸市	長田区・須磨区	新長田・鷹取地区	新長田駅北地区	42.6	○	▽					●	□	▲					
神戸市	長田区・須磨区	新長田・鷹取地区	鷹取東第一地区	8.5	○		▽	●		□	▲							
神戸市	須磨区	新長田・鷹取地区	鷹取東第二地区[1]	18.1	○			▽				◎	●	□	▲			
西宮市		西宮北口駅北東地区		31.2	○			▽			◎	●	□	▲				
西宮市		森具地区		10.5	○	▽			●	□		▲						
芦屋市		中央地区		13.4	○		▽			●		□	▲					
芦屋市		西部地区[2]	第一地区	10.3	○				▽							◎		●
芦屋市		西部地区[2]	第二地区	10.9	○				▽							◎	●	
北淡町		富島地区		20.5	○	▽						●		□	◎	▲		
尼崎市		築地地区		13.7	▽		○	●			□		▲					

注：1)　鷹取東第二の多くは須磨区だが北東部は長田区である．南側 13ha は通常
2)　芦屋西部地区は，現在まで西部地区全体として協議会をつくっている．
3)　新長田駅北地区，鷹通東第二地区は，途中で鷹取工場跡地（18.6ha）が追
4)　○「都決」は都市計画決定，▽「街協」はまちづくり協議会，◎「都変」
審議会選挙，▲「仮換」は仮換地指定開始．
5)　進捗状況欄の「仮」は仮換地．
6)　減歩率欄の①は以前に区画整理，②は以前に一部区画整理．
7)　平成 13 年 7 月段階，各市へのヒアリング調査等による．

げている。①土地売却希望者に対しては、市が用地買収をすることが可能となるため、権利者はその資金を元に生活再建を図ることができる。②応急仮設住宅とは別に区画整理事業用の仮設住宅を建設することが可能となるため、被災者はそれにより従前居住地付近で生活再建ができる。③一日も早いまちの復興に対応する必要がある。[11]

内田恒・神戸市区画整理部長の論文は、それに続けて「もちろん背景には、建築基準法に基づく建築制限の期限切れが目前に迫っており、『被災市街地復興特別措置法』の成立が担保されない状況のなかで、既存の法制度により手続きを進めることが一日も早い復興を実現させる唯一の方法であったことが大きな要因であった。あわせて事業決定の住民合意を得るには当時の状況はあまりにも混乱を極めており、『説明不足』『住民不在』との批判を受けつつも、結果的には一日も早い被災住民の生活再建とまちの復興につながるとの確信のもとに行った時間との戦いのなかでの行政的決断であった」と述べている。[12]

このことから重要な点が指摘できる。市があげている①の用地買収、②の事業用仮設住宅という理由は、第一節でみたようにいずれも二カ月で区画整理等の都市計画決定を行わねばならない理由にはならない。①は被災市街地復興特別措置法で被災市街地推進地域に指定すればできることであり、②は二年以内に被災市街地復興土地区画整理事業を都市計画決定した時点でできることである。③の一日も早いまちの復興に対応するために区画整理等を使ったということしか都市計画決定の理由にならない。神戸市は、強行する必要のなかった区画整理等の都市計画決定を住民合意を得るにはあまりに混乱を極めていることを認識しつつ、確信をもって実行したのである。

こうして復興区画整理事業が動きだすことになる。事業計画をみると、神戸市の区画整理は二つに分かれる。一つは、都市計画道路や大きな公園の決定を含む地区で、森南、六甲道駅北、松本、新長田駅北、鷹取東第二地区である。いま一つは、幹線道路等を含まない六甲道駅西、御菅東、御菅西、鷹取東第一地区で、これらは今回導入された一般財源による区画整理である。

かつて神戸大学の岩崎信彦教授は、今回の復興区画整理の地域的特徴を、神戸市東部や阪神地区の運動は区画整理事業の是非をめぐって展開されているが、神戸市西部の運動は区画整理は大筋で認めた上でその条件をめぐって展開されている、という趣旨のことを論じていた。神戸市の復興区画整理も初期の段階では、都市計画決定の強行、減歩等の問題をめぐって住民との大きな対立があったとはいえ、区画整理の正当性がなかった森南地区を除くと、進捗状況からもわかるようにかなり早い段階で事業のレールにのせている。これは、一方では行政主導による事業の進行であり、もう一方では、住民の階層性であろう。「仕事・生活で精一杯で都市計画どころではない」「お上である神戸市が悪いことをするはずがない」といった長田に代表されるような状況が影響している。

しかし、神戸市以外、芦屋市西部地区、中央地区、淡路・北淡町富島地区、さらには西宮北口駅北東地区等では、より対立は鮮明で、問題は深刻であった。そう考えると、神戸市が主導した三月一七日の都市計画決定は、神戸市民はもとより神戸市以外の自治体と住民に対しても許しがたいことだったのである。

(2) 住民負担の問題

住民負担の減歩率については、神戸市の場合、平均減歩率はほぼ九%であった。震災前の上沢地区区画整理の減歩率が一八%だったので数字的には二分の一であるが、実際にはそうはいえない。通常の既成市街地の区画整理では、減歩はされても家屋の多くは移転補償費をもとに新築できる（原則的には曳家による移転であるが、実際には多くは新築する。そのため移転補償費は事業費のなかで大きな比率を占める）。今回の場合には、ほとんどが全壊であるため建物補償はなく、相対的には安価な区画整理なのである。

神戸市は九%の減歩率について「今回の震災復興土地区画整理事業においては、震災という特殊事態に鑑み被災者の負担を極力軽減する目的から、減歩率は政策的に九%という極めて低い率に設定した」と述べている。[13] しかし、神戸市の九%という数字は被災地の中では平均的な数字であって、芦屋市での減歩率は、ほぼ道路が通っていなかった西部第一地区で六・三%、平均的な中央地区で四・八%、以前に区画整理が一部分行われていた西部第二地区で二・七%と神戸市のほぼ半分程度の負担である。

住民負担の問題については、神戸市が正確な情報を示し、きちんと説明をしてきているのかということについていくつかの点で疑義をもっている。例えば、鷹取東第一地区の最大減歩率九%という問題である。これは、ある研究会で「最大減歩率九%という成果を得た」と発言されたのに対して、筆者が減歩率は「平均であって、普通最大はない」と説明し、その後協議会が市と交渉した結果、最大九％ではなかったという答えで紛糾し、計画が二カ月間凍結されることになった。[14]

また過小宅地の問題でも同様のことがあるのではないかと思われる。『阪神・淡路大震災 神戸復興誌』では、「敷地面積が過小な宅地については、減歩により生活再建（建物の建設）が困難となる恐れがあることから、減歩率を緩和することとした。従前の宅地面積が六五平方メートル未満の小規模な宅地を対象に、減歩率を低減することとした。そして、これら小規模宅地の減歩率は、六五平方メートルの宅地の標準減歩率を九％として、以下宅地面積に合わせて減歩率を傾斜的に漸減していき、二五平方メートル未満の宅地については減歩なしとした」と述べられている。[15] この文章は誤った記述はされていないが、普通に読めば今回の復興区画整理で初めて取り入れたのかと思うだろう。また神戸都市問題研究所編『市街地復興事業の理論と実践』のなかの高寄昇三「土地区画整理と財政」論文では「第一図のように小規模宅地の減歩率の軽減措置が導入されたことである」として、導入という言葉が使われている。[16][17] しかし、この小規模宅地の軽減については、すでに震災前の上沢地区で今回と全く同じ条件で行われており、図についても当時同じように説明されている。[18]

さらにいえば、過小宅地は各地域の条件によって違うとはいえ、今回神戸市で六五平方メートルだったのに対して西宮市では九〇平方メートル、芦屋市では一〇〇平方メートルであった。神戸市では論理的には区画整理を行う必要がまったくなかった森南地区だけが、減歩率最大二・五％、一〇〇平方メートル以下を小規模宅地、六〇平方メートル未満を減歩なしとしたのである。[19]

こうしたことは細かいことだと思われるかもしれないが、けっしてそうではない。震災で被災した住民の生活再建・復旧をどう考えるか、いかに正確な情報を示し、説明していくかという基本問題であり、その上でどこまで対策が可能なのかが問われるべきであり、神戸市の対応には疑問が大きい。

(3) 元の居住地に戻れるかどうか—受け皿住宅の問題

元の居住地に戻れるかどうかは、受け皿住宅（従前居住者用住宅）の入居資格と立地条件が関係する（なお、改良住宅については、別途尼崎市・築地地区、芦屋市・若宮地区の項で検討する）。土地区画整理では、上物である住宅については想定されていないため、今回の震災では主として住市総事業が使われ、自治体によって対応が異なっている。震災では被害や復旧・復興において住民の階層性が問題となったが、区画整理でもそうであり、芦屋市や神戸市東部の森南地区などは持家層が多く区画整理事業での住宅要求はあまりでてこなかった。しかし、西宮市や神戸市西部の区画整理地区では借家層が多く、元の地域に戻るための住宅要求は大きかった。

神戸市における受け皿住宅の入居資格は、区画整理等によって住宅を失う人であり、基本的には市に土地を売却した人、およびそれらの借地、借家人に限定され、入居資格が厳しく設定されている。これに対して、西宮市では、受け皿住宅の入居資格を①市に土地等を売却した人、②被災した民間賃貸住宅家主が再建を断念した（または、断念することが予定される）ため、住宅を失うことになる借家人、③全壊した建物の再建を経済的な理由等により再建できない建物所有者としており、対象が借家層や零細持家層にまで拡大され、需要アンケートを行いながら必要戸数を地区外を含めて建設している。

立地条件が地区外といっても、西宮市では市域も小さく、かつ比較的近い場所に受け皿住宅が建設されている。しかし、神戸市では、区画整理地区内に建設する受け皿住宅は、地区内居住者が優先されるが、地区外となると神戸市域全域に広がってしまうため（市域単位で一本化ということでは広すぎる）、仮設住宅や復興公営住宅と同様の「地域ミスマッチ」問題をはらんでいる。

こうしたことは、時間が経つにつれ現実の問題となってきている。震災五年後に建設された区画整理地区内の受け皿住宅に地元の従前居住者が入居できないことが報告されている。「月刊まち・コミ」によると、御菅西地区では協議会の強い要求で九四戸の受け皿住宅が建設されたが、地元の入居は御蔵五、六丁目で一六名、隣の御菅三、四丁目を含めても一五名の計三一名で建設戸数の三分の一にとどまっている。これは入居希望がないのではない。市が入居希望者調査を行わず長い間待たされていたこと、仮設から他の公営住宅に入居した人は別の公営住宅へは入れないという神戸市の規則のため「入居資格」を喪失したとされたからである。そのため遠隔地の公営住宅から戻れなくなっている。協議会では従前地元在住者への聴き取り調査をするとともに、市に改善を働きかけている、とのことである[20]。ここには、被災者が地域に戻りたいという切実な願いなどには、一顧だにしない神戸市の姿が明瞭に示されている。入居希望者への「公平性」のためといった官僚的理屈がつくのであろうが、そういったことが行政不信の根本問題である。

(4) まちづくり協議会の単位

さらには、神戸市の区画整理地区のいくつかでまちづくり協議会が街区単位と非常に細かくつくられている問題がある。森南、六甲道駅西、松本、御菅東、御菅西、鷹取東第一地区は地区と協議会の単位が一致しているが、六甲道駅北地区では八協議会、新長田駅北地区では実に二一協議会、鷹取東第二では一〇協議会がつくられた。神戸市では、九五年三月一七日の都市計画決定強行のあと、住民参加を最優先し、まちづくり協議会を重視し協議会による「まちづくり提案」によって第二段階の都市計画を進めるとした。当然まちづくり提案を作成しようと思えば、地区の問題点を検討し議論することが必要になる。街区単位の協議会では、そうした議論はできない。街区単位の協議会は、のちに連合協議会をつくっていくことになるが、六甲道駅北、新長田駅北地区では、各協議会からまちづくり提案が出された以降にならないと連合協議会は結成されていない[21]。本来最も重要とされたまちづくり提案までの時期においては、地区全体について検討する場はなかったのである。他街区の問題や要求はわからず、かつ地区全体の情報や計画作成は行政、コンサルタントになるわけで、まちづくり協議会の仕組みとしてもまさに行政、コンサルタント主導になっている。

6 尼崎市築地地区の区画整理・住宅地区改良の合併施行

こうした神戸市の復興区画整理に対して尼崎市築地地区の区画整理は多くの点で教訓的である[22]。

築地地区の事業は他の復興区画整理事業地区とは異なる三つの特徴がある。第一の特徴は、三月一七日に都市計画決定をしなかったこと、第二は都市計画と住宅政策を結合し、区画整理と改良住宅の全域合併施行を行っていること、第三は、海に近く地盤が低いため全域を平均一メートル《メートル》余、かさ上げするという、いわば本格的な区画整理事業として取り組んでいることである。

築地地区は尼崎市の臨海部のほぼ南端の居住地で江戸時代の埋立てによる城下町であるため街割りはされていたが、背割り水路を埋めた路地は一メートル《メートル》程度で密集していた。地盤の液状化のために尼崎市では最も被害が大きい地区であったが、建物被害は、七七〇棟中全壊一三、半壊二一〇余りと少なかった。

三月に都市計画決定を行わなかった理由は、建物被害が相対的に小さかったことと地元の機が熟していなかったからである。二月末に築地地区復興委員会が発足し、十分な協議と合意を経たのち八月に土地区画整理と改良住宅の合併施行で事業を行う都市計画決定がされた。

図5-2が区画整理による土地利用計画図である。改良住宅事業については、借家率が七〇％程度と多く、住宅数を確保する必要があることから決めている。地区内一〇五〇世帯に対してアンケート調査を行い、約五〇〇戸という必要戸数を決め、区画整理地区内に三八五戸、地区外（地区隣接地）に一二〇戸の計五〇五戸という大量の改良住宅を計画している。

地盤のかさ上げについては、縦横に太い多穴パイプを配管して水はけをよくしたうえで行っている。全域かさ上げをするということは、一旦更地化しすべての建物が再築されることになるため新

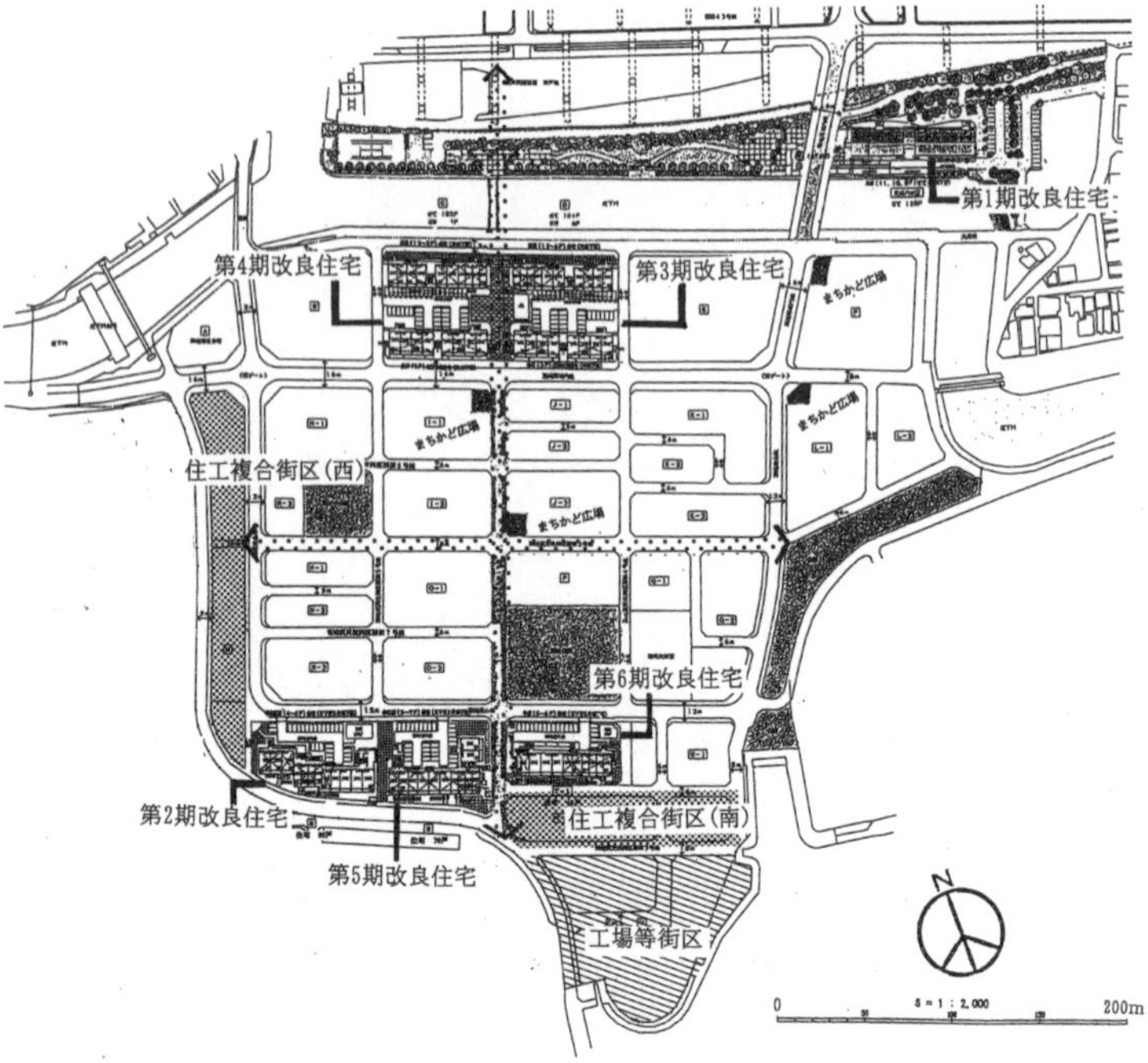

図 5-2　尼崎市築地地区区画整理土地理用計画図

開発の区画整理と同じような条件だということができる。そういう区画整理の自由度を確保することによって築地では、次の三点を実現している。第一に、従前は住工が混在していたが、工場街区、住工併存街区を設けることで土地利用を整理している。第二に、小規模な宅地を同じ街区に換地して小規模宅地街区としてまちなみを揃えようとしている。その際、希望者には付け換地を積極的に利用している。さらに第三に、文化住宅等の家主がマンションへ建て替えて借家経営をする場合には、従前の借家人が入居できるよう従前家賃に準ずることを、市の方から家

表 5-3　事業による地権者の動向

		改良住宅に入居	区画整理仮換地済	仮換地予定	転出(買収)	計	転出率
地家主	在地家主	3	38	42	31	114	27.2
	不在地家主	1	40	19	38	98	38.8
	小　計	4	78	61	69	212	32.5
地権者	持地持家	15	226	101	23	365	6.3
	借地持家	2	4	5	2	13	15.4
	小　計	17	230	106	25	378	6.6
計		21	308	167	94	590	15.9

表 5-4　事業による借家居住者の動向

	改良住宅入居	仮換地後に地主がマンション再建し入居	仮換地後に借家に再建後入居	仮換地予定後に借家に再建後入居	転出	計	転出率
一戸建	39	7	26	9	6	87	6.9
長屋	71	0	6	41	1	119	0.8
文化住宅	143	9	41	43	32	268	11.9
アパート	35	0	5	11	7	58	12.1
マンション	7	0	45	7	15	74	20.3
計	295	16	123	111	61	606	10.1

主に働きかけている。借家人の場合、家主が市に土地・建物を売却しなければ改良住宅に入居できないことにしており、そのことによって家主の借家経営を阻害しないようにしている。しかし、大幅に家賃が上がるのであれば改良住宅入居者と不平等になる。築地地区で従前に準ずる家賃を可能にしているのは、再築補償である。古い文化住宅でもマンション新築に近い補償がなされている。

こうした結果、築地で行っている区画整理は、最も重要な課題である元の地区に住み続けたいと願う人が戻れる事業を実現している。表5-3、4は、区画整理事務所の多大な協力を得て、従前地家主、持地持家、借地持家といった地権者、および借家層（借家については従前住宅形式別）が事業によってどのように動いたのかをみたものである。従前地区に居住していた借家層の実に九〇％という多くの人が地区に残れたことがわかる。[23]

こうした復興区画整理を実現した背景には、尼崎市が相対的に被害が小さくそれだけの余裕があったということもある。しかし、基本的にはこれまでの行政で蓄積されてきたインナーシティ対策、区画整理や住環境整備、住宅地区改良事業の経験が震災時にも発揮されたからである。[24]

三　震災復興市街地再開発事業

震災復興再開発事業は、大規模再開発として神戸市新長田駅南地区（二〇・一㌶）、中規模再開発として神戸市六甲道駅南地区（五・九㌶）、西宮市西宮北口駅北東地区（三・四㌶）、小規模な再開発として宝塚市で駅前の三地区が決定された。とくに新長田駅南地区の大規模再開発は震災七年目を迎え、ますます問題は深刻化している。

1　震災前の再開発事業

震災前から神戸市は再開発事業でも先進都市であった。現行再開発事業の前身である市街地改造事業（一九六一－六九年）は、全国で一六地区中、神戸市が三地区を占める。それらは、三宮駅前地区、六甲地区、大橋地区であり、大橋地区の再開発は市街地改造全国第一号の事業であった。これら三地区はいずれも今回の震災で全壊であり、六甲は今回の復興再開発の六甲道駅南地区の、大橋は新長田駅南地区再開発の一部として再再開発されることになった。震災後の東の六甲、西の新長田の副都心という位置づけは、三十数年来の神戸市の悲願だったわけである。

当時、大橋地区の事業は国道二号線の拡幅のために行われ、国道二号線と南北に走る大正筋商店街の交点に四棟のビルが建設された。南東の神戸デパートは中央の吹き抜け部分を中心に全壊、西北のスカイビルは低層部の店舗と高層部の住宅の間で破壊し、住宅部分は全壊であった。南西の腕六ビルは火災で全焼した。北東のビルだけが全壊を免れ再開発地区から除かれたが、途中から再開発に参加している。神戸デパートビルの外向き店舗、医院などの四軒とスカイビルの低層店舗は無傷で震災後も営業を行い、そのまま継続することを主張したが、最終的には撤去されることになった。神戸デパートビルの外向き店舗はすでに完成した復興再開発ビルに入居し、スカイビルの店舗経営者たちは地区内に建設された仮設店舗「スカイモール」に仮入居している。

また三宮東地区では、土地区画整理事業との合併施行によってサンパル、サンピア、旭中央住宅、ツイン雲井、サンシティなどの組合施行の再開発を連鎖的に計画し都心空間を整備してきていた。

2　新長田駅南地区復興再開発事業の特徴

再開発事業は区画整理事業と比較すると、土地だけでなく上物である建物を含めて再開発ビルにゆだねるため居住者、営業者への生活上の影響は格段に大きい。しかし、事業が複雑で区画整理のように分かりやすくないため明確な反対意思になりにくい。長田区は、高齢者も多く、所得階層も低い地区である。居住者からは、計画に対してさまざまな不安、問題点が出されているが、計画は大きな批判を受けないまま、一方では着実に進行している。しかし他方では七年たっても計画すらたっていない工区もあり、完成しているビルの多くは受け皿住宅棟であり、これからがいわば本番である。

新長田駅南地区復興再開発事業の特徴は以下の点にある。

第一は大規模性である。面積二〇・一ヘクタールという規模は、平常時の再開発としても最大規模であるが、そこに超高層を含む四〇棟のビルが計画される。建築面積は九万一五〇〇平方メートル、延べ床面積約五五万六〇〇〇平方メートルと巨大である。図5-3は中心部分の計画完成予想図である。

第二は、超高層建物、高層建物が林立し容積率を最大限に使うバブル型の計画が徹底していることである。すでに欧米では、高層居住は高齢者や幼児には適さないことが常識とされ、高齢者の多い低層の長田のまちには異質な重装備型の空間となっている。

図 5-3　中心部分として計画されている久二塚 5 丁目の完成予想図

第三は、第二種事業として行われていることで、これは各地区に共通する特徴である。第一種再開発事業が権利変換方式であるのに対し、第二種事業は従前権利者の土地・建物等の権利を買収し、入居を希望する権利者には、再開発ビルの床を譲り渡すという管理処分方式をとっている。この方式は、権利者の意向が固まったところから買収にかかれ被災者の早期復興につながる、税制面で五〇〇〇万円控除等の優遇措置があるなどのメリットがあるが、もう一方で、収用権があるなど公共の主導性が強く、住民参加にはなじみにくい。

第四の特徴は、いわゆるニューカマー論である。再開発で供給する住宅に若い層を新規来住者として迎え、まちに活気と魅力を与えたいというのである。高齢者、低所得者、外

表 5-5　新長田駅南地区復興市街地再開発事業の概要

地区面積	20.1ha		
従前居住世帯/人口	1,600 世帯/4,600 人		
従前権利者 (土地所有，借地，借家)	2,126 人 (1,004 人，276 人，846 人)		
震災後の権利者(H 10.3) (土地所有，借地，借家)	1,757 人 (894 人，233 人，630 人)		
計画概要	第 1 地区 (8.1ha)	第 2 地区 (7.6ha)	第 3 地区 (4.4ha)
敷地面積	52,220m²	30,540m²	8,450m²
延床面積	284,420m²	146,310m²	38,180m²
階　数	9～30 階	7～18 階	14 階
棟　数	19 棟	9 棟	11 棟
総事業費	2,710 億円		

注：計画概要の第 2 地区，第 3 地区の数値は平成 13 年 3 月までに事業計画決定されたものだけで，各 7.1ha 分，1.7ha 分である．

国人の住む長田という街から、おしゃれな神戸にふさわしい長田の街にしたいということであろう。震災後、ある時期まではニューカマー論がよく議論されたが、最近では急速に色あせてきている。震災後六年半たっても人口回復率は最も低く、地域の性格を変えるというようなことは簡単にはできないのである。

3　再開発計画と進捗状況

震災前の新長田駅南地区は大正筋商店街をはじめ一番街、昭和筋、西神戸センター街、六間道、本町筋などの商店街と、まるは市場、丸五市場などが連坦する下町でも有数の住商混在地域であった。

新長田駅南地区の再開発計画の概要をみたのが表5-5である。地区はJR新長田駅の南に

表 5-6　新長田駅南地区復興再開発の進捗状況

工区数(%)

	再開発ビル竣工	再開発ビル着工	管理処分決定・未着工	管理処分未決定	事業計画未決定	計
第1地区	2(16.7)	3(25.0)	1 (8.3)	6(50.0)	0	12(100.0)
第2地区	2(22.2)	0	0	6(66.7)	1(11.1)	9(100.0)
第3地区	2(22.2)	2(22.2)	1(11.1)	0	4(44.4)	9(100.0)
計	6(20.0)	5(16.7)	2 (6.7)	12(40.0)	5(16.7)	30(100.0)

広がる二〇・一㌶の地区で、従前居住者は一六〇〇世帯、四六〇〇人、従前建物八〇〇棟で、従前権利者は二二二六人、内訳は土地所有者一〇〇四人、借地人二七六人、借家人八四六人である。

再開発地区は、国道二号線から南が第一地区（八・一㌶）、国道より北で五位池線より西が第二地区（七・六㌶）、五位池線より東が第三地区（四・四㌶）であり、第一地区、第三地区は大半が火災で全焼し、第二地区は全半壊が多かったものの再建して商店街の姿を維持している。

計画ではここに、総事業費二七一〇億円、最高三〇階を含む約四〇棟のビルを建設する予定になっている。住宅は、約三〇〇〇戸で、分譲住宅約二〇〇〇戸、賃貸住宅約一〇〇〇戸の計画である。[25] 再開発計画の中心になる商業施設については、事業計画が出ないと用途構成がわからないので全貌はつかめない。

震災六年半を経た現在、再開発事業はどこまで進捗しているのだろうか（表5-6、図5-4）。全三〇工区中再開発ビルが竣工したのは六工区（二〇％）、着工しているのが五工区（一七％）、管理処分計画は決まっているが未着工が二工区（七％）で四割強しか目処がたっていない。逆に事業計画すら決まっていないのが五工区（一七％）、事業計画は決まっているが

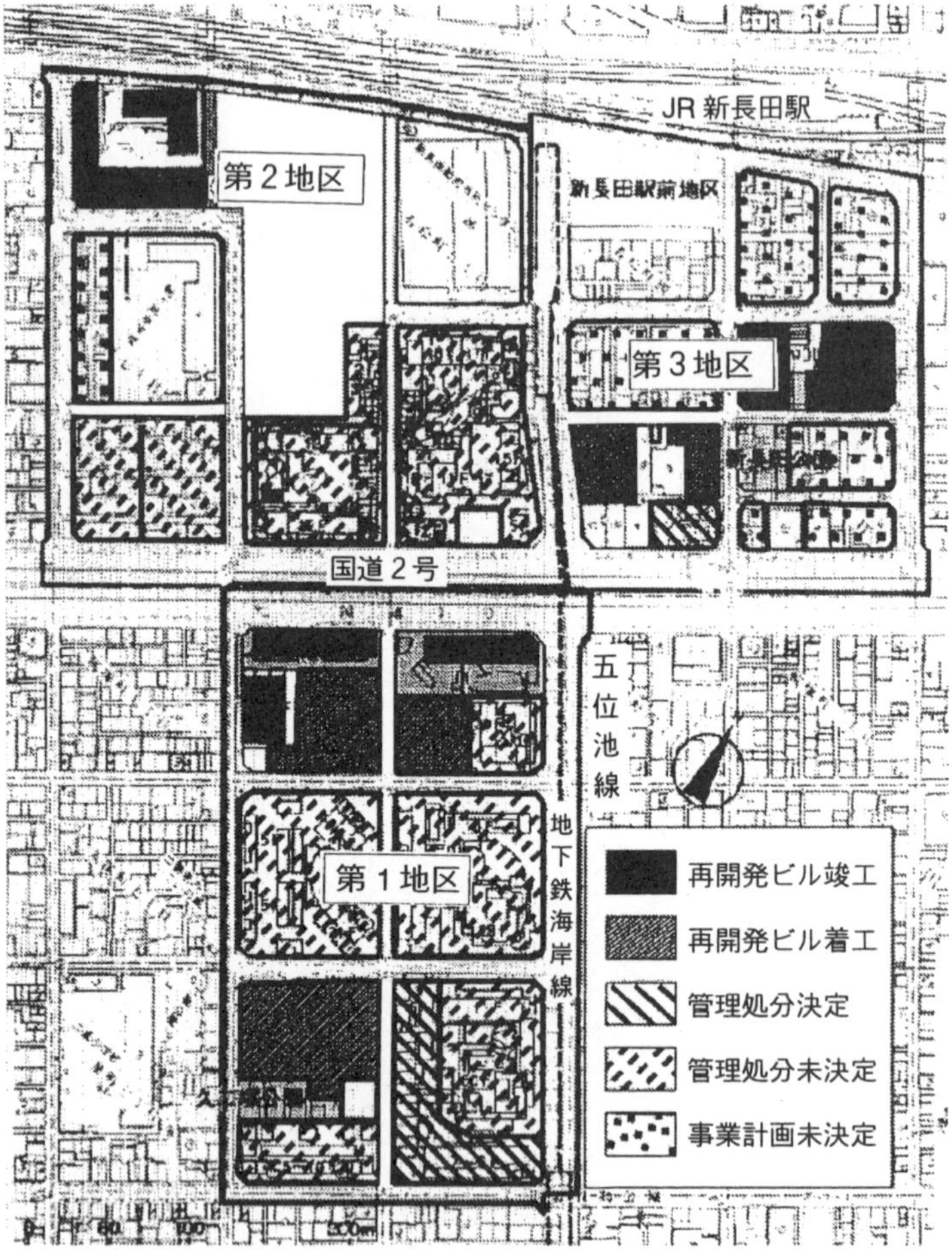

図 5-4　新長田駅南地区復興市街地再開発事業の進捗

管理処分計画が決まっていないが一二工区（四〇％）で、目処のたっていないほうが多い。神戸市のもう一つの事業である六甲道駅南地区の再開発は、一四棟中七棟が完成し、後の五棟が着工、あと二棟も今年度中には着工予定であり、それと比べても本再開発は著しく遅れている[26]。

これまでに竣工した再開発ビルの特徴は、従前居住者用の受け皿賃貸住宅が主体であり、その立地も従前の市街地改造ビル跡地、移転高校跡地など大敷地が主で事業が容易なところが多い。最近になって二つの動きがあった。一つは、腕塚六丁目第二工区、腕塚五丁目第二工区で超高層棟が着工されたことである。いま一つは逆に、第一地区中央に位置する久保六丁目工区では、地権者、商業者の勉強会で超高層棟を見直す動きが進められており、中層化への大幅な計画変更が検討されていることである。

新長田駅南地区の再開発の進捗状況を総括すれば、最も必要で急がれた従前居住者の住宅確保はほぼ達成されている。しかし復興再開発事業の中心である商業ビルの建設や分譲住宅の建設については、これからの問題である。

4　大規模再開発の問題点

(1)　従前権利者は地区に残れるか

復興再開発で従前権利者・居住者は地区に残れるのだろうか、また残れた場合に営業が成り立つ

表 5-7　再開発ビルのモデル価額による管理処分モデル

■モデル店舗およびモデル住宅

用途	位置	モデル	1m² 当たり概算価格	モデル面積	モデル価額
店　舗	1　階	店　舗　A	1,100,000 円	50m²	55,000,000 円
		店　舗　B	800,000 円	33m²	26,400,000 円
		店　舗　C	650,000 円	33m²	21,450,000 円
		店　舗　D	550,000 円	33m²	18,150,000 円
住　宅	高層棟	住　宅　A	450,000 円	50m²	22,500,000 円
	中層棟	住　宅　B	410,000 円	50m²	20,500,000 円
		住　宅　C	360,000 円	50m²	18,000,000 円

■モデルケース

モデルケース1	店舗（1）	土地を所有し，仮設店舗を建設されている方が，モデル店舗 A を取得される場合
モデルケース2	店舗（2）	土地を所有し，仮設店舗を建設されている方が，モデル店舗 B，モデル住宅 B を取得される場合
モデルケース3	店舗（3）	土地を所有し，仮設店舗を建設されている方が，モデル店舗 C，モデル住宅 B を取得される場合
モデルケース4	店舗付住宅	土地を所有し，仮設店舗付住宅を建設されている方が，モデル店舗 D，モデル住宅 B を取得される場合
モデルケース5	住宅（1）	土地のみを所有している方が，モデル住宅 A または，モデル住宅 B を取得される場合
モデルケース6	住宅（2）	土地のみを所有している方が，モデル住宅 B または，モデル住宅 C を取得される場合

① 管理処分モデルにおける従前の建物の概算額は，建物調査を実施して算定したものではありません．仮に想定した評価額の建物が建設されているとした場合のモデル試算です．現在，建物が存在しない場合には，従前の建物の概算額は 0 円となります．

なお，従前の建物の概算額は，個別に建物調査を実施して額を算定します．

② 事業の施行に伴い通常生じる費用や損失については，現在の営業または居住の状態に応じて，別途補償があります．

のだろうか。ここでは、管理処分モデルによる検討と典型街区調査による入居意向を検討する。

まず神戸市がまちづくり協議会に示してきた管理処分モデルを中心に検討する。管理処分モデルの説明のために、以下の資料が示されている。

①土地価格を示す路線価指数、路線価価格

②再開発ビルの概算床価格（権利床）

③再開発ビルのモデル価額による管理処分モデル（表5-7）

④各モデルケースごとの従前資産額と取得ビル価額の対応

これらのモデルケースを一覧リストにしたのが表5-8である。

再開発ビルに入居するためには、まず持地持家でないとむずかしいことがわかる。持地持家でも従前の土地単価が安い場合や建物が焼失して存在しない場合は入居するのが困難である。さらに神戸市のモデル例には除かれているが、借地持家の場合には、土地の権利が二分の一になるので入居は一層困難であり、従前資産だけでは、入居することはきわめて難しい。

次に、管理処分計画等による店舗・住宅の入居意向についてである。

典型一工区をとって管理処分計画の把握と入店・入居意向のヒアリング調査を行った。従前店舗を経営していたのは三四件であり、内七件は借家で、街区内のスナック等が多かった。管理処分の対象となる借家を除く二七件をみると、入居予定は一三件（四八%）であるが、店舗として入居するのは、店舗＋住宅三件、店舗六件の計九件で入居予定率三三%である。三分の一の店舗が入居を予定しているという割合をどうみるかであるが、これは管理処分計画時点の数字で入居の上限値であり、実際には事業の進行に伴って脱落者が出る。ヒアリングではすでに転出を決めたという人もいた。さらに借家の七件はいずれも転出する。

住宅の管理処分対象は三〇件であり、管理処分対象外の借家が二二件である。さらに、今回の再開発事業では、受け皿住宅としての賃貸住宅が計画されており、受け皿住宅には借家層だけではなく、零細な持地持家や借地持家の住民も入居すると思われる。そのため管理処分による住宅入居はより限定されると考えられる。実際、管理処分による入居意向では、入居予定八件（二七％）に対して、転出二二件（七三％）となっている。このように従前権利者の入居はかなり少なくなることが予想される。

さらに従前権利者については店舗、住宅だけでなく、従前事業者の問題として、第三地区のケミカルシューズの問屋街の問題

ル計算例

再開発ビル床の価額							清算金(万円)
モデル店舗			モデル住宅			計	
単価(万円)	面積(m^2)	小計(万円)	単価(万円)	面積(m^2)	小計(万円)	(万円)	
110	50	5,500				5,500	776
110	60	6,600				6,600	−324
80	33	2,640	41	50	2,050	4,690	−419
80	50	4,000				4,000	271
65	33	2,145	41	50	2,050	4,195	−1,594
55	33	1,815	41	50	2,050	3,865	−613
			41	50	2,050	2,050	−10
			36	50	1,800	1,800	−565
110	50	5,500				5,500	−2,164
80	33	2,640	41	50	2,050	4,690	−2,357
65	33	2,145	41	50	2,050	4,195	−2,697
55	33	1,815	41	50	2,050	3,865	−2,239

持家の持ち分は 50% とした.

表 5-8　管理処分のモデ

		従前の資産額						
		土　地			建　物			計
		単価（万円）	面積（m²）	小計（万円）	単価（万円）	面積（m²）	小計（万円）	（万円）
土地・建物	モデル 1	98	60	5,880	12	33	396	6,276
	モデル 1′	98	60	5,880	12	33	396	6,276
	モデル 2	77.5	50	3,875	12	33	396	4,271
	モデル 2′	77.5	50	3,875	12	33	396	4,271
	モデル 3	49	45	2,205	12	33	396	2,601
	モデル 4	41	60	2,460	12	66	792	3,252
土地のみ（建物消失）	モデル 5	34	60	2,040				2,040
	モデル 6（内 5m² 私道）	26（13）	50（5）	1,235				1,235
借地持家	モデル 1″	98	60×0.5	2,940	12	33	396	3,336
	モデル 2″	77.5	50×0.5	1,937	12	33	396	2,333
	モデル 3″	49	45×0.5	1,102	12	33	396	1,498
	モデル 4″	41	60×0.5	1,230	12	33	396	1,626

注：市の行っている説明資料をもとに作成した．借地持家分は追加した．借地

も大きい、市は業者の要望を無視して、全体の計画がないまま受け皿住宅街区内の北部分に中層でケミカル問屋が入居するビルを計画した。ケミカル問屋は大きい床面積を必要とし、かつ企業成長につれて床面積の必要性は可変する。総ボリュームが固定され可変性のない再開発事業とはなじみにくい。

(2)　過大な商業床

商業床の規模を検討するためには震災前の再開発地区の商業規模がどれぐらいであったのか、それに対して今回の復興再開発ではどれだけの商業規模が計画されているのかを知らなければならない。現在までに復興再開発の事業計画が決定しているのは第一地区と第二地区の大部分（若松七丁目、

〇・五ヘクタルだけが未決定）なので、ここでは第一地区、第二地区を対象にして従前店舗面積、計画店舗面積を検討する。

震災以前の当地区の商業規模を知ることは容易ではないが、いくつかのデータから接近する。まず、震災前の一九九四年七月調査の商業統計調査を商業集積地区としてまとめた「立地環境特性統計編（小売業）」によれば、新長田駅南側の商業集積地区として、新長田一番街・西神戸デパート・新長田商業地区の三つの地区があげられている。そこから再開発地区内の小売店舗を把握すると三三三店舗、売場面積は一万七〇〇五平方メートルになる。これは小売業の従前店舗の実態なので、飲食業等を加える必要がある。それらを考慮すると、震災前の再開発地区の店舗面積は、約二万－二万二〇〇〇平方メートル程度と推測される[27]。

再開発計画の店舗規模は、事業計画書の各階平面図に記入されている用途から店舗関係の専有面積を計測する以外にない。ここではそうした作業によって店舗面積を明らかにした。その結果、第一地区は店舗三万五九八四平方メートル、事務所二四六六平方メートルとなる。第二地区は、店舗二万二八八三平方メートル、事務所三七三七平方メートル、ホテル七八五三平方メートルであった。全体では店舗は五万八八六七平方メートルである。これを震災前の店舗面積と比較してみる。従前店舗面積は前述したように、二万－二万二〇〇〇平方メートルと推測されるので、再開発事業は従前の約二・七－三・〇倍の店舗面積規模で計画されていることがわかった。

この三倍という店舗面積規模が過大であるかどうかが問題となる。各地で行われている再開発には、従前店舗面積の三倍以上の例もあるではないかという声も予想される。しかし、以下のような理由からこの数字は過大であると判断され、再開発地区の将来に重大な問題をもたらすと考えられる。

第一は、再開発を計画する場合に商業計画規模が過大に設定されるケースが多いことである。再開発計画は、通常商圏、購買人口を検討し、そこから計画店舗面積の妥当性が説明される。しかし、実際には、ほしい計画面積が先にあって、それに商圏、購買人口をあわせていく場合が多い。そのため過大な店舗面積で計画され、保留床が処分できなかったり、入居店舗の営業が成り立たない例は各地の再開発で枚挙にいとまがない。

第二は、こうした規模計算は、少なくとも健全な地区でかつ商業ポテンシャルの高い地区でいえることであって、震災後の再開発で購買人口が戻らず、商業ポテンシャルが大きくなく、かつ零細店舗の多い本地区では過大である。

第三は再開発の絶対規模の問題である。従前面積の三倍という倍率ではなく、六万平方メートル近い店舗面積が過大である。

第四に、広域的なオーバーストアの問題がある。最近刊行された『ゆきづまる阪神七市の再開発』では、阪神地域全体のオーバーストアの問題、その結果としてのさまざまな深刻な事態が報告されている。こうした過大な商業規模計画は、保留床処分の問題、再開発の成立条件に直接関係するとともに再開発地区周辺店舗にも重大な影響を与える。

(3) 店舗・分譲住宅の保留床処分と事業見通し

保留床は再開発によって生み出される床の一般分譲であり、その売却収入が事業費の相当部分をまかなうものであるから、保留床処分は再開発事業にとって死活的に重要である。

復興再開発の保留床処分はまだ行われていないから、これを検討することはできない。そこで、震災前に第一種事業で新長田駅前に計画され震災後完成したピフレの分譲状況をみてみよう。ピフレでは、総戸数一四二戸のうち、権利者住宅四九戸、保留床住宅九三戸がある。保留床の分譲は第一期（九八年三月、四七戸）、第二期（九八年六月、四六戸）に分け、合計九三戸が販売に出された。ピフレの販売状況は、九八年夏までに約五〇％しか売れず、その後何度も販売活動を行わねばならなかった。今後、保留床が大量に売り出されるほど、売れ行きは鈍ってくるものと考えられる。

店舗の保留床については、前述した阪神間の再開発事例でも大量に空き店舗が発生していることが報告されている。さらに従前営業店舗の残留率が小さくなれば、処分すべき保留床はそれだけふえることになる。

新長田駅南地区の事業計画にみる資金計画によれば、収入に占める保留床処分金の割合は、新長田駅前地区（ピフレ）では三一・五％であるが、震災復興第二種事業の新長田駅南第一地区では四六・二％となっている。補助金は国からおりてくるもので確実な収入が見込めるが、保留床処分金は事業のなかで生み出さなければならないものであり、条件は厳しい。

5　計画の転換に向けて

(1)　神戸市の見直し発言

一九九九年一〇月九日の神戸新聞に、神戸市が「新長田駅南 再開発見直しを検討」という記事が載った。記事は、地元住民や専門家からは「権利者以外に分譲する予定の床が売れ残り、ゴーストタウンになるのでは」といった不安の声が上がっているとして、完成時期の延期やビルの規模の縮小などを含めて再検討することを報じている。

筆者たちは、当初から本地区の大規模再開発の重大な問題性について批判してきた。しかし、五年近くたって住民からの見直し要求もないまま、しかも神戸新聞だけになぜこうした記事が出たのだろうか。問題は、第一に何ゆえこの時点で行政が見直し発言なのか、第二に見直しの方向、問題が問われなければならない。

笹山市長は見直し発言で「都市計画は時代に応じて柔軟に対応すべきと考えている。土地の高度利用や容積率を最大限使って多くの床面積を生み出すという手法は、今の経済状況には合わない。住民の望むまちの形も変化しており、地域に応じた建物分布を考えたい」と述べている。この発言は、現在の大規模再開発計画が事実上破産していることを認めていることにほかならない。「土地の高度利用、最大限の容積率、多くの床面積」を極限まで追及したのが新長田の計画だからである。

しかも驚くべきは、時代が変わったように言っていることである。震災時にはすでに現在と同様低成長であり、大規模再開発は望むべくもなかったのに、それを強行したのが神戸市の開発主義である。

重要な点は、第一に発言内容が震災復興大規模再開発事業の事実上の破産宣言であることである。第二は当事者である神戸市の責任回避であり、誤った計画・決定に対して責任をとらないテクノクラート行政の体質の問題である。このまま進行していけば、ビルが林立しても保留床が売れずゴーストタウンになるか、事業が暗礁に乗り上げるかのどちらかであることが目にみえているため、とりあえず見直し発言をして市の責任を回避しつつ、地元が見直すのであれば協議していくとしてまちづくり協議会に責任をあずけている。本来なら地元住民、協議会に反省、謝罪し、抜本的な見直しの検討を自らの責任において行うべきである。

(2) 転換の方向

前述の報道では、見直しの具体的な方向として、①権利者向け住宅や店舗の建設を優先させながら、それ以外のビルは段階的に施工、②超高層ビルを中層程度に縮小、③アトリエ付きやペットの飼育が可能なマンション、学生や高齢者向け賃貸など多様なニーズに対応、としている。

①は被災者対策、従前地権者対策として当然であり、②も従来から批判され求められていた方向である。③については、今後の保留床住宅処分等のオプションを示したものであろう。この見直し

方向で欠落しているのは、過大な商業床の問題であり、さらに重要なことは再開発事業そのものを見直すのかどうかという点である。

見直し発言以降の事態の進行は、進捗状況でみたように久保六丁目では超高層から中層計画へ変更提案がされ、第三地区の半数近くは依然として事業計画決定すらされていない。これは神戸市が「二年間も塩漬けにはできない」として都市計画決定を強行して再開発事業に踏み込んだにもかかわらず、すでに六年半も塩漬けになっているわけで、再開発の枠を越えた見直しが必要なことを示している。

震災後、多くの面で復旧より復興が優先されていることが問題になってきた。大規模再開発はその典型であり、全体のビルが完成しないと復興にならないわけで復旧という概念はない。あえて復旧ということをいえば、従前店舗や居住者がビルに入居できた時点であろう（当然六年間余りで転出した多くの人はそうならないが）。論理的にはそこまでを復興再開発の現実的な目標とすべきであり、受け皿住宅中心のすでに完成している再開発ビル、着工、着工予定になっている権利者住宅を含む再開発ビルまでがそれに該当するだろう。それ以外の部分については、地区の状況、地元要望をふまえた上で再開発の是非を含めて、方向を再検討すべきである。

その方向は、①これまでの再開発計画のまま進める、②中層化など再開発内容の変更、③ごく普通の住宅地である部分等、再開発ではない面的事業への変更、④公衆浴場等再開発に適さない業種等の部分的な再開発からの除外、⑤工区単位、または街区単位で再開発地区から除外する、といった方向が考えられる。[28]

四　柔軟な事業を活用したまちづくり

以上みてきたように、復興区画整理が被災各都市で主要な面整備事業として実施された。神戸市では大規模再開発も実施され、事業資金でみれば、区画整理全地区の二〇〇〇億円に対し、再開発は三五五六億円でより多額になっている。

こうした強い権限をもつ法定事業が主たる復興都市計画として展開される一方で、要綱などによる柔軟な面整備事業がいくつかの自治体で行われた。宝塚市、伊丹市、淡路・一宮町、東浦町などで行われた生活街路整備型の密集事業、芦屋市若宮地区の修復型の住宅地区改良事業、神戸市湊川地区のミニ区画整理事業などである。[29][30] これらは住民の合意、空間改変の小規模性、地区面積の小ささ、事業の迅速性といった特徴をもち、被災して生活の多くを失った居住者が元の地域に住み続けるうえで有効であり、震災後の都市計画として教訓的であった。

震災後、改善を必要とする木造密集市街地は大都市で数万㌶ともいわれ、そうした地域の整備は今後の都市計画の最大ともいえる課題である。そこを区画整理や再開発だけでやっていくことはできないし、不適当である。平常時の都市計画や市街地整備でも柔軟で多様な制度をベースにしていくというパラダイムの転換が必要とされる。

本節ではそうした視点から震災復興に活用された柔軟な事業について考察する。生活街路整備型の密集事業として、宝塚市川面地区の事業を、修復型の住宅地区改良事業として芦屋市若宮地区を代表例として取り上げる。

1 宝塚市川面地区の生活街路整備型密集事業

宝塚市で生活街路整備型の密集事業に取り組むことになったのは、震災以前からの生活街路整備に対する大きな位置づけがある。市では震災前から遅れている生活道路整備を重視し、「宝塚市生活道路整備要綱」を準備していた。幅員を六・三メートルに拡幅したい指定道路五路線は拡幅部分を時価で、狭隘道路（二項道路で市道のもの）は拡幅部分を固定資産税評価額（時価の七割程度）の二分の一で買い取るというものである。

密集事業に指定された川面地区は、宝塚駅に近い旧集落で中央を東西に走る川面街道が幅員四メートル、それ以外はすべて四メートル未満の細街路で構成され、老朽住宅が密集する地域であった。震災で住宅の三分の二が全半壊するという大きな被害を受け、そのままでは住宅の三割程度は再建できないという状況であった。

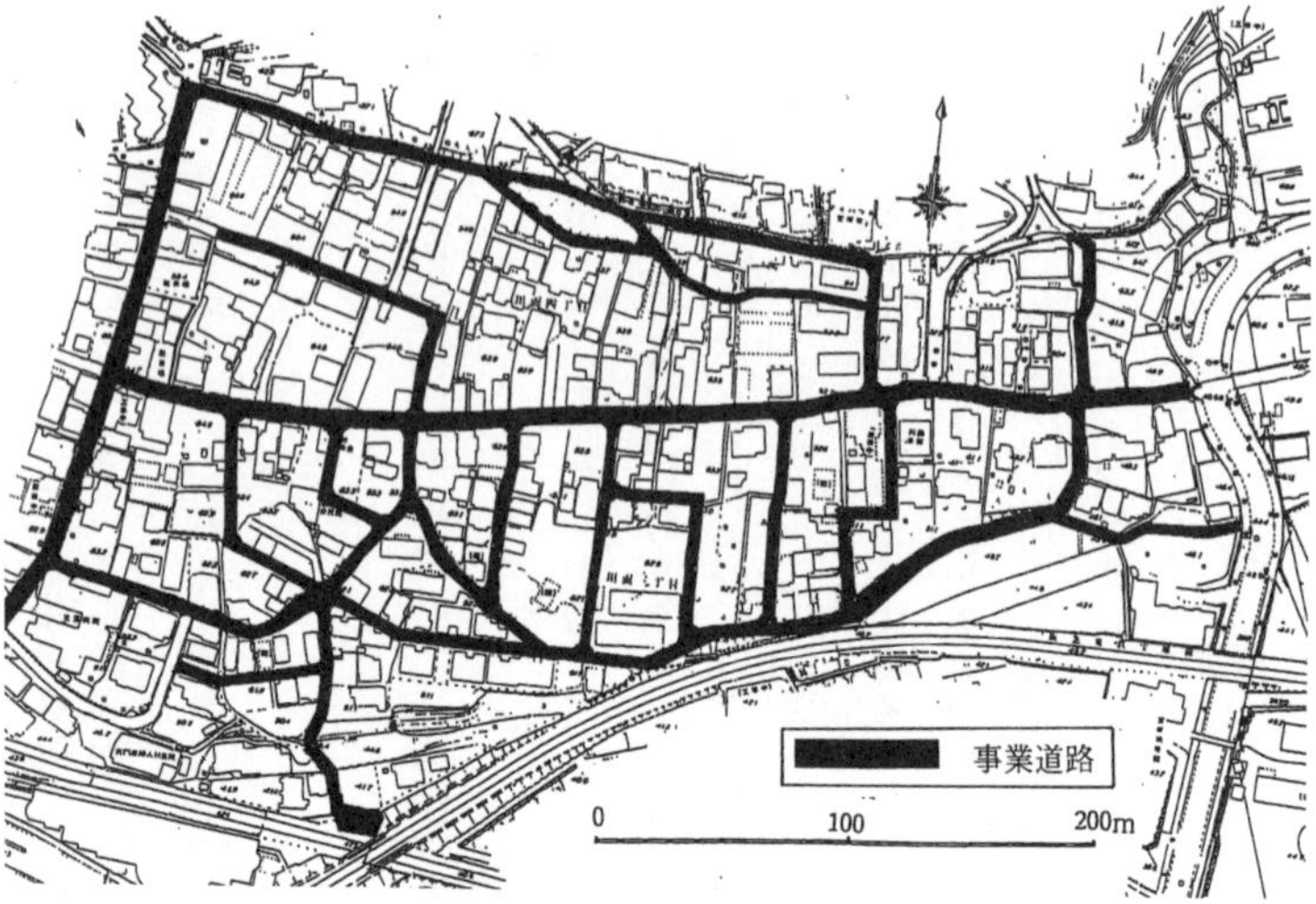

図 5-5　復興委員会で出された区画整理案

(1)　事業の発端・選択と事業内容

震災後一九九五年四月に川面地区の復興について市と川面連合自治会が協議し、六月「川面三丁目復興委員会」が発足する。市では県とも相談して、当初は土地区画整理事業を行うべきだと考え、九五年六月、七月の二回にわたってを行った。復興委員会として地元に対してアンケート調査を行った。アンケートの結果、区画整理事業の賛成者が少ないこと、居住者には高齢者が多く、区画整理ではどのようなまちになるのかイメージできず現道拡幅なら先が見えること、区画整理は土地を取られるという意識が強いことなどの理由で、八月末には区画整理事業を断念し、密集事業で生活道路を拡幅・整備していくことになった。

図5-5はまちづくりの過程で六月に地元住民に示された土地区画整理事業案であり、図5

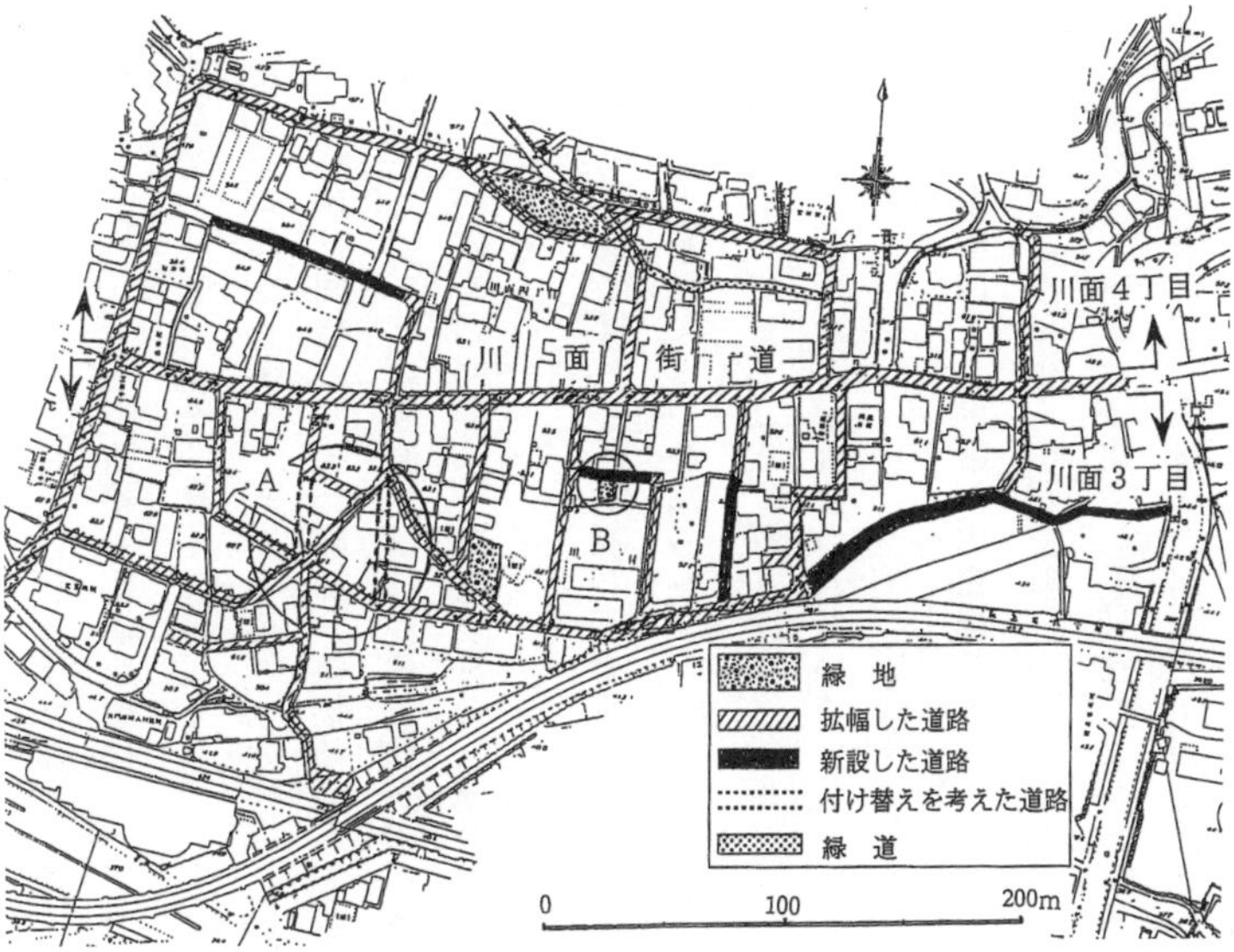

図 5-6　川面地区で決定された密集事業計画
(地区が拡大された川面 4 丁目を含む)

-6は最終的に決められた密集事業による現道中心の拡幅・整備案である。両者をみると、道路網の構成や街区形態が異なり、都市計画における両極の考え方をよく示している。区画整理については、居住者が先が見えないというように現道とあまり関係なく道路が計画されている。他方、現道拡幅の方は、当然大部分の街路をそのまま拡幅する計画になっている。そのぶん住民の合意が得やすく居住者の生活を大きく変えずに整備でき、密集市街地の整備手法として評価すべき内容をもつといえる。

密集事業は一般的には、コミュニティ住宅の建設や住宅の共同化に対する補助など住宅整備にウェイトがある。しかし宝塚市では、「生活道路は主として公共が行うが、住宅については民間で頑張ってほしい」という市の方針で生活道路の拡幅にウェイトをおいている。生活道路整備要綱を根拠に密集事業地区では、二項道路以外の私道も含めて拡幅部分だけでなく道路部分全体を買収するようにしている。この点が、減歩で土地を供出することになる区画整理事業と異なる点である。また、四・三メートルに拡幅すると既存建物が道路にかかる場合には、区画整理と同様に、建物除却と建物補償ができるようになっている。要綱事業なので指導行政になるが、逆にいえば強制力はないので住民の主体性にかかることにもなる。宝塚市でも、住民合意とその後の事業の展開は、復興委員会と連合自治会が主体になりながら、それに行政が協力して進めている。

事業結果に対する居住者の評価は、「良かった」三七%、「まあ良かった」四二%、「わからない」一二%「あまり良くなかった」六%、「良くなかった」三%、と非常に高い。これは徹底して住民参加を行っていること、減歩でなく買収であること、既存建物が道路にかかる場合には建物補償が行われることなどが評価されている。

(2) 川面四丁目地区への事業の拡大

以上のように生活街路拡幅型の密集事業は、住民合意の得やすさ、事業による住民生活への影響の少なさ、事業完成までの迅速性などから積極的に評価することができる。そうした事実を端的に示しているのが、隣接する川面四丁目地区への密集事業の拡大である。「自分たちの地区でも事業がでないのか」という声があがり、平成八年度から話し合いが始まり、九年度には事業計画がつくられている。今回の震災において面整備事業で実質的に区域が拡大されたのは、本川面地区だけであり、事業に対する居住者の評価が事実で示されている。

2　芦屋市若宮地区の修復型住宅地区改良事業

芦屋市若宮地区は、住宅地区改良事業を集合住宅だけからなる全域改造型計画ではなく、小規模分散型の集合住宅と一般住宅が併存する修復型の計画として取り組んでいる。

若宮地区は芦屋市のほぼ中央に位置し、阪神電鉄と国道四三号線に挟まれた二・三㌶の区域である。街区内は細街路の多い木造密集地域で、阪神・淡路大震災では壊滅的な被害を受けた。従前の若宮地区は十字に通る道路で四つの街区に分かれ、国道四三号線に面するため自動車公害を受ける地域でもあった。

復興まちづくりの出発点は震災直後に行政から示された改良事業計画案で、七―八階建の改良住宅四棟からなる典型的なスクラップアンドビルド型の全域建替え計画であった（図5-7）。次いで北側に連棟住宅（タウンハウス）二八戸、戸建用地二二区画をとり、南側に三―六階建の改良住宅（一部に分譲住宅を含む）五棟を配した多様な住宅形式からなる全面建替え案が示された。しかし、いずれも全壊を免れた戸建持家の居住者の多くが全面建替え型の改良事業計画案を受け入れなかっ

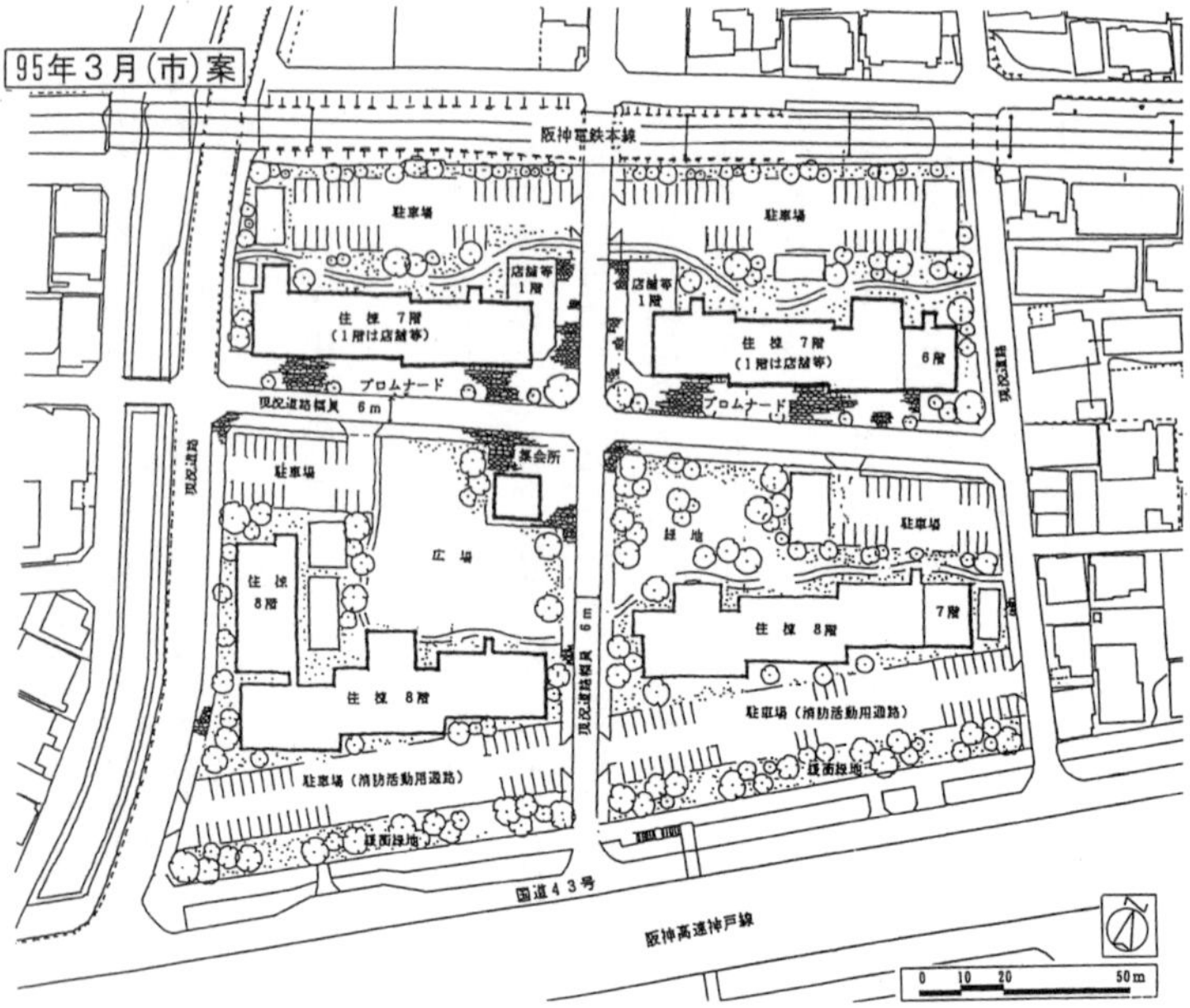

図 5-7　当初の全域集合住宅計画図

たため、行政は当初の方針を変更し、住民参加で復興まちづくりを進める方向に政策転換することになる。地区外の避難者を含めて「若宮まちづくり協議会」が九五年九月に発足して以降、まちづくり協議会とコンサルタントによって計画案が何度も出され、九六年七月に集大成としての集合住宅と存置住宅からなる併存型の事業計画案が発表された（図5-8）。住宅計画は、集合住宅（市営住宅）が四つの街区に三―五階建で五棟、計一一〇戸が分散して配置され、それ以外は戸建住宅を主とした存置住宅である。道路計画については、震災で倒壊、全壊等を免れた住宅を生かしていくという計画の主旨から、地区内の主要な細街路が活用

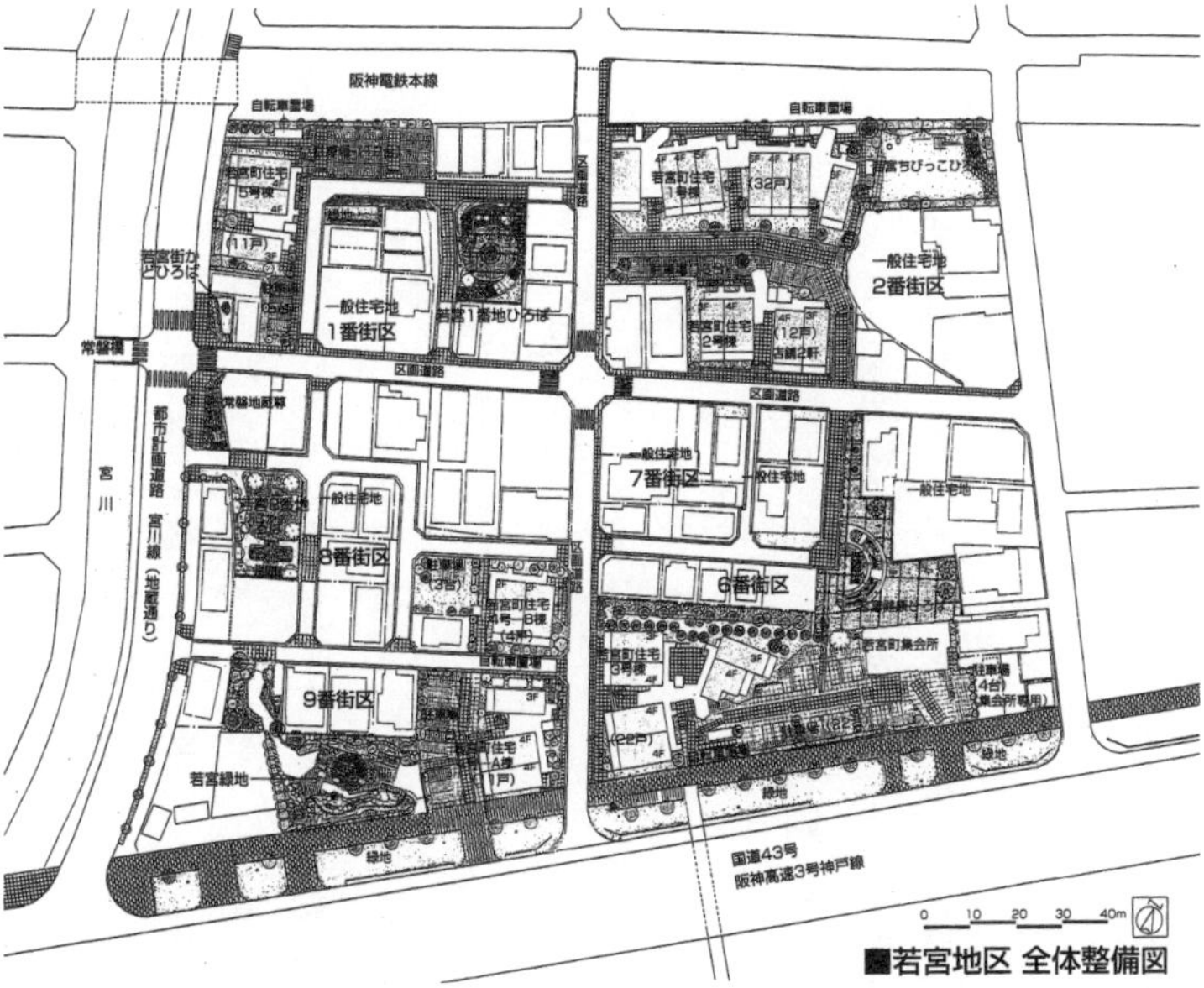

図 5-8　集合住宅と存置住宅の併存による整備計画

される修復型の計画になっている。(29)

　ここでは、当初出された「全域集合住宅による計画の評価」、途中で変更された「集合住宅と存置住宅からなる計画の評価」、それにもとづいて実施された「事業後（現在事業進行中）の評価」という三時点での地権者・居住者による評価をみてみよう。

　評価は集合住宅入居者と存置住宅入居者ではきわだった違いをみせている。集合住宅入居者の評価は、「良い」「まあ良い」の推移が、当初の全域集合住宅計画案の時点の七五％から、計画変更後の八六％、事業実施後の八六％と評価は非常に高い。これは、居住者が集合住宅の建設によって地域に戻ることができたことを実感しているからである。それに比べて存置住宅の評価はあまり高くない。「良い」「まあ良い」対「あまり良くない」「良くない」で三時点の評価をみると、当初の全域集合住宅では、二七%対六一%と低い評価だったが、修復型の計画では六二%対二二%と高い評価に変わり、実際に事業を行った結果では四七%対三六%とかなり評価が下がっている。評価を下げた要因は、道路整備等の個別項目では評価されており、事業の進め方（行政の説明、住民要求の反映）での不満が大きいのと、やはり法定事業アレルギー（事業地区でなければ自由に建て替えできたのにという）があるものと考えられる。(30)

おわりに

阪神・淡路大震災における復興都市計画を「事業論」という点から検討してきた。

区画整理事業、再開発事業といった強制力をもった法定事業は震災という非常時の都市計画では問題が大きく、限界があることが三月一七日の都市計画決定を頂点として示された。面整備の中心となった区画整理事業は、震災後多くの点で改善されたが、神戸市では従来型の事業が行政主導で行われたため、みるべき点がなかったことを明らかにしてきた。また神戸市が進めている新長田駅南地区の復興大規模再開発事業は、震災復興事業の中でも最も問題が大きく、行政責任をあいまいにしたまま進めていくことは許されず、再開発の枠を越えた見直し、計画変更が不可欠である。

こうした法定事業が行われる一方で、宝塚市、伊丹市、淡路・一宮町、東浦町などでは、生活街路整備型の密集事業、芦屋市若宮地区の修復型住宅地区改良事業、神戸市湊川地区のミニ区画整理事業など、より柔軟な事業が適用され、事業に対する地権者や居住者の評価も高かった。復興都市計画から学ぶべき教訓は、従来の法定計画、開発型の都市計画・事業からより柔軟で多様な都市計画・事業へのパラダイム転換の必要性である。

法定事業と比較したこれらの事業の共通点は、強制力に対する住民合意の大切さ、全面改造に対する部分改善（修復）の重要性、面積の大規模性に対する小規模性の優位、生活への大きい影響と比較しての小さい影響の持つ適用性のよさ、事業時間の長期化に対する迅速性の必要などである。震災は、わが国の都市に存在する膨大な木造密集市街地の改善が、将来に向けて大きなしかも困難な課題であることを示した。改善のためには多様な選択肢が必要である。整備水準の考え方についてもそうであり、区画整理を百点とすれば、六〇点、七〇点の改善が無数ともいえる地区で行われていく必要がある。震災復興の都市計画も本来そうあるべきだったのである。

注

（1）若宮地区の事業は、法定事業の住宅地区改良事業であるが、小規模分散型の集合住宅と存置型の戸建住宅が併存する修復型の事業が行われたので柔軟な事業としている。

（2）住市総事業は、震災復興では主として住宅供給のための補助事業として使われている。密集事業は、木造賃貸住宅地区の改善から出発した事業である。いずれも要綱事業で土地区画整理事業のような法定事業と比較すると強制力はない。

（3）神戸まちづくり協議会連絡会編『震災復興まちづくり「本音を語る」』阪神大震災復興市民まちづくりネットワーク、一九九九年、四三ページ。

（4）貝原俊民『大震災一〇〇日の記録　兵庫県知事の手記』ぎょうせい、一九九五年。

（5）換地とは従前（整備前）から従後（整備後）の宅地にすることである。減歩とは、従前から従後に宅地が減少する割合である。区画整理の結果、公共施設等が整備され、土地利用が増進するのでその分だけ宅地を小さくしても価値はつりあうという論理であり、区画整理の仕組みの中心部分である。

（6）付言すれば、この区画整理には、松本地区が入っていたが反対が大きかったので除外された。

（7）玉置豊次郎「関東大震災と復興事業」『近代日本建築学発達史』丸善、一九七二年。なお、この震災復興区画整理の減歩率一〇%は、時代の違いを考えれば今回の九%と比較してもむしろ低いといえよう。

（8）広原盛明『震災・神戸都市計画の検証―成長型都市計画とインナーシティ再生の課題―』自治体研究社、一九九六年。神戸市『神戸の区画整理』一九九二年三月。

（9）土地利用の増進とは、土地区画整理事業の従前、従後での比較であり、経済動向や地価の動向とは関係ないという反論があるが、背景としては多いに関係しているし、右肩上がりの地価がこれまでの区画整理の仕組みを成り立たせてきたことも事実である。

（10）森南地区は後に三地区に分かれ、また、ＪＲ鷹取工場跡地（一八・六㌶）が途中で追加される。

（11）神戸市震災復興本部総括局復興推進部企画課『阪神・淡路大震災　神戸復興誌』二〇〇〇年、七一五ページ。

（12）内田恒「震災復興土地区画整理事業の実践」神戸都市問題研究所編『市街地復興事業の理論と実践』勁草書房、二〇〇〇年、四〇―四一ページ。

(13) 前掲『阪神・淡路大震災　神戸復興誌』、七一八ページ。
(14) 岩崎信彦「復興「まち壊し」土地区画整理事業は今回で終わりに」神戸大学震災研究会編『阪神大震災研究4　大震災五年の歳月』神戸新聞総合出版センター、一九九九年、二二七－二二九ページに詳しい。また、前掲『震災復興まちづくり「本音を語る」』、二七ページで、少しぼかした表現であるが、小林伊三郎協議会会長がこの点についてふれている。なお、結果については、「最大限九%」は残して、減歩率がそれを越える場合には例外的に扱うことにしたようである。
(15) 前掲『阪神・淡路大震災　神戸復興誌』、七一八ページ。
(16) 神戸都市問題研究所編『都市政策論集第二〇集　市街地復興事業の理論と実践』勁草書房、二〇〇〇年。
(17) なお、鷹取第一地区に専門家として入っていた人から、震災の初期にこの小規模宅地の軽減措置を成果であると説明され、筆者がそれは震災前に上沢地区の区画整理で行っていた数字と同じで成果でもなんでもないと言ったことを付言しておきたい。
(18) 上沢地区都市計画ニュース、第一七号、一九八二年一〇月二五日。
(19) 前掲『阪神・淡路大震災　神戸復興誌』、七一八ページ。
(20) 月刊まち・こみ、一一・一二月号、一九九九年一二月。
(21) 神戸市都市計画局『安全で快適なまちづくりをめざして　神戸の震災復興土地区画整理事業』平成九年度(パンフレット)。
(22) 筆者がかかわっている芦屋西部地区の区画整理も「区画整理を前提にしないまちづくり案」というカウンタープランの作成から出発し、生活再建型、まちづくり型の区画整理に結びつけていった点で教訓的である。安藤元夫・小島孜・曽根秀一「住民不在の都市計画決定を乗り越えた住民合意のまち再興」『阪神・淡路大震災　震災復興が教えるまちづくりの将来』学芸出版社、一九九七年。
(23) 安藤元夫・横山裕司・野村浩史「尼崎市築地地区における復興区画整理・住宅地区改良事業の評価に関す

る研究」近畿大学理工学部研究報告第三四号、二〇〇一年九月。

(24) 復興区画整理事業の論点、改善方向については、安藤元夫「震災復興区画整理の論点と展望」『地域共生のまちづくり　生活空間計画学の現代的展開』学芸出版社、一九九八年に詳しい。

(25) 神戸市都市計画局「人にやさしい安心のまちづくり　神戸市の再開発事業」Vol.5、二〇〇〇年八月、等による。

(26) 日本経済新聞、二〇〇一年八月一五日では、復興再開発は「東高西低」、「新長田」住宅先行で誤算、と報道されている。

(27) 飲食業の震災前データは、平成四年の長田区で店舗数一一七四、従業者数三六二六人、販売額一五五億二七〇〇万円で売り場面積のデータはない。平成六年の長田区の小売業は、店舗数二二一〇（平成三年は二四一〇）、従業者数八二五四人、販売額一二四三億六六〇〇万円である。飲食業の店舗数は小売業の約半分であり、売り場面積は従業者数、販売額からみて小売業よりかなり零細である。下限で小売業の三分の一、上限で二分の一と考えると飲食業の店舗面積は二八三四―四二五一平方㍍になる。

(28) 塩崎賢明「震災復興再開発の検証―どこまできたのか、どこまでいくのか―」『大震災いまだ終わらず―五年間の国と自治体の復旧・復興施策を問う―』兵庫県震災復興研究センター、二〇〇〇年。

(29) 四地区の密集事業は各地区の特徴を生かした多様な事業として展開されている。それらを含む本節での柔軟な事業の内容については、以下の報告書に詳しい。安藤元夫・佐藤圭二・松山明・幸田稔『木造密集市街地における生活街路・住宅の一体的整備に関する研究―密集住宅市街地整備促進事業等の全国調査、震災復興まちづくり調査―』住宅総合研究財団、二〇〇〇年。

(30) 湊川地区の区画整理は正確には組合施行の区画整理であるが、ここでは、より内容を表すものとして、事業当時に言われていた通称を使用する。

湊川地区のミニ区画整理は、全域住宅共同化を図りたいという無謀ともいえる住民の自主的なまちづくりから出発し、その後ゾーン分けによる本格的なミニ区画整理案、戸建てグループ層の大きな反対と区役所の調整による合意、現実的なミニ区画整理による事業化という道をたどった。これは神戸市自らが行おうとした計画ではないが、そのプロセスには、住民間と住民・行政の苦労とまちづくりへの大きなエネルギーが発揮されている。面整備の自主的なまちづくりとして唯一ともいえる事業として筆者は評価しており、震災後の事業として、教訓的である。他方、神戸市が積極的に行ったミニ区画整理として神前地区があるが、この事業にはみるべきものはないと筆者は考えている。

第6章
神戸市財政の検証

はじめに

大震災六年後の神戸は、都心の道路、鉄道、店舗、デパートなどがリニューアルされ、北野異人館、メリケンパーク、ルミナリエも多数の観光客が押し寄せ、復興は順調に進んでいるように見える。しかし、インナーシティと言われる下町に一歩足を運んでみると、人口の大幅な減少と、市場・小売店、小規模製造業の廃業と営業難に呻吟する光景に出くわす。多額の返済を強いられる二重ローンであえぐ多くの人々、「人生設計が狂った」「死ぬしかない」と絶望する人々、企業、自営業の倒産、リストラなどで失業率も一〇%を超え全国水準を大幅に上回っている。生活保護も震災前の九三年度の一万四九七二世帯(二万三〇〇五人)から、二〇〇一年五月には二万二一世帯(二万九六七五人)と激増している。人員保護率は、インナーシティの中央区(四一・四)兵庫区(四六・四)長田区(四七・七)と、東灘区(八・五)西区(八・七)と比べ著しく高く、地域格差が進んでいる。(1)

被災市民の生活と営業難は、地震という自然現象が人口過密な大都市部を襲ったこと、震災復興において被災者一人一人の生命と暮らしの再建よりも、従来型の大規模開発を優先した政策によるところが大きい。その意味で大震災による被害と不幸は、「自然災害」「大都市災害」「政策災害」とでもいうべき三つの問題が重なったために生じている。大震災後、国や兵庫県、特に住民に密着した基礎自治体である神戸市の復興政策は、被災住民の「生命や暮らしを守り生活の質」を高め、うちひしがれた被災住民をはげまし、被災住民が明日の希望をもてるように全力をあげるべきであった。住民の生活や経済に活力を与え、地方自治の担い手を育てることが、大震災後の地域の危機を打開しうるからである。

しかし国と兵庫県、神戸市は、多くの住民の反対を押し切ってさえ、港湾や都市計画そして市営神戸空港などの大型公共事業を強行した。そのため、市財政は極度の財政ストレスをおこし、事実上財政再建団体並みの破綻状態に陥っている。つまり現在の市財政危機と被災市民の貧困化は、震災前からの大型プロジェクトを優先する成長型都市経営と、震災を契機に「復旧よりも復興を」のスローガンのもと、震災前を上回る大規模開発を中心とした震災復興政策にある。[2] さらに復興政策が被災市民の生活や営業、中小零細企業を軽視したため、市税収入の停滞ないし減少を招き、市財政危機に拍車をかけている。

ここでは、神戸市財政の破綻の要因と再建の方向を次の視点で述べる。

①大震災六年後の住民の生命や暮らし、そして地域の産業の状態はどのようなものになっている

のか検証する。
②震災復興が進まない問題の根源に、社会保障よりも大型公共事業を優先し、「市場主義」の大義名分のもとで被災者に「自立・自助」を強要する国の政策と、中央集権的行財政システム、そして住民の意思やニーズに基づかない神戸市の官僚主義がある。
③震災が、高齢者、低所得者など社会的弱者と地場の中小零細企業や自営業者が密集するインナーシティを直撃したため、復興政策はこれらの人々の生活、住宅保障、営業を重視すべきであった。しかし、震災によって都市間競争に遅れをとった神戸市は、港湾や産業の競争力を強化すべく、これまで以上に産業基盤や大型開発を優先したため、住民の生活と地域経済が再建できず財政ストレスが高まっている。
④したがって住民の生活と市財政、神戸経済の再建のためには、被災者の願いである「個人補償」の実現と国の行財政上の責任を実行させることである。根本的には、中央集権型行財政システムを自治分権型に転換することである。地方自治体が自主財源と財政自主権を確立するとともに、市民自治が保障される地方行財政システムの確立が必要となる。さらに雇用の保障などで大企業がその社会的責任を果たさねばならない。
そのためにも、神戸市政が都市間競争と成長型の都市経営から脱却し「生命や暮らしを守り生活の質を高める」住宅、福祉、医療、教育、文化など生活者重視の都市政策と、地場産業や地域の中小零細企業を重視する産業政策へ転換すべきである。

一　住民の生命と暮らし、地域産業の実態

国や兵庫県、神戸市の震災復興計画を評価する基準は、道路や港湾、公共施設などハード面というよりもむしろ①被災者が元住んでいた地域に戻り暮らしを再建することができたのか、②地域産業が再建されたのか、などソフト面の方が重要である。なぜなら道路や港湾、橋梁、鉄道が復興しても、被災者が戻らず地域が空洞化し被災者が希望をもって生きていけなければ、何のための復興政策であったのかが問われるからである。モノやマネーよりも人間こそ大切にされねばならないのである。以下、順に検証する。

被災者の暮らしからみてみよう。神戸市が二〇〇〇年一月に発表した「市民一万人アンケート調査」（調査期間、九九年九月一七日―三〇日）によれば、震災前と比較した暮らしの変化は、「向上している」五・八％に対して、「低下している」四六・二％と、半数近くの市民が暮らしの低下を訴えている。特に灘区、中央区、兵庫区、長田区のインナーシティ地域で「低下している」の平均値が五五・六％と高く、郊外地域の北区、西区の「低下している」の平均値三八・五％を大きく上回り地域格差が進行している。

神戸市の人口（震災後の九五年一〇月）は、表6-1のように前年の九四年一〇月に比べ、市全体

表 6-1　神戸市の人口動態

（単位：人）

	94 年 10 月	95 年 10 月	2000 年 10 月
神　戸　市	1,518,982	1,423,792	1,493,595
東灘区	191,540	157,599	191,304
灘　区	124,891	97,473	120,505
中央区	111,536	103,711	108,033
兵庫区	117,918	98,856	106,911
長田区	130,466	96,807	105,467
須磨区	188,863	176,507	174,055
垂水区	237,781	240,203	226,370
北　区	216,036	230,473	225,187
西　区	199,951	222,163	235,763

資料：94 年は『神戸市統計書』95 年は『国勢調査』2000 年は『国勢調査』の速報値より作成.

で約九万五千人減少し、とくにインナーシティ地域は約一三万人減少し落ち込みが激しい。反対に郊外地域の西区、北区は人口を増加させている。その後、人口は順調に回復せず二〇〇〇年一〇月になっても九四年比で市全体で約二万五千人減少し、兵庫区、長田区、須磨区の回復がとくに遅れている。東灘区、灘区、中央区の人口の回復は、元住んでいた被災者が復帰したというよりも、長田区や須磨区などで被災した人や大阪など他都市から移り住んだ人が多い。

そのことは次のことからも確認できる。第一に、被災者が入居する災害公営住宅の被災者需要に対する供給計画の割合は、激震六区（東灘区、灘区、中央区、長田区、兵庫区、須磨区）の五一％に対して、被災程度の少ない郊外地域（北区、垂水区、西区）が二一四％と高く、被災者が元住んでいた地域に戻れない計画となっていること[3]、第二に、大震災後、東灘区、灘区、中央区で建設された新築住宅のうちで、中高層の分譲マンションの割合が高いことから、この地域の人口の回復が、元住んでいた人が戻ったというよりも、新規

表 6-2　神戸市の商業施設

	商店街		小売市場		営業店舗		コンビニ等	
	93 年	99 年	93 年	99 年	93 年	99 年	93 年	99 年
神戸市	260	234	104	69	2,436	1,394	429	562
東灘区	9	10	18	7	424	176	51	70
灘　区	34	24	14	6	358	200	40	53
中央区	85	81	9	9	322	216	67	98
兵庫区	34	28	15	12	417	245	36	56
長田区	33	29	14	7	364	156	42	44
須磨区	22	22	12	8	200	130	37	46
垂水区	21	20	14	13	235	180	49	72
北　区	15	13	5	5	76	57	60	64
西　区	7	7	3	2	40	34	47	59

資料：「神戸市中小企業指導センター」1993 年，99 年調査より作成.（小売市場は小売商業調整特別措置法で定めた「50 平方メートル未満の生鮮食料品などを扱う店舗が 10 店以上集まった場所」を対象としている.）

参入者によっていることが推定されるからである。[4]

つぎに地域コミュニティと密着して成り立っていた商店街、小売市場、営業店舗の状況をみてみよう。地域商業は表6-2のように崩壊が著しい。一九九九年の商店街の数は、一九九三年に比べ二六か所（一〇%）、市場の数は三五か所（三四%）、営業店舗の数が一〇四二か所（四三%）減少している。とくに営業店舗は長田区が五七%、東灘区も五八%減少している。それらに代わってコンビニエンスストアが四二九か所から五六二に激増している。神戸市の小売市場の減少率三四%は、近隣大都市である大阪市の一五%減、京都市の一三%減と比較しても大きい。[5] それだけ大震災の影響を強く受けているのである。

製造業は復興したのか。表6-3のように一九九九年は九三年と比較して、全市の事業所数は四二〇〇か所から二八八六か所へと三一%、従業者も一〇万五一五九人から七万六五四一人へと二七%も減少している。特にインナーシティ地域である灘区、中央区、長田区、須磨区の落ち込みが著しく、従業者はそれぞれ四八%、五一%、四二%、五四%も減少し、震災後も減少に歯止めがかかっていない。神戸の最大のインフラともいうべき神

表 6-3　製造業の区別事業所数，従業者数

年　次		1993 年	1995 年	1999 年
全　市	事業所数	4,200	3,308	2,886
	従業者数	105,159	88,207	76,541
東灘区	事業所数	327	270	251
	従業者数	14,910	13,372	12,844
灘　区	事業所数	197	130	116
	従業者数	3,824	2,875	1,988
中央区	事業所数	385	326	248
	従業者数	17,802	12,825	8,720
兵庫区	事業所数	521	445	369
	従業者数	22,611	20,001	17,115
北　区	事業所数	116	107	104
	従業者数	2,412	2,215	2,457
長田区	事業所数	1,534	1,107	963
	従業者数	18,883	13,645	11,033
須磨区	事業所数	397	202	183
	従業者数	4,200	2,238	1,939
垂水区	事業所数	126	105	87
	従業者数	1,523	1,299	954
西　区	事業所数	597	616	565
	従業者数	18,994	19,737	19,491

資料：神戸市『神戸市統計書』各年版.
注：従業員 4 人以上の事業所を対象としている.

戸港も復興していない。神戸港は大震災前から斜陽化がすすんでいたが、二〇〇〇年における神戸港の外国貿易の取扱貨物量は大震災前に比べ約七四％、コンテナ貨物も約七六％しか回復していない[6]。東アジア地域における主要港のコンテナ取扱量（TEU）は、大震災前の一九九四年、神戸港が第六位であったが、二〇〇〇年には二〇番台を低迷している[7]。

二　国の経済計画と大震災復興計画

戦後の政府の経済計画の基調は、輸出主導経済の基盤となるインフラを優先する大型公共事業と、一九九七年の橋本首相の「六大改革」に象徴される市場原理の徹底、規制緩和による国際競争力強化策である。大震災の復興計画は、「政府が策定中の経済計画に配慮し、国としても承認しうるもの」（阪神・淡路復興委員会意見）と述べられているように、基本的には政府の経済計画の理念と方針に規定されていた。それゆえ政府の復興戦略は、被災自治体をして国の経済方針に沿った「復興計画」をつくるよう誘導することであった。そして誘導するシステムが、従来型の省庁縦割組織によって、補助金、起債、交付税をテコとして、自治体に実施責任と負担を押しつけていく中央集権的な行財政システムである。と同時に国の災害責任を不明確にしつつ、「市場主義」の名のもとに個人被害の自力復興を強調するものであった。

さらに震災時に政府、特に大蔵省の最大の懸案事項が銀行の不良債権問題であったことも無視できない。一九九四年一二月、東京協和信用組合などが長引く不況と地価、株価の低迷に耐え切れず破綻する。その直後の九五年一月に大震災が勃発した。大蔵省にとっては、被災者の救済よりもグローバル経済に適応できる金融システムの再編こそが重要であった。したがって大蔵省は、不動産融資などバブルで狂奔した被災地の兵庫銀行やさくら銀行の破綻を、震災復興という大義名分によって救済する施策をいち早く展開するのである。兵庫銀行は、バブル崩壊後の九五年八月の倒産時、資産二・四兆円のうち、一・五兆円（回収可能資産は七一〇〇億円に過ぎず、回収不能資産七九〇〇億円）の不良資産を抱えていた。その後、みどり銀行、みなと銀行と改組していく中で、預金保険機構、税金、日銀貸付などから一兆円余りの公的資金が投入される。さくら銀行に対しても金融再生法に基づき約八〇〇〇億円がつぎこまれるのである。

震災は、以上のような背景のもとでおきたため、復興計画も国の大型公共事業優先と神戸市の「開発主義」を反映するとともに、市場原理を優先した政策基調のもとで被災者の自助努力、自己責任を強調するものとなった。次にそのことを検証しよう。

三　大震災における国と被災自治体の復興政策

1　国の復興政策

国は、復旧・復興に際して、産業基盤を中心とする公共施設の復旧を優先した。例えば、震災の国の予算措置（一九九四年度二次補正予算から一九九六年度補正予算までの累計額四兆七〇九億円）は、道路、港湾などのインフラ関連が全体の五〇％余りを占めるのに対して、住宅や医療、福祉など住民の生活基盤は三〇％程度である。兵庫県試算による被害額と比較してもインフラ関連が重視されている。たとえば生活基盤は被害額約四兆六千億円に対して、予算措置約一兆四千億円と三〇％に過ぎないが、インフラ関連は被害額約二兆八千億円に対し予算措置約二兆一千億円と七五％にも達する。特に高速道路、港湾、都市計画道路などに対し、補助率のかさ上げや、起債枠の緩和、地方交付税の特別な措置など国の手厚い財政支援がなされたのである。

このように国が、公共事業優先の政策を財政三点セット（補助金、起債、交付税）をテコとして自治体に実施責任と負担を押し付けていったことが、被災者と被災地の復興を遅らせている主要な要因である。しかし、政府間行財政システムの本質は、国家官僚制と住民の人権・民主主義運動との対立における政治的経済的分析を欠いては明らかにされない。すなわち震災復旧・復興政策の特徴は、単に官僚的集権的行財政システムの問題としてだけで把握されてはならず、住民の人権・民主主義運動との対立・拮抗のなかで位置づけられねばならない。なかでも神戸市官僚の行政姿勢と都市復興政策が、いかなる役割を果たしたかが重要な問題となる。なぜなら、震災復旧と復興をどういう方向で行うかは、自治体が国と住民との対抗関係の中で、国の下部機構として官僚的な役割を果たすのか、それとも住民の代表機関としての役割を果たすのかに決定的に依存しているからである。この点で非常に対照的な政策を展開した神戸市の震災復興政策と、雲仙・普賢岳災害における島原市の復興政策、鳥取西部地震での鳥取県の復興政策を比較して検証しよう。

2　神戸市の震災復興政策

大震災後、家財や住宅などを失った被災者は、生活再建のために政府や被災自治体に「個人補償」を求めたが、当時の総理大臣であった村山富市は「(個人補償に対して) 気持はわかりすぎるくらいわかりますが、国の成り立ちとして、そういう仕組みになっていないんです」(朝日新聞、一九九五年二月一一日付) と述べた。つまり住宅は、個人の財産であり自己責任によって自力で再建すべきであり、税金を個人の資産形成に使えないというのであった。

兵庫県の貝原俊民知事も「私有財産制度のもとで、個人財産は個人の責任のもとに維持することが原則である、このようなことになっております」（九五年七月五日県議会）と述べ、神戸市長笹山幸俊も「個人補償は政治体制を変えること」「地震だから個人補償というのは論理飛躍」（九五年一二月二六日）と政府と同様の見解を示す。しかしこれでは被災市民の生活基盤は立て直せず地域社会は崩壊する。このことは、約一〇兆円という復興資金を投じたにもかかわらず、六年経っても被災市民の人間復興と地域再建がすすんでいない阪神・淡路大震災後の現状をみれば明らかであろう。[8]

神戸市の復興計画は、被災者の人間復興よりも大規模開発優先型であったことは否定できない。神戸市は震災の五カ月後の一九九五年六月に「神戸市復興計画」を策定する。その内容は、二〇一〇年までの市内の実質経済成長率を二・八％と高く設定し、人口も九五年の一四〇万人から一七〇万人へと異常に高い伸びを見込む成長型の計画となっている。この「復興計画」は言うまでもなく、震災前に策定された「新・神戸市基本構想」（一九九三年九月）を骨子としたものであった。新・神戸市基本構想は、政府・財界の基本認識と同様の立場であった。つまり、大競争時代における都市の生き残りのために多国籍企業の誘致が必須として、その立地や環境整備のために、大規模開発によって都市構造を改革する計画をたてている。基本構想は、「二一世紀の神戸では、海・空・陸の〝みなと〟はひとつになり、人・物・情報の交流はますます活発になっていき……都市を支える経済や交通の機能が充実した創造的で躍動的なまちをつくる」として、神戸港、神戸空港を核に、内外の人・物・情報が交流する都市づくりをめざしている。「神戸の新たな成長を図るため、経済の国際化や質の高い都市基盤の整備により、世界都市機能を充実、強化」し、「アジア地域を始めとした海外諸都市との人的・経済的・技術的な協力を推進する」世界貢献都市としての環境を整えることを強調している。

神戸市の復興計画は、基本構想で示された多国籍企業の立地と成長型の都市政策を根本的に見直すのではなく、むしろそれを踏襲している。震災で都市間競争に遅れをとったことから、「二一世紀を先導する国際都市としての再生・復興」という都市像を掲げ、「単なる復旧より復興を」めざすのである。『神戸市復興計画』は、次のように述べている。「二一世紀を目前にひかえ、単に都市機能を震災前の状態に復するのではなく以前にもまして住みやすく、質の高い魅力あふれるまちとしての復興を図ることが求められている。神戸を培ってきた国際性や海・空・陸の総合交通拠点を生かし、世界の人・物・情報の交流が新たな文化や産業を生み出す活力ある都市として復興しなければならない」。

つまり、「世界の人、物、情報の交流」によって生み出される文化や産業の担い手は、あくまで多国籍企業なのであり、その立地しうる環境を整備することが、神戸市の復興計画の最大の眼目なのである。だからこそ住民のくらしと営業の再建よりも、港湾や道路が優先され、港湾は単なる復旧でなく、一五メートル水深の高規格のコンテナ埠頭を建設し、高速道路をいち速く復旧したのである。神戸空港も、多国籍企業の立地に欠くことができない都市装置として、震災後一カ月もたたないうちに計画が打ち上げられた。さらに復興計画は、二一世紀を目指して産業構造の転換を図るべく、神戸マルチメディア構想、コンベンション都市機能の強化、新産業創造支援を掲げている。

神戸市の都市復興のシナリオは、港と道路などのインフラを復旧・復興させ、神戸を牽引する大企業を立ち上げ、その波及効果によって中小零細企業や個人営業、そして被災者の生活が「再建」される、というものであった。確かに大手ゼネコンや一部大企業は、「焼け太り」といわれるように巨額の利益をえたが、圧倒的多数の地元の中小零細企業や小売店、市場、そして被災者の生活の再建は進まなかった。例えば神戸市全体の製造業出荷額は、九三年度三兆一九七九億円が九五年度二兆七六六七億円と一三%も下落し、九九年度になっても二兆六五八四億円（一七%減少）と回復するどころか、減少に歯止めがかからない事態となっている。特に長田区は、九三年度三〇七三億円が九五年度に二〇六九億円と三三%も減少し、九九年度には一八二二億円と四一%の大幅な減少となっている。(9)

長田区製造業の落ち込みは、地場産業であるケミカル産業の零細な事業所の減少が大きな原因である。零細な事業所の減少は、震災後、神戸市がケミカル事業所の被災数に見合った仮設工場を同地域に建てなかったため遅れたことにも起因している。ケミカル産業の仮設工場は、全市域で計一〇一戸建設された。そのうち長田区内で建てられたのは三六%に過ぎず、残りは西区など郊外に建てられた。ケミカル産業は「長田区内でなければ熟練技術者を確保できない」「長田区内であれば不足する部品を調達できる」など地域集積が競争力の源泉であった。(10)

したがって郊外で操業せざるをえなかったケミカル工場は不利な立場に立たされたのである。だからこそ、神戸市の実施したアンケートでも、本格復興には「中小企業対策の活性化」（四三・五

%）が最も多く、次いで「地場産業の振興」（三二・七%）、「製造業の活性化」（二一・九%）が必要と指摘している。[11]

以上のような問題の根底には、長田区をはじめとするインナー地域が、都市計画決定によって道路中心の大規模区画整理や、高層ビルの再開発に計画されたことが考えられる。区画整理地域内では、建築が制限され換地手続きが済まないと、被災者は住宅や店舗、事務所などを建てられず、元住んでいた地域に戻れないからである。さらに国や兵庫県、神戸市は、「自立・自助」を強調し、被災者が自立するための公的な「個人補償」制度を否定したことも、被災者の人間復興を遅らせた。自立再建した被災者の多くが平均二〇〇〇万円もの住宅ローンをかかえているという。[12]

企業のリストラに脅えているサラリーマン、震災後の緊急融資の返済の目処が立たない中小零細業者、街に人が戻らないために先行き不安を募らせる零細な小売業者たち、震災復興公営住宅の家賃低減策の打ち切りに不安を募らせている低所得の年金生活者が大量に生み出されているのである。このような地域における構造的悪循環によって、人口減少や地域産業の衰退をもたらし、市民所得の減少と、市税の減少となっている。表6-4のように、神戸市の一人あたり市民所得は、震災後、大幅にダウンし政令指定都市中最低となっている。

その原因は、「復興計画」が大型プロジェクトを優先させ、地場の中小零細企業に対するきめ細かな支援策を欠いていたこと、そして被災者の生活再建のための「個人補償」がなされなかったことにある。さらに震災直後に強行された都市計画決定によって、被災者が元住んでいた地域に戻れ

表 6-4　政令 11 都市の市民所得

（1 人当たり，単位千円）

	札幌	仙台	川崎	横浜	名古屋	京都	大阪	神戸	広島	北九州	福岡
92年度	280	331	377	333	345	293	478	306	322	267	306
97年度	304	322	327	337	365	294	365	268	339	291	314
増　減	24	−9	−50	4	20	1	−113	−38	17	24	8
増減率	109%	98%	87%	101%	105%	100%	77%	88%	105%	109%	103%

資料：神戸市会事務局調査資料より作成．

ず、大幅な人口減少をきたしたことである。復興都市計画は、復興区画整理一四三㌶余りを対象にした計画であるが、五年経過した現在でも自分の土地が確定せず住宅再建できない人が五割近くもいるのである[13]。

神戸市は、住民の生活や営業の再建にとって必要不可欠な個人補償に消極的な姿勢をとる一方で、自ら管理運営する港湾や鉄道、道路などに対する国の財政援助を強力に訴えた。その結果、港湾や道路などに対する国の補助率は、十分の八〜十分の九に嵩上げされ、本来、国の補助の認められない神戸埠頭公社や第三セクターの神戸高速鉄道株式会社、神戸新交通システム株式会社も十分の八の補助率が認められている。しかし、住民の生活に関連する災害公営住宅は、国の建設費補助率は四分の三であるが、肝心の用地買収について補助がない。児童福祉や老人ホームなどの建設費補助も三分の二と開発関連に比べ低く、地方自治体の超過負担の要因になっている。このように既存の行財政制度の延長線上で震災復興を行い、住民の立場にたって国の行財政責任を追及しない神戸市の姿勢が、その後の深刻な市財政危機を招く要因となる。行財政情報を公開し住民の立場に立ち住民とともに制度改革を志向しない、実務的・官僚主義的な神戸型都市経営の体質の弱点が顕在化したのである。

3　島原市と鳥取県の復興政策

島原市と鳥取県の復興政策に共通する点は、第一に被災者が生活再建するためには「個人補償」が必要であり、そのための施策を全力をあげて取り組んだこと、第二に浪費的な大型公共事業に依存せず、地元の中小零細企業を重視した政策を展開したこと、第三に市長、知事が「現場主義」をつらぬき、被災者の目線に立って施策を推進していったことである。以下でそのことを検証しよう。

雲仙・普賢岳の大災害で、当時島原市長であった鐘ケ江が、被災市民の要望のもと被災市民と一緒になって、一九九一年に「個人補償のための特別立法」を国に要望している。「家を失い、集落を失った被災住民に、明日への展望を開かせるためには、彼らを自力更生させるための基本財源（個人補償―筆者挿入）が必要」だからである。[14] だが特別立法は、国の「自然災害に補償はなじまない」との考えのもとで実現できず、代替として復興基金（県の出資による運用財産四〇億円、県が無利子で貸し付ける運用財産一〇〇〇億円、義援金による運用財産四〇億円）を創設している。被災住宅の再建助成として、新築の場合義援金基金から三〇〇万円、市町基金から二五〇万円、家具購入費の助成として完全消滅の場合義援金基金から一〇五万円、市町基金から四五万円を支給するなど実質的な「個人補償」を勝ち取っている。[15]

鳥取県の復興政策も「現場主義」と「個人補償」を重視している。震災翌日には、片山知事や県幹部が現地に駆けつけ、被災住民の生活実態、被災状況、前線拠点の役場機能、避難所の生活を自分の目で見て、被災者の苦難をわがことと感じている。被災住民の苦しみや悩みに耳を傾けているうちに、住民の最大の不安が住む家が壊れたが再建できないこと、被災した住民を元の地域に戻ってもらい地域を守ってもらうためには、住宅再建の支援策が一番有効であると判断するに至るのである。

鳥取県の復興政策の要である住宅再建支援策は、「被災した住宅の再建、補修に県と市町村が補助金を交付する。建て替えは限度額三〇〇万円で、県負担は三分の二。補修は一五〇万円を限度に、五〇万円以下は県負担二分の一、五〇万円超は同三分の一。別枠で、液状化被害の復旧に、一五〇万円を限度に補助（補助率は補修と同じ）する。市町村の補助率は各自治体が定める」というものである。

しかし自治省はじめ関係官庁は、税金は道路や港湾、橋梁など公共施設に投じることができるが、個人の私有財産となる住宅に充てることは財政ルールに反して出来ないと圧力をかける。これに対して片山知事は、いわゆる自治省など官僚が定めた財政ルールに反しているかもしれないが、憲法に反していないのであれば税金を個人の住宅再建に投入することができるのではないかと決断する。財政ルールを遵守して道路や港湾が復興しても、地域の主人公である住民がいなくなれば、何のための誰のための復興なのか「むなしい」結果を招くからである。

災害救助法によれば、税金で仮設住宅は建てられるが、一戸につき約四〇〇万円（建設費三〇〇万円、土地のリース代金や撤去費あわせて一〇〇万円）かかる。時が経てば撤去しなければならず住み続けることは出来ないものである。であれば個人住宅の再建に三〇〇万円を投じる方がより合理的ではないのか。鳥取県の復興支援策は、何が震災復興にとって大切なのかを示しているのではなかろうか。

特に見逃してはならないのは、鳥取県の住宅再建支援策は、二〇〇〇年に県営の中部ダムの公共事業を中止し、そこで捻出した財源などをもとに展開しえたという点である。一九七二年に鳥取県は、治水のためにダム建設を計画した。しかし計画は、絶対に起こりようがない過大な被害を想定し、立派な御影石を並べる贅沢きわまる二四〇億円もの建設費が計上されていた。片山知事は、治水の科学的調査をおこなわせ、通常被害では三〇億円程度の河川改修ですむことを県民に情報を公開し、説明責任を果たすことに尽力を注いだ。つまり科学的調査に基づく正確な情報を住民に公開することで、無駄な公共事業をカットしえたのである。

片山知事は、「これからの地方自治は、住民が暮らす地域や現場からの視点、発想が大切である。かりに中央の論理に反していても、住民の目線に立って、必要なことはやる、という現場主義の視点を持つことが、地方分権のうえからも必要といえる。キーワードとなるのは、情報公開とアカウンタビリティー（説明責任）である。いままでのように国の制度に依拠し、不備があっても仕方ない、というだけではダメなのである。これからは、行政担当者は説明責任を果たし、公開の場での議論を踏まえて合意を形成する。秘密にして根まわしで物事を決める手法をやめ、住民の視点に立ち、情報公開して、情報を共有しながらオープンな場で議論することが地方自治や民主主義にとって重要となる」と力説する。[16]

鳥取県の復興政策から言えることは、公共性とは、単に道路や港湾などハードなインフラだけでなく、むしろ地域の主人公である住民の生命と暮らし、それを支える住宅、そして地域の再建こそ優先されるべきであり、科学的調査によって情報を住民に公開し行政が説明責任を果たすことである。鳥取県片山知事の復興施策の要である「現場主義」は、阪神・淡路大震災直後、被災現場に姿をみせなかった笹山神戸市長と対照的であった。[17] その意味で復興政策は、被災自治体のトップの行政姿勢と役割が決定的に重要なのである。

四　神戸市の財政分析

1　震災前の財政状況

神戸市財政の特徴は、表6-5のように神戸市財政の市内総支出に占める割合が三二%と、他の四大都市平均の二一%の一・五二倍と非常に高いことである。なかでも普通建設事業費（公共事業）の市内総支出に対する割合が三・八%と、他の四大都市平均の二・四%の一・五八倍と高い。このよ

表 6-5　5 大都市財政，普通建設事業費，公債費と市内総支出（所得）に占める割合（1990 年度）

（単位：億円，%）

	市内総支出 A	都市財政 B	普通建設事業費 C	公債費特別会計 D	B/A	C/A	D/A
神 戸 市	53,359	17,163	2,010	2,210	32	3.8	4.14
横 浜 市	125,003	23,649	3,873	2,848	19	3.1	2.28
名古屋市	91,415	18,701	1,995	3,457	20	2.2	3.78
京 都 市	48,035	12,079	928	1,644	25	1.9	3.42
大 阪 市	158,115	32,497	3,853	6,294	21	2.4	3.98

資料：大都市統計協議会『大都市比較統計年表』1990，1991 年版より作成.

表 6-6　神戸市歳入決算額（普通会計）

（単位：億円）

	1985	1990	1993	1995	1998	1999
市　民　税	931	1,333	1,357	930	1,179	1,109
個　人	640	901	1,029	661	901	866
法　人	291	432	328	269	278	243
固定資産税	621	859	1,115	1,055	1,242	1,272
地方交付税	453	591	440	682	985	1,140
国庫支出金	711	685	1,220	3,864	1,480	1,434
市　　債	500	811	1,340	6,518	1,011	1,159

資料：1995 年までは大都市統計協議会『大都市比較統計年表』，98 年は神戸市監査委員『神戸市一般会計及び特別会計決算意見書並びに基金状況審査意見書』，99 年（決算見込み）は神戸市会事務局「決算審議参考資料」より作成.

うな公共事業は、起債によってまかなわれており、公債費の市内総支出に占める割合も四・一四％と他の大都市平均三・三七％よりも大きい。

神戸市の市民税は、表6-6のように一九八五年の九三一億円から九〇年の一三三三億円と一・四三倍と増加している。しかし、バブル崩壊後の九三年には一三五七億円であり停滞している。法人所得を反映する法人市民税は、八五年の二九一億円から九〇年には四三二億円と増えているが、九三年には三二八億円と七六％にまで減少している。さらに個人所得を反映する個人市民税は、八五年の六四〇億円から九〇年の九〇一億円と上昇しているが、九三年は一〇二九億円と微増である。この時期、自主財源のうちで土地や家屋の固定資産税のみが上昇しているに過ぎない。つまり震災前に、すでに市税は停滞傾向を示していたのであって、震災後に急に減少したわけではない。

国の補助金である国庫支出金は、八五年の七一一億円から九〇年の六八五億円といったんは下落するが、九三年には一二二〇億円と増加している。この時期における国庫支出金の変動は、八五年から九〇年にかけて国の補助金がカットされ普通建設事業費における単独事業が増加し、九〇年頃から補助事業が増加したことによっている（表6-6）。

さらに市債も九〇年の八一一億円から九三年には一三四〇億円と一・六五倍に増加している。市債増加にともない、公債費比率も八五年の一四・四％から九〇年の一六・一％、そして九三年の一九・四％に上昇し、他の大都市に比べ高くなっている（表6-7）。八九年から神戸市の単独事業が補助事業を上回り増加しているが、九五年の震災以降、国の補助事業、単独事業も大幅に増加し、

表 6-7　公債費比率（7 大都市比較）

（単位：%）

	1975	1980	1985	1990	1993	1995	1999
神戸市	7.2	10.9	14.4	16.1	19.4	20.6	29.9
横浜市	7.1	7.3	8.4	9.1	12.9	14.9	19.1
名古屋市	4.9	6.5	9.9	9.2	10.7	12.1	16.6
京都市	8.5	10.2	13.1	14.7	16.4	17.0	18.1
大阪市	13.0	16.4	17.0	14.6	15.1	14.4	17.8
北九州市	9.2	9.9	14.4	13.8	13.6	13.2	13.9
福岡市	7.0	11.3	15.5	14.4	14.9	17.3	20.5
7大都市平均	8.1	10.4	13.2	13.1	14.7	15.6	19.4

資料：神戸市会事務局『調査資料―決算審議参考資料（一般会計・特別会計）各年版』より作成.

表 6-8　神戸市の普通建設事業費の推移

（単位：億円）

	1989	1990	1993	1995	1996	1997	1998	1999
普通建設事業費	1,759	2,010	3,108	4,019	4,410	3,740	2,945	2,114
補助事業	706	645	986	2,085	2,361	2,271	1,866	1,276
単独事業	1,012	1,310	1,965	1,591	1,927	1,301	999	776

資料：神戸市会事務局『調査資料―決算審議参考資料（一般会計・特別会計）各年版』より作成（普通建設事業費は，補助金と単独費の合計と必ずしも一致しない）.

その後単独事業が減少している（表6-8）。さらに市債増加は、この時期の普通建設事業費の大幅な伸びによっている。

以上のように大震災前の神戸市財政は、バブル崩壊後、自主財源である市税が停滞傾向を示しているにもかかわらず、巨額の起債による大型公共事業（戦後、連綿として続けられてきた公共デベロッパーによる開発と、第二ポートアイランド人工島建設、ニュータウンなど内陸部の大規模な開発、地下鉄海岸線建設など）が推進され、そのことに

表 6-9　震災関連事業

(単位：億円)

区　分	震災関連事業費合計	生活支援	災害復旧	復興対策
一般会計	18,645	1,783(8%)	4,835(26%)	12,027(66%)
特別会計	689	115	89	485
企業会計	4,349		3,421	928
全会計合計	23,683	1,898(8%)＊	8,345(35%)	13,440(57%)

(1994-98 年度決算．98 年度から 99 年度への繰り越し．99 年度当初予算)
資料：神戸市理財局資料より作成．

よって危機的な状態に陥っていたと特徴づけられる。公債費比率の上昇が財政破綻の兆候を示していたのである。震災前の一九九四年一〇月に「神戸市行財政調査委員会報告」でも、二〇〇〇年度には財源不足累計額は四五〇〇億円に達することが予測されていた。つまり市財政は、震災がなくても遅かれ早かれ、危機的状態に陥ったのである。

2　震災復興財政

神戸市の震災復興政策の特徴を震災財政から検証してみよう。神戸市の震災関連事業費二兆三六八三億円（決算額）の構成割合は、表6-9のように生活支援一八九八億円（八%）、災害復旧八三四五億円（三五%）、復興対策一兆三四四〇億円（五七%）となっている。災害復旧において港湾の復旧など企業会計部門の割合が高いので、それらを除いた一般会計でその構成割合をみれば、生活支援八%、災害復旧二六%、復興対策が六六%となる。生活支援よりも復興対策の割合が高いことから明らかなように、震災関連事業は「復旧よりも復興を」重視し、被災市民の生活再建が軽視された財政措置となっている。以下、その内容を検証しよう。

生活支援一八九八億円の中で、災害援護資金貸付の七七七億円は返済しなければならない。それ以外で被災市民の手に入るのは災害弔慰金・災害障害見舞金・災害見舞金あわせて一九六億円である（表6-10）。一九六億円という額は、一般会計の震災関連事業費の一%に過ぎない。つぎに災害復旧費で最も多いのは、港湾施設、海岸施設の二二四九億円で、がれき等災害廃棄物処理一五五四億円、土木施設などの建設事業の九六七億円、市営住宅など住宅関連が七二三億円、下水道施設五九〇億円、学校など教育文化施設の三四九億円、水道施設二九六億円、阪神高速道路、再開発ビルや再開発住宅の都市計画関連が二九六億円などである（表6-11）。このように災害復旧は、港湾、道路、上下水道、住宅、学校など公共部門が管理するハードの施設が中心となっている。

復興対策事業は、区画整理・市街地再開発・東部新都心整備等の都市計画が三六七七億円、災害公営住宅・災害復興特定優良賃貸住宅建設等の二七二五億円、道路・公園・本四公団出資金等の建設局一三三五億円、下水施設三九五億円、港湾再開発の三〇六億円など大型公共事業が中心となっている（表6-12）。産業振興は、産業振興費全体の四四六億円のうち震災復旧特別融資二二八億円が五一%占める。特別融資は返済しなければならず、それ以外は、復興支援工場一〇七億円、商店街・小売市場の支援一〇億円、仮設工場六億円と中小零細の企業や自営業の経営再建のための事業費が少ない。

確かに神戸市は三〇〇〇億円を復興基金へ出捐・貸付している。兵庫県も六〇〇〇億円を出捐・

貸付し、あわせて九〇〇〇億円の利子補給によって被災市民の生活再建を図ろうとしている。しかし、復興基金における事実上の個人補償は一七〇四億円で復興対策事業一兆三四四〇億円の一三%、全会計の震災関連事業費二兆三六八四億円の七%に過ぎない。特に今回、立法化された被災者生活

表 6-10　震災関連事業会計部門（生活支援 1,898 億円の内訳）

（単位：億円）

災害援護資金貸付	777
災害救助	472
災害弔慰金・見舞金	196
仮設住宅管理・撤去費用	206
その他	247

資料：神戸市理財局資料より作成.

表 6-11　災害復旧費（8,345 億円）の主な内訳

（単位：億円）

一般会計	(4,835)
（理財）企業会計繰出金	291
（環境）がれき等災害廃棄物処理	1,554
（建設）土木施設・都市施設等	967
（都市計画）阪神高速道路・再開発住宅・再開発ビル	296
（住宅）斉営住宅等	723
（港湾）海岸施設	232
（教育）学校施設・文化財等	349
（その他）	423
特別会計	(88)
（市場）中央卸市場	84
その他	4
企業会計	(3,422)
（下水）市水道施設	590
（港湾）港湾施設	2,017
神制埠頭公社	297
（新都市）災害廃棄物処理等	111
（水道）水道施設・阪神水道企業団	296
（その他）	111

資料：神戸市理財局資料より作成.

表 6–12　復興対策（13,440 億円）の主な内訳

（単位：億円）

一般会計	(12,027)
（総括）震災復興基金への出損・貸金金	3,000
震災復興基金への補助金	73
（理財）公営企業等繰出	86
（保健福祉）特別養護老人ホーム等整備助成	44
（環境）第 10 次クリーンセンターの建設等	370
（産業振興）震災復旧特別資金融資	228
復興支援工場の建設	107
仮設工場の整備	6
商店街・小売市場の復興支援	10
くつのまち・ながた核施設運営会社出資金	7
（建設）防災公園等整備	535
防災関連道路整備	366
直轄道路負担金	263
本四公団出資金	114
道路公社出資金	57
（都市計画）復興区画整理	1,852
復興市街地再開発	501
東部新都心整備	413
復興関連街路	361
（住宅）災害公営住宅	1,498
従前居住者用住宅整備	682
災害復興特定優良賃貸住宅整備	221
民間賃貸住宅・特定目的借上公共賃貸住宅等に対する利子補給・家賃対策補助	19
（消防）耐震性防火水槽の整備	32
（教育）六甲アイランド高校整備	176
東部新都心小中学校整備	134
（その他）	872
特別会計	(485)
（再開発）復興市街地再開発	447
（市営住宅）災害公営住宅建設等	21
その他	17
企業会計	(928)
（下水）汚水・雨水幹線枝線付設，処理場建設	395
（港湾）摩耶・新港東・兵庫地区再開発	176
東部臨海部地区再開発	130
（病院）西市民病院等	164
その他	63

資料：神戸市理財局資料より作成．

注：本表の（産業振興）（建設）（都市計画）（住宅）などの合計と本文のそれぞれの項目が一致しないのは，本文の項目に（その他）の部分を考慮しているからである．

表 6-13　政令市・東京都の官公需中小企業発注実績金額比率

	95 年	96 年	97 年	95-97 年平均
札幌	74.2	68.9	63.5	68.9
仙台	64.7	70.1	62.9	65.9
東京都	62.6	63.9	62.8	63.1
千葉	62.1	63.4	58.8	61.4
川崎	45.5	51.6	44.0	47.0
横浜	48.7	53.3	60.2	54.1
名古屋	57.4	46.8	47.2	50.5
京都	63.5	50.2	62.8	58.8
大阪	41.9	38.3	42.7	41.0
神戸	24.2	37.6	37.5	31.0
広島	53.7	55.8	61.0	56.8
北九州	64.9	59.0	70.5	64.8
福岡	62.6	46.4	46.6	51.9

資料：神戸市会，98 年.

再建支援法に基づく被災者自立支援金（神戸市分）は、約九〇〇億円余りに過ぎない。

このように神戸市の復興対策が大型プロジェクトに偏った結果、大企業に比して中小企業の請負が少なくなっている。例えば、表6-13のように一九九五―九七年度までの神戸市の公共事業一兆二二四七億円のうち、中小企業発注は三一％に過ぎない。この率は、他の大都市と比較しても最低である。さらに表6-14のように震災後の売上高水準は、三〇〇人以上の大企業が「震災前より増加」が多いのに対して、零細企業は「震災前より減少」が年を経るごとに増加している。

神戸市の震災関連事業費の財源は、表6-15のように国庫支出金三三％、県支出金四％、市債四四％、その他一一％、一般会計繰出金五％、内繰出特財三％となっている。生活支援は県支出金が四二％を占めその割合が高い。災害復旧は国庫支出金の割合が

表 6-14　従業員規模別にみた売上高水準

		売上高水準の回復状況 A－B－C	震災前より増加 A	震災前と同水準 B	震災前より減少 C	無回答
全　体	98 年 11 月	▲ 57.1	11.1%	17.6%	68.2%	3.1%
	97 年 12 月	▲ 41.3	15.6%	18.4%	56.9%	9.1%
	96 年 12 月	▲ 19.6	17.3%	30.0%	36.6%	15.9%
1～4 人	98 年 11 月	▲ 72.3	6.3%	11.5%	78.6%	3.6%
	97 年 12 月	▲ 60.9	6.9%	12.9%	67.8%	12.4%
	96 年 12 月	▲ 33.9	12.3%	22.1%	45.8%	19.3%
300人以上	98 年 11 月	▲ 14.4	28.8%	26.1%	43.2%	1.8%
	97 年 12 月	▲ 9.8	29.4%	29.4%	39.2%	2.0%
	96 年 12 月	11.8	31.5%	43.3%	19.7%	5.5%

注：本表の売上高水準の回復状況は（A－B－C）であらわされているが，98 年 11 月と 97 年 12 月，96 年 12 月（300 人以上）をみるかぎり，（A－C）となっている．それゆえ売上高水準の回復状況を（A－C）と解すれば，96 年 12 月（全体）の数値 19.6 は 19.3 に，96 年 12 月（1～4 人）の 33.9 は 33.5 になると推測される．

資料：財団法人阪神・淡路産業復興推進機構「阪神・淡路における産業復興の実態に関するアンケート調査結果・1999 年」から作成．

表 6-15　震災関連事業費予算累計額（1994-98 年度の一般会計，特別会計，企業会計）

（単位：億円）

	事業費	国庫支出金	県支出金	市　債	その他	一般会計繰出金	内繰出特財
生活支援	2,642	220 (8%)	1,103 (42%)	1,037 (39%)	97	181 (7%)	4
災害復旧	10,485	5,500 (52%)	33	3,936 (38%)	323	115	578 (6%)
復興対策	13,714	3,154 (23%)	12	6,955 (51%)	2,400 (18%)	1,135 (8%)	59
合　　計	26,841	8,874 (33%)	1,148 (4%)	11,928 (44%)	2,820 (11%)	1,431 (5%)	641 (3%)

資料：理財局資料より作成．

五二％と高いが、復興対策は市債（五一％）や一般会計からの繰出金（八％）が多くなっている。

市債は震災関連事業の四四％を占め市財政の負担となっている。なかでも復興対策の市債が、震災関連市債発行全体の五八％を占めている。一般会計から復興対策への繰出金は、生活支援や災害復旧よりも高い。確かに市債の元利償還の一部に国から交付税が措置されるが、復興対策は生活支援や災害復旧に比べその割合が低く、その分、市財政の負担となるのである。

以上のように神戸市が、震災後も住民のニーズや意思に基づかず、震災前以上の大規模な公共事業を推進したため、住民の福祉を増進する自治体としての役割を十分に果たせなくなっているのである。

おわりに

神戸市財政は、すでに大震災前に公債費比率が一九・四％（一九九三年度）と大都市中最高であり危機的状態に陥っていた。その要因は、起債を財源として推進された公共デベロッパーによる大型開発（特に六甲アイランド、第二ポートアイランド、ニュータウン、地下鉄海岸線建設など）によるところが大きかった。しかし大震災後も「復旧より復興を」というスローガンのもと、多額の借金によって港湾、道路、都市再開発などの大プロジェクトを計画、着工したため財政危機に拍車をかけている。本来、復興政策は、雲仙・普賢岳や鳥取西部地震で検証したように、被災市民の生活実態とニーズに基づき、被災地経済の再建を重視して運営されねばならなかった。

しかるに神戸市の復興政策は、被災市民や被災地域の経済を担っている地場産業や地元の中小零細企業や自営業よりも、大規模開発型で地域外の大手ゼネコンや地域内の大企業を重視した政策を展開したため市税収入の停滞ないし減少を招き、市財政危機に拍車をかけているのである。なぜならこれら企業の利益は、本社のある東京や大阪に還流し、神戸市内の地域経済循環に寄与しないからである。つまり現在の市財政危機と被災市民の貧困化は、震災前からの大型プロジェクトを優先する成長型都市経営と、震災を契機に震災前を上回る大規模開発を中心とした震災復興政策にあるのではなかろうか。

さらにいま推進している神戸型都市経営は、バブル経済（経済成長と地価上昇）待望型である。しかし、社会の成熟化にともなう経済成長の鈍化（〇－一％以内の経済成長）、人口構造の少子高齢化、福祉における公正で効率的な施策の必要性、地球環境問題にみられる環境制約などから、バブル経済は期待できないし望むべきでない。その意味からも、市民の意思を無視して強行された神戸空港や六甲南アイランド事業を中止し、その他の大型プロジェクトを抜本的に見直さねばならない。神戸市は、行財政の総力を市民の生活や営業の再建のために集中し、国に対する抜本的な支援を市民とともに要求していかねばならない。

震災後、特筆すべきは被災地に新たな自治のうねりが巻き起こっていることである。市民は震災体験から、国や自治体の運営を官僚に任せておれば、決して自分たちの生活や営業を守れないことを身にしみて感じてきた。それゆえ市民や専門家は、雲仙・普賢岳災害における先進的施策だけでなく、米国など諸外国における災害対策や国際連合の社会権規約などの事例に学びながら、生活基盤回復のための「個人補償」市民立法をつくり、きわめて不十分であるが立法化させている。[18] さらに市民は、都市計画の強行決定に対する意見書などを作成し、神戸空港計画に対しても空前の住民投票署名運動や、住民訴訟など知恵をしぼり取り組んできた。職場や地域そして考え方の異なる市民が、議論し交流し学習してきたことが、大きな運動を起こし世論を形成してきた要因である。異なる意見も尊重しつつ徹底した議論を行い、明日のまちづくりに生かしていくことが重要である。大震災はボランティア元年と呼ばれたように、百万人を超えるボランティアがかけつけ、その後被災地に福祉や文化、政策活動を行うさまざまなボランティアやＮＰＯ、ＮＧＯが活動している。このような自主的な市民諸組織の発展と、神戸空港住民投票運動の「大事なことは皆で決めよう」というスローガンを具体化する行財政システムを構築することこそ、市民の生活と営業の再建や財政危機の克服の道への展望が開けうる道である。市民が、他地域や国際的な情報、国際ルールなどをも視野に入れつつ、学習と交流を深め、「自分たちのまちを自分たちでつくっていく」プロセスこそが、市民社会へつながる道である。市民の震災体験から引き出された教訓をもとに都市づくりを行うこと、ここに市財政危機や市民の生活と営業、そして地域経済の再建の方向が見いだされるのである。

注

（1）神戸市の失業率は、一九九五年の国勢調査で六・九％、全国が三％程度であった。この時期は震災特需で現在より地域経済は活力があった。したがって現在の神戸経済は震災直後より衰退しているため、二〇〇〇年度の全国の失業率が五％として、神戸市はその倍の一〇％程度になると推測される。国民健康保険受給者も九三年度の二〇万四七五二世帯（四〇万一四五一人）から二〇〇一年五月の二六万八四八〇世帯（四八万一九七八人）へ急増している（神戸市『神戸市統計』各年版）。

（2）「復旧よりも復興を」というスローガンは、兵庫県、神戸市の復興政策の基調をなすものであり、都市を震災前の元の状態に戻すのでなく、新しくつくりかえることを目的としている。そのことは、被災者の生活再建よりも、ハードなインフラを重視した大規模開発を推進する口実ともなったのである。「復旧より復興を」のスローガンは、今から半世紀以上も前の一九四五年、当時戦災復興部長であった原口忠次郎が、焼け野原となった神戸の街をみて「どうせやるなら、ただ復興するだけではおもしろくない。焼け跡に新しい神戸を造ってやろう。戦災というわざわいを転じて福をなす。いまこそ神戸という都市を生まれ変わらす絶好のチャンスである」と述べたことに合い通じる考え方であるといえよう（原口忠次郎『わが心の自叙伝』のじぎく文庫、一九七一年、五五―五六ページ）。

（3）黒田達雄「震災・住まいの復興五年間の検証から住宅政策を問う」兵庫県震災復興研究センター『大震災いまだ終わらず』二〇〇〇年。

（4）竹山清明「民間住宅の復興について」兵庫県震災復興研究センター『大震災いまだ終わらず』二〇〇〇年。

（5）読売新聞、二〇〇〇年八月三一日付。

（6）神戸市港湾整備局『神戸港大観』。

（7）マリタイムデーリーニュース、二〇〇一年四月九日。

神戸港は、大震災を契機に加速度的に衰退している。例えば「神戸の海運業界では円高の進んだ一九八五年頃から拠点を荷主に近い東京へ移す動きが続いた。老舗の一つ、玉井商船は八六年に本社を東京に、いずれも本社が神戸にあった松岡汽船と澤山汽船が合併して八九年にできた『国際エネルギー輸送』は、大震災後の九五年に東京に移転。景気低迷の続く二〇〇一年には、外航海運中堅の乾汽船も神戸市にある本社を東京に移す」（神戸新聞、二〇〇一年三月三〇日）。

（8）　渡辺洋三は、住宅と人権としての財産権を次のように述べている。

「『人権としての財産権』は、人権一般がそうであるように、それなくして人間が人間として生存することのできない権利であるから、これは、市民革命期から今日に至るまで変わることのない『不可侵』な権利としての財産権＝生存権としての財産権である。

たとえば農業生産に欠くことのできない耕作農民の農地その他農業用財産権、住民の生活に欠くことのできない居住用財産権（土地および建物の権利を含む）、勤労者がその賃金によって取得した消費生活用財産権などはその典型的例である。その他、所有と経営と労働とが一体となっている自営業者の財産権などもこれに準じて考えることができる」（渡辺洋三『財産権論』一粒社、一九八五年、一四二―一四三ページ）。

したがって大震災における「個人補償」も、人権（特に生存権や幸福追求権）としての財産権として考察される。被災市民の切実な願いである「個人補償」に対する政府や兵庫県、神戸市の言い分は、私有財産制度のもとでは、個人の財産となる住宅などに公費（税金）を投入できないこと、公費投入できる制定法が存在しないと主張している。しかし、この「制定法主義」こそ日本の人権や民主主義を実現していく上で問題であることを渡辺洋三は次のように指摘している。

「日本における近代化は、市民社会が権力に対抗しつつ自らの力でかちとった近代化ではなく、権力の承認の枠内で、むしろ法＝権力に依存しておこなわれた近代化であった。」「国家法に依存する近代化は、それを担う人間の精神構造・思想構造を、近代化の過程でかならずしも主体的に変質させない。近代化がかちとられた場合には、それへの主体的参与は、一定の状況に働きかけ、これを変えて新しい状況をつくりだすという精神によって支えられるのに対し、国家法に依存する近代化の場合は、一定の状況を前提とし、それに合わせるという精神によって支えられる。」

「国家法に依存する近代化は、制定法万能主義や法物心崇拝と密接にむすびつく。制定法は、市民社会の中に生活利益に即して自生的に展開してくる正当性を保障するための道具としてではなく、あたかも、その中に達成すべき正当性の目標が掲げられている自己目的であるかのように観念される。ここでは、合法なものは正当であり、正当なものは合法であると観念される。市民社会の中に対立し異なるさまざまの正当性があり、さまざまの正当性の存在をみとめたうえで、それを争う手続きとして合法性のルートにのせるということではなく、そもそも合法性のルートにのる以外のものはすべて正当性を認めないということになるために、日本では正当性の争いが合法性の争いという形をとってきた」（渡辺洋三「日本社会の近代化―法と社会の関係を中心に―」岩波書店『思想』一九六三年一一月、No.四七三）。

渡辺によれば日本社会における正当性は、市民の生活に即した内発的とりくみ、すなわち市民の人権と民主主義にあり、人権・民主主義を実現するために法をつくり解釈すべきということになる。渡辺のいう市民の人権を守るための新たな制定法への取り組みは、すでに雲仙・普賢岳の大災害で、当時島原市長であった鐘ケ江が、被災市民の要望のもと被災市民と一緒になって、一九九一年に「個人補償のための特別立法」を国に要望していることからも明らかである。鳥取県の片山知事も公費を被災者個人の住宅再建に支出した。けだし地方自治体は、住民の生命とくらしをまもることを本務とする機関だからである。

(9) 神戸市『神戸市統計書』各年版、従業員四人以上の事業所。

(10) 山口純哉「被災地神戸の地場産業復興の難路と行政の役割―長田ケミカルシューズ産業を例に―」『賃金と社会保障』二〇〇一年一月上・下旬合併号。

(11) 震災復興本部総括局総合計画課「神戸の魅力に関するアンケート調査」一九九九年一〇月。

(12) 菊本義治「深刻化する二重ローン」兵庫県震災復興研究センター『大震災いまだ終わらず』二〇〇〇年。

(13) 神戸新聞、一九九九年一一月二四日。
(14) 鐘ケ江管一『普賢、鳴りやまず』集英社、一九九三年、一二六ページ。
(15) 同右、一四四ページ。九州弁護士会連合会長崎県弁護士会『雲仙普賢岳からの提言—あるべき災害対策をめざして—』一九九六年。
(16) 兵庫県震災復興研究センター主催『震災研究センター記念シンポジウム』二〇〇一年四月三〇日における片山知事の講演、片山善博『地方議会に期待すること』平成一三年一月一三日、全国都道府県議会議長会臨時総会における講演録。
(17) 神戸中央市民病院の副院長でもあった尾形誠宏は、市長の政治姿勢について次のように述べている。「何か大きな災害や変化が起きた時、その責任者がどのような形でどう対応するかで、その人柄や人生観が現れるものである。笹山市長は……震災直後は市役所に腰をすえて出向くことはなく、われわれからすれば不思議に思われた。当時担当記者から『なぜ被災地へ視察に出向かないのか』と質問されて市長は『この重大な時に役所を空けるべきではない』と動かず、市役所の窓から復旧状況を眺めていたという。……自治体の長は住民に近い存在でないと民意をつかみにくい。まして震災といった重大事であり、被災の実情を目で確かめ肌で感じ、市民の苦悩を知り、それに応え生かすのが心の通った政治であるはずだ」(尾形誠宏『神戸のまちづくり、その光と影』近代文芸社、一九九八年、一四八ページ)。
(18) 一九九四年の米国サンフランシスコでおきたノースリッジ地震で、FEMAの被災者支援実績は、たとえば被災後すぐに必要な生活を維持する資金として、政府援助金が最高一万二二〇〇ドルまで支給されている(自由法曹団『震災問題訪米調査報告書』一九九五年、一五ページ)。
社会権規約・A規約は、「経済的、社会的及び文化的権利に関する国際規約」で、国内法と同等の効力を有するが、一九九七年一二月現在、国際連合加盟の一三七か国が批准しており、日本はこれを一九七九年に批准している。社会権規約第一一条第一項は、「この規約の締結国は、自己及びその家族のための相当な食糧、衣類及び住居を内容とする相当な生活水準について並びに生活条件の不断の改善についてのすべての者の権利を認める。締約国は、この権利の実現を確保するために適当な措置をとり、このためには、自由な合意に基づく国際協力が極めて重要であることを認める」と規定していることから、日本政府も遵守義務がある（出口俊一「阪神・淡路大震災と居住の権利」兵庫県震災復興研究センター『震災研究センター・No.五六』二〇〇〇年五月二〇日号）。

国連のA規約委員会は阪神・淡路大震災の復興について次のような支援策を日本政府と兵庫県がとるよう勧告している。

「日本政府は兵庫県が震災で被害を受けた高齢者や身体障害者などに対する地域サービスを拡充することを指導しなければならないこと、さらに日本政府は社会権規約一一条に基づき、低所得の被災者の住宅再建のために公的資金を供給し、銀行融資を受けられるよう有効な政策をすみやかにとらねばならない」（二〇〇一年八月）。この勧告は、兵庫復興県民会議や兵庫県震災復興研究センターをはじめとするNGOの活動の成果といえる。

[執筆者紹介]

広《ひろ》原《はら》盛《もり》明《あき》
龍谷大学法学部教授．1938 年生まれ．京都大学建築学科卒，同大学院博士課程退学．工学博士．主著に『震災・神戸都市計画の検証』自治体研究社，1996 年，『居住空間の再生』（共著）東京大学出版会，1996 年ほか

池《いけ》田《だ》　清《きよし》
北九州市立大学教授．1947 年生まれ．京都大学大学院経済研究科博士課程修了．経済学博士．主著に『神戸都市財政の研究』学文社，1997 年，『大震災と人間復興』（共著）青木書店，1996 年ほか

塩《しお》崎《ざき》賢《よし》明《みつ》
神戸大学工学部教授．1947 年生まれ．京都大学大学院博士課程修了．主著に『コミュニティ・アーキテクチュア』都市文化社，1992 年，『大震災 5 年の歳月』（共著）神戸新聞総合出版センター，1999 年ほか

安《あん》藤《どう》元《もと》夫《お》
近畿大学理工学部建築学科教授．1943 年生まれ．京都大学大学院工学研究科博士課程単位取得退学．工学博士．『都市計画と中小零細工業─住工混合地域の研究』（共著）新評論，1978 年，『地域共生のまちづくり』（共著）学芸出版社，1998 年ほか

開発主義神戸の思想と経営
都市計画とテクノクラシー

2001年10月13日　第1刷発行

定価（本体2800円＋税）

編著者　広原盛明
発行者　栗原哲也
発行所　株式会社 日本経済評論社
〒101-0051 東京都千代田区神田神保町3-2
電話 03-3230-1661 FAX 03-3265-2993
振替 00130-3-157198

装丁・渡辺美知子　中央印刷・小泉企画

落丁本・乱丁本はお取替えいたします　Printed in Japan

ISBN4-8188-1382-6

英国住宅物語 ナショナルトラストの創始者オクタヴィア・ヒル伝　E・M・ベル著　平・松本訳 中島解説　本体二八〇〇円

住宅問題と市場・政策　足立基浩・大泉英次 橋本卓爾・山田良治 編　本体三四〇〇円

住まいから見た社会史 シンガポール1819～1939　N・エドワーズ著 泉田英雄 訳　本体四八〇〇円

戦前の国土整備政策　松浦茂樹著　本体四二〇〇円

戦後国土計画への証言　下河辺淳著　本体二六〇〇円

◎都市叢書より

森鷗外の都市論とその時代　石田頼房著　本体二五〇〇円

安治川物語 鉄工職人夘之助と明治の大阪　西山夘三著　本体三八〇〇円

土木国家の思想 都市論の系譜　本間義人著　本体三三〇〇円

土地・持家コンプレックス 日本とイギリスの住宅問題　山田良治著　本体二三〇〇円

東京都市計画物語　越沢明著　本体二八〇〇円